本书获中国社会科学院国情调研重大项目资助，项目名称：我国人工智能伦理审查和监管制度建设状况调研，编号：GQZD202301。

周辉　李延枫◎主编

《人工智能示范法》释义

中国社会科学出版社

图书在版编目（CIP）数据

《人工智能示范法》释义 / 周辉，李延枫主编. 北京 ：中国社会科学出版社，2024. 8. -- ISBN 978-7-5227-4016-4

Ⅰ. D922.175

中国国家版本馆 CIP 数据核字第 2024MT4925 号

出 版 人　赵剑英
责任编辑　许　琳
责任校对　苏　颖
责任印制　郝美娜

出　　版　中国社会科学出版社
社　　址　北京鼓楼西大街甲 158 号
邮　　编　100720
网　　址　http://www.csspw.cn
发 行 部　010-84083685
门 市 部　010-84029450
经　　销　新华书店及其他书店

印刷装订　北京君升印刷有限公司
版　　次　2024 年 8 月第 1 版
印　　次　2024 年 8 月第 1 次印刷

开　　本　710×1000　1/16
印　　张　18
插　　页　2
字　　数　244 千字
定　　价　108.00 元

编写团队

主　　编　周　辉　李延枫

编写成员　朱　悦　朱玲凤　张　龑　姚志伟
陈天昊　王　俊　苏　宇　何　波
李学尧　狄行思　傅宏宇　孟兆平
王　玥　冯子轩　徐玖玖　孙牧原
金信艾　朱凌云

以下起草组成员对示范法起草也作出了贡献

洪延青　王　伟　王　翔　曹艳林　张　嵩
袁　康　刘灿华　王　磊　吴　凡　马　兰
徐　斌　王　睿

序　言

掀开21世纪20年代的历史盖头，映入眼帘的却是正在徐徐开启的人工智能的魔盒。兴奋的人们欢呼着新科技革命的接踵而至，一些熟知工业革命历史的人宁愿没有掀起这个盖头。历史没有假设，人工智能也不是天方夜谭。人工智能科技正以其前所未有的速度和规模飞速前进，深刻地改变着人类生产、生活方式。从简单的自动化工具到复杂的决策支持系统，人工智能广泛应用于工业、农业、金融、医疗、交通等领域，极大地提高了人类生产效率、生活质量，也从根本上撼动了第二次工业革命塑造的生产关系和社会结构。人们仿佛又聆听到马克思在《共产党宣言》中的启示，“一切固定的冻结实了的关系以及与之相适应的古老的令人尊崇的观念和见解，都被扫除了，一切新形成的关系等不到固定下来就陈旧了。一切坚固的东西都烟消云散了，一切神圣的东西都被亵渎了，人们终于不得不冷静地直面他们生活的真实状况和他们的相互关系”。人工智能科技引发了一系列前所未有的制度挑战，从数据安全、算法歧视到隐私安全、伦理困境，再到正在重塑的社会结构，这些挑战的复杂性和紧迫性要求人类必须及时对人工智能的发展进行引导与规范。

何为人工智能，科学上固然有各种定义，但从哲学上看，不过是人的理性的产物。在这一点上，现代法律与人工智能有着同样的精神属性，即都是人造物，都是人的理性的作品。如果说人工智能科技是一把双刃剑，法与造福于人类的人工智能是一场双向奔赴，法与危害人类的人工智能则是一场胶着的理性博弈。所谓“魔高一尺、道高一丈”，立法引导、促进、约束、控制人工智能的发展，是人类发展与治理人工智能的必经之路。

近年来，为了应对人工智能科技革命，世界各国纷纷立法加以应对。2024 年 7 月 12 日，欧盟理事会公布了《人工智能法》的最终版本，该法案于 2024 年 8 月 1 日在欧盟范围内生效，成为全球首部完整、专门的人工智能基本法。我国目前尚未对人工智能制定类似欧盟的专门立法，也没有在官方层面起草可供审议的人工智能法草案。但是，我国一些地方已经进行了有益的立法探索。2022 年 9 月上海发布《上海市促进人工智能产业发展条例》，明确定义了人工智能和人工智能产业。2022 年 11 月，《深圳经济特区人工智能产业促进条例》正式施行。在中央立法层面，影响力最大的当属国家互联网信息办公室联合多部门发布的《生成式人工智能服务管理暂行办法》（2023）。但是，这一部门规章在层级上并非全国人大及其常委会的立法，而且只是聚焦于生成式人工智能这一特定的技术路线与运用场景，所以，还远远不能满足通用人工智能发展的需要。

为了积极回应人工智能健康发展的需求，促进技术创新与社会进步的和谐统一，保障公民权利和社会公共利益，维护国家安全和社会稳定，自 2023 年初以来，中国社会科学院国情调研重大项目《我国人工智能伦理审查和监管制度建设状况调研》课题组主持人、中国社会科学院法学研究所网络与信息法研究室周辉副主任组织多方专家，在持续、长期追踪研究人工智能发展、监管的基础上，成立立法起草小组，历经多次调研、讨论，拟就《人工智能法（示范法）》1.0，于 2023 年 8 月 15 日公开发布。

《示范法》1.0 一经发布，引发了国内外各界的广泛关注，美国斯坦福大学等知名高校的专家学者主动将其译为英文，深入分析研讨。在立足我国人工智能产业发展及治理趋势基础上，经与各方深入交流、反复征求意见，立法起草组对《示范法》1.0进行了修改、补充与更新，形成了现在最新版本的《示范法》。

《示范法》是我国在人工智能领域立法研究的重要尝试，也是对全球人工智能治理贡献中国智慧和中国方案的实际行动。它不仅体现了中国对人工智能发展规律的深刻认识，也展现了对人工智能治理的前瞻性思考。特别是，《示范法》结合中国优秀传统文化，采用养成主义伦理治理模式，将人文化成、人机共生、技术安全等监管原则贯穿于立法的结构、总则与具体内容之中，使得人工智能在每个主要环节都获得了伦理规范的塑造，养成为具有人文伦理素养的劳动主体或主体要素，构造出一个具有中国法学自主性的人工智能法律监管与伦理治理的新型框架。

当然，良法是善治的第一步，准确理解并合理适用法律同样重要。为了帮助社会各界更好地理解和运用《示范法》，编写组编写了这部《〈人工智能示范法〉释义》（以下简称《释义》）。《释义》的编写严格遵循了《示范法》的立法精神和条文原意，结合当前人工智能领域的技术发展和社会需求，对《示范法》的每一条款进行了详尽地解读和阐释。《释义》的主要内容与特点体现在如下四个方面：

第一，从编写原则上看，《释义》遵循了忠实原意、系统全面、结合实际、国际视野、深入浅出的原则。

一是忠实原意。《释义》是为《示范法》的理解与适用而服务的，其力图准确传达《示范法》的立法精神和条文原意，确保释义的权威性和准确性。二是系统全面。《释义》涵盖了《示范法》的所有章节和条款，对总则、人工智能支持与促进、人工智能管理制度、人工智能研发者与提供者义务、人工智能综合治理机制、法律责任以及附则等各个部分的全部条文进行了全面系统的解释。三是结合实际。《释义》在解释法律条文的同时，结合了当前我国人工智能领域的发展现状以及技术发展趋势，不仅对当前人工智能技术发展加以回应，更是对未来科技伦理与法律框架的一次前瞻性构建。因此，并融汇了现有的伦理共识，使读者能够更好地理解法律条文的实际应用。四是国际视野。在跨越性时代的背景下，人工智能的发展和治理需要国际合作和交流。《释义》参考了国际上在人工智能立法方面的经验和做法，为我国人工智能的国际合作提供了法律支持。五是深入浅出。《释义》的内容结构严谨，逻辑清晰，不仅对相关技术名词进行了介绍，而且梳理出了相关的制度规定及立法考量，既考虑到了法律专业人士的需求，也兼顾了非专业背景的读者。即使是非专业背景的读者也能够理解和掌握《示范法》的核心内容和精神实质。

第二，从编写体例上看，《释义》严格遵从《示范法》的章节结构，对《示范法》逐章进行了详细地解读。

第一章是对总则的释义。本章对立法宗旨、适用范围、基本原则等进行深入解读，阐明法律的总体框架和核心价值。特别是，《释义》在该部分注重理清各原则之间的联系与区别，并运用一以贯之的理念对各部分与原则展开说明。

第二章是对人工智能支持与促进的释义。本章侧重于以国家视角阐明相关措施对于实现安全与创新并重理念的重要性，详细阐明了国家在推动人工智能发展方面的政策和措施，包括研发支持、人才培养、基础设施建设等。

第三章是对人工智能管理制度的释义。本章详细介绍了人工智能的分类管理制度、负面清单管理制度等，阐释如何通过法律手段进行有效监管，特别是详细梳理了监管的具体流程与步骤，并介绍了行政法等法律法规的相关规定。

第四章是对人工智能研发者与提供者义务的释义。本章明确了人工智能研发者和提供者在法律上的权利与义务，包括安全性、透明度、可解释性等方面的要求。

第五章是对人工智能综合治理机制的释义。本章明确了通过综合治理机制，包括国家机关、行业组织、社会公众等多方参与，共同推动人工智能的健康发展。

第三，从编写结构上看，《释义》对于法条的解释涵盖了起草参考、相关规定、条文释义、域外比较四个部分。

一是起草参考。《释义》详细说明了《示范法》在起草过程中所涉及或者参考的条文。具体而言，包括与人工智能相关的现行法律法规、国内外的人工智能政策、技术标准等。《释义》列出起草参考，有助于读者把握了解先前的法律法规、政策文件等如何为《示范法》的起草提供了历史背景和发展脉络，有助于理解特定条文的演进过程。二是相关规定。《释义》列出与《示范法》具体条文相关的一系列法律、规章、标准或其他形式的规范性文件规定，有助于读者把握《示范法》与我国法律体系中相关法律的关系，全面理解和准确定位具体条文在整个法律体系中的价值。三是条文释义。旨在明确条款的具体含义、应用范围、操作方式以及法律后果，以帮助理解和执行这些规定。这些释义或详细或精炼，但都在一定程度上明确了条文内涵，方便理解。四是域外比较。域外比较为《示范法》提供了国际视角和参考，有助于中国在制定相关法律时吸收和借鉴国际上的成功经验和做法，如欧盟的《人工智能法》、美国的《人工智能研究和发展战略计划》等。同时也体现了国际社会在人工智能治理方面的共识和差异。通过域外比较，一方面有助于理解《示范法》的相关规定，另一方面则可以更好地构建适合本国国情的人工智能法律框架。

第四，《释义》还在很多方面具有重要价值。一是《释义》对《示范法》的立法背景、目的和意义进行了深入解释，阐明了人工智能技术发展的现状和趋势，以及《示范法》在促进人工智能健康发展中的重要作用。二是《释义》通过案例分析、比较研究、前瞻性思考，对人工智能领域的热点问题和难点问题进行了深入剖析，如算法透明度、算法歧视、数据隐私等，阐释了人工智能技术的特殊性和复杂性，探讨了人工智能研发、提供和使用过程中可能出现的法律问题和技术问题，并力求为这些问题提供清晰的法律指导和解决方案。三是《释义》强调人工智能治理的多元化和协同性，探讨了政府、企业、行业组织、学术机构和公众在人工智能治理中的不同角色和责任，以及如何通过合作和协调，共同推动人工智能技术的健康发展。这些内容极大地提高了《释义》的实用性和指导性。四是《释义》所拥有的比较法视野不仅体现了中国在人工智能领域的立法探索和制度创新，更展示了中国愿意与国际社会一道，共同应对人工智能带来的挑战，分享中国经验和中国智慧。

总的来说，《释义》为理解和应用《示范法》提供了全面而深入的说明，是连接法律理论与实践、技术与社会的重要桥梁。它通过详细阐释法律条文，帮助法律实践者、政策制定者、技术研发者、以及公众准确把握法律精神和具体要求，有助于降低合规风险，促进人工智能技术的健康发展，并确保技术进步与社会伦理、法律标准相协调。

我们希望通过《释义》的编写和发布，为中国积极应对人工智能提供基础性法律方案，为国内外社会各界提供法律指导和参考，确保对《示范法》最新版的正确理解，推动全国人大及其常委会的相关立法，同世界各国一道，共同合作孕育出一个公正、安全、高效、合乎人伦的人工智能法治的美好家园。

张　龑

2024 年 8 月

前　　言

——人工智能法的立法架构：原则、体例与创新[①]

新一代人工智能将推动新质生产力的快速发展，带来新一轮科技革命。但是，人工智能技术在优化服务质量、满足生活需求和提高生产效率的同时，也可能带来网络安全、数据安全、个人信息保护等方面的新风险，对现有的人工智能伦理及监管秩序构成新挑战。为了更好地发挥人工智能推动科技跨越发展、产业优化升级、生产力整体跃升的驱动作用，需要积极主动推进人工智能相关立法工作，既采取措施有效防控相关风险，也为人工智能发展提供制度和资源供给等方面的必要支持。

一　人工智能立法活动的基本原则

2023 年 8 月，在立足中国人工智能治理经验、把握人工智能发展规律和全球治理趋势的基础上，《人工智能示范法》公开发布。随着社会各界反复研讨交流与人工智能治理不断取得新进展。

第一，人工智能立法应当顺应人工智能发展的需要。人工智能立法要平衡好人工智能发展与安全之间的关系，以高质量发展促进高水平安全，以高水平安全保障高质量发展。为此，一方面，人工智能立法需要着眼于破除发展过程中的束缚、障碍，规定技术创新应用的容错机制；另一方面，人工智能立法应当注重建立能够满足发展需要的监管框架，

---

① 本文原载于《北京航空航天大学学报》（社会科学版）2024 年第 3 期，收入本书时略有修订。

提升监管可预期性，创新监管方式，设计科学的责任义务。此外，人工智能立法还应当充分考虑人工智能技术应用更新迭代较快的特点，增强立法内容前瞻性，既要在充分研究论证的基础上进行必要的制度设计，也要对目前不便于形成结论的问题，采取在指明原则方向基础上留出未来完善与衔接空间的做法。

第二，人工智能立法应当能够有效防范风险。目前，中国已在人工智能治理方面进行了一些立法探索，陆续出台了《互联网信息服务算法推荐管理规定》《互联网信息服务深度合成管理规定》《生成式人工智能服务管理暂行办法》《科技伦理审查办法（试行）》等规则，并有《深圳经济特区人工智能产业促进条例》等地方性立法实践。但由于已有立法位阶不高，在调整范围、规制手段上仍然有限。为厘清人工智能技术研发、提供和使用的法律边界，人工智能立法需要在明确一般性人工智能安全风险治理措施的同时，对高风险人工智能、基础模型研发等问题进行专门的制度设计。

二　人工智能立法的体系框架

结合学界现有研究成果以及人工智能技术治理实践经验，在篇章结构上，人工智能立法更适宜采用“基本原则、促进发展举措、风险管理制度、主体责任分配、治理机制设计、法律责任”这一体系框架。各部分主要内容分述如下。

第一章“总则”，应当阐明人工智能发展与治理应遵循的基本原则，包括治理原则、人类自主原则、安全原则、透明可解释原则、公平原则等。在“总则”确立的原则基础上，下述各章将围绕“总则”展开，并与相关条文呼应。

第二章“人工智能支持与促进”，应当明确国家采取有力措施鼓励人工智能创新。本章可结合产业发展实际，从基础设施、人才培养、技术创新、体制机制支持等维度提出相应制度规范，如对基础模型研发过程中的个人信息保护义务作出减免、促进人工智能开源生态建设等。本章还应强调，以国家机关的先行先试促进人工智能的推广应用，并在保证国家法治统一的前提下提出建立人工智能特区，赋予特区所在市以更大的人工智能治理自主权。

第三章“人工智能管理制度”，应当明确负面清单管理制度，进而对人工智能进行风险管理。对于风险分类分级管理方式，人工智能立法起草专家组认为，鉴于人工智能技术迭代迅速、未来发展潜力较大，应避免风险分类分级标准不明，影响企业的经营预期、提高其合规成本。因此，本章具体内容可包括：负面清单内的研发、提供活动采取许可机制，实行事前监管；负面清单外且达到一定用户规模的提供活动则采取备案机制，实行事后监管；仅进行人工智能研发活动，或用户数未达标准的提供活动，则无须履行备案义务。这一设计旨在减轻人工智能研发、提供等活动的审查、许可等环节的成本，既能有效防范关键风险，又能容许创新发展。

第四章“人工智能研发者、提供者义务”，应当明确人工智能研发者、提供者应承担的相应合规义务。不同主体应承担的一般义务主要包括保障人工智能公平性和可解释性、进行科技伦理审查和安全审查等，并且应将安全义务贯穿人工智能活动整个生命周期，将人工智能治理的基本原则转化为企业可落地、监管可监督的措施及程序。同时，基于人工智能产业链中主体的复杂性，本章第二节和第三节可对人工智能研发者、提供者予以区分，依据其不同活动特点分配主体义务。此外，结合《人工智能法示范法》前述条款设定的负面清单管理制度，本章可针对负面清单内的人工智能研发、提供活动进一步规定相应的义务类型，保障义务与风险一致，坚守安全底线。

第五章“人工智能综合治理机制”，衔接“总则”规定，应当明确国家人工智能主管机关职责。例如：依法报告人工智能发展和治理情况，制定人工智能监管规则、指引，组织制定人工智能伦理、安全、管理等方面的标准，组织人工智能技术监测、评估、审计工作。本章还可对人工智能伦理专家委员会的组建、创新监管、协同监管等机制进行规定。

第六章“法律责任”，根据人工智能的风险活动，应当明确不同法律主体相应的法律责任。同时，本章还需要兼顾发展导向，明确尽职免责等制度，允许以免费且开源的方式提供人工智能的主体可在一定条件下减免责任，以为人工智能开源等创新活动的开展提供更加宽松的政策环境。

三 人工智能立法的创新要素

基于人工智能相关法律法规，相应的人工智能立法需要在承接既有规则的同时，创新适应于产业实践动态的新兴规则。如此一来，人工智能立法既完成了对已有制度设计的补充和完善，也能够使一部分人工智能治理的新思路新做法以成文法的形式予以确认。具体而言，人工智能立法的创新要素应当包括以下六点。

第一，人工智能立法应当坚持明确人工智能主管机关，并更加系统地规定其治理职责。在以更高维度对待人工智能治理问题，避免产生重复监管、多头监管“九龙治水”困境的思路的基础上，《人工智能示范法》确定了人工智能主管机关应承担的各项职责，并明确由人工智能主管机关成立人工智能伦理专家委员会，更好地开展人工智能伦理问题研究、指导伦理审查等工作。

第二，人工智能立法应当创新法律主体架构。依据所从事活动类型不同，可将人工智能法律主体区分为研发者、提供者和使用者。并在针对这三类主体进行制度设计的基础上，针对国家机关、平台经营者等人工智能提供和使用特殊主体增设专门义务。

第三，人工智能立法应当创新科技创新激励机制。《人工智能示范法》明确提出了完善算力基础设施建设、建设人工智能领域基础数据库和专题数据库、鼓励国家机关先行先试、提供财政和采购支持等有利于人工智能创新发展举措，并在明确人工智能安全风险治理措施的基础上，提出以税收抵免优惠等措施鼓励人工智能研发者和提供者在人工智能安全保障方面进行投入。

第四，人工智能立法应当创新增设许可管理负面清单。将基于负面清单实施的人工智能许可管理制度与负面清单外人工智能活动的备案制度加以明确区分，避免过重的合规负担影响人工智能产业的经营预期。

第五，人工智能立法应当创新促进人工智能开源发展的相关规则。除鼓励运营开源开发平台、开源社区和开源项目，鼓励设立开源人工智能基金会等措施外，人工智能立法还可以创新性地制定专门合规指引、明确责任减免规则等支持人工智能开源生态发展的措施，并鼓励在政府采购中采购符合国家标准的开源人工智能产品和服务。

第六，人工智能立法应当创新构建知识产权创新规则。在研发环节，人工智能立法可以对训练用数据、个人信息的使用作出专门安排，明确建立与人工智能发展相适应的知识产权法定许可和合理使用制度，保障人工智能领域数据要素供给。在提供与使用环节，人工智能立法可以对人工智能生成物的成果保护与侵权认定进行专门规定，保障人工智能创新成果。

人工智能立法应面向前沿技术、面向数字经济、面向未来。人工智能立法的理念、原则和具体制度设计，不仅需要随着法律和信息技术等领域的理论研究而更新，也需要随着实践发展而不断迭代，以推动在人工智能时代更好地落实总体国家安全观、在法治道路上实现人工智能安全与发展的更好融合。

目 录

《人工智能示范法》全文

第一条　立法依据　为了促进人工智能发展，规范人工智能的研发、提供和使用活动，维护国家主权、发展和安全利益，保护个人、组织的合法权益，根据宪法，制定本法。

第二条　适用范围　在中华人民共和国境内从事人工智能的研发、提供和使用活动及其监管，适用本法。

在中华人民共和国境外从事人工智能的研发、提供和使用活动，影响或可能影响中华人民共和国国家安全、公共利益或者个人、组织合法权益的，适用本法。

第三条　治理原则　国家统筹发展和安全，坚持促进创新和依法治理相结合，实施包容审慎监管。

第四条　以人为本原则　从事人工智能研发、提供和使用活动应当以人为本、智能向善，确保人类能够始终监督和控制人工智能，始终以促进人类福祉为最终目标。

第五条　安全原则　从事人工智能研发、提供和使用活动，应当采取必要措施保障所研发、提供和使用的人工智能及相关网络数据的安全。

第六条　公开透明可解释原则　从事人工智能提供活动应当遵循公开原则，对所提供的人工智能予以适当标注。

从事人工智能研发、提供活动应当遵循透明、可解释原则，采取必要措施对所研发、提供的人工智能的目的、原理和效果予以说明。

第七条　可问责原则　从事人工智能研发、提供和使用活动，应当分别对其研发、提供和使用活动负责。

第八条　公平平等原则　从事人工智能研发、提供和使用活动应当遵循公平原则，应当采取有效措施避免对个人、组织实行不合理的差别待遇。

从事人工智能研发、提供和使用活动应当充分考虑未成年人、老年人、残障人士等特殊群体的需求。

第九条　绿色原则　国家鼓励人工智能研发、提供和使用活动应用节能减排技术，促进绿色智慧的数字生态文明建设。

第十条　促进发展创新原则　国家支持人工智能基础设施建设，推动公共算力、公共数据和其他相关公共资源开放共享，鼓励个人、组织依法开放共享算力、数据和其他相关资源。

国家鼓励人工智能研发和应用，依法保护人工智能领域知识产权，建立与人工智能发展相适应的知识产权法定许可和合理使用制度，支持利用人工智能生成物进行的科学研究和文化创作活动。国家知识产权主管机关依法就人工智能法定许可和合理使用制度制定配套规则，基于公平合理原则明确人工智能生成物的权益保护和收益分配机制。

第十一条　国际合作　国家积极开展人工智能领域的国际交流与合作，参与人工智能相关国际规则和标准的制定和实施，推进形成具有广泛共识的国际人工智能治理框架和标准规范。

国家完善人工智能领域的人才、技术引进和技术合作制度。

第十二条　主管机关　国家人工智能办公室是在中央领导机构领导下，主管全国的人工智能发展和管理工作。其他有关部门和军队有关部门依照本法和有关法律、行政法规的规定，密切配合，加强协调，依法做好有关工作。

省、自治区、直辖市，省、自治区的人民政府所在地的市，经济特区所在地的市和国务院已经批准的较大的市人工智能主管机关和其他相关部门，按照国家有关规定，在本辖区范围内负责人工智能发展和管理工作。

第十三条　协同共治　国家建立和完善政府管理、企业履责、行业自治、社会监督、用户自律的人工智能治理机制，促进多元主体协同共治。

第十四条　合法正当　从事人工智能研发、提供和使用活动应当遵守法律、行政法规，尊重社会公德和伦理道德，遵守以下规定：

（一）坚持社会主义核心价值观，不得生成煽动颠覆国家政权、推翻社会主义制度，危害国家安全和利益、损害国家形象，煽动分裂国家、破坏国家统一和社会稳定，宣扬恐怖主义、极端主义，宣扬民族仇恨、民族歧视，暴力、淫秽色情，以及虚假有害信息等法律、行政法规禁止的内容；

（二）尊重知识产权、商业道德，保守商业秘密，不得利用算法、数据、平台等优势，实施垄断和不正当竞争行为；

（三）依法保护消费者、劳动者权益，尊重他人合法权益，不得危害他人身心健康，不得侵害他人肖像权、名誉权、荣誉权、隐私权和个人信息权益。

第十五条　人工智能发展规划　国家完善和实施新一代人工智能发展规划，坚持人工智能研发攻关、产品应用和产业培育共同推进，全面支撑科技、经济、社会发展和国家安全。

省级以上人民政府应当将人工智能发展纳入本级国民经济和社会发展规划，并根据需要制定人工智能发展规划。

第十六条　算力基础设施建设　国家建立人工智能公共算力资源供给制度，推动公共算力资源平台建设与利用，加强算力科学调度，为人工智能技术与产业发展提供公共算力支持。

鼓励和支持高等院校、科研机构、企业和其他组织建设人工智能算力基础设施，开展算力资源市场化交易，引导各行业合理有序使用算力资源，提升算力基础设施利用效能。

第十七条　算法和基础模型创新　国家支持人工智能算法创新，鼓励建设、运营开源开发平台、开源社区和开源项目等，鼓励设立开源人工智能基金会，推进开源软件项目安全合规应用。

国家建立适应基础模型发展的个人信息处理制度。在基础模型数据训练环节，经认证采用符合国家标准的去标识化技术对个人信息数据进行处理的，可不承担个人信息处理者义务。

国家依法加强基础模型保护，促进基础模型创新开发、应用推广。

第十八条　数据要素供给　国家支持建设人工智能领域基础数据库和专题数据库，促进数据资源高效汇聚和共享利用，扩大面向人工智能应用的公共数据供给范围，全面实施部署全国一体化大数据中心体系建设，优化数据中心基础设施建设布局，培育壮大数据中心集群，建立人工智能训练数据合理使用制度，保障人工智能领域数据要素供给。

鼓励引导相关主体开展大数据与人工智能技术协同研发，支持相关主体将数据与行业知识深度融合，开发数据产品，服务算法设计、模型训练、产品验证、场景应用等需求。

第十九条　产业发展与应用创新　加快人工智能关键技术转化应用，促进技术集成与商业模式创新，推动重点领域智能产品创新，积极培育人工智能新兴业态，打造具有国际竞争力的人工智能产业集群。

推动人工智能与各行业融合创新，在重点行业和领域开展人工智能应用试点示范，推动人工智能规模化应用，支持人工智能新技术、新产品、新服务、新模式的应用推广。

第二十条　专业人才培养　国家支持高等院校完善人工智能领域学科布局和人才培养机制。

鼓励高等学校、科研机构和企业等开展面向人工智能领域重大科学前沿问题的基础理论研究和关键共性技术研发，承担重大科技和产业创新专项。

国家支持建立有利于促进人工智能发展的项目管理创新机制、创新人才评定机制、科技成果转化激励机制等。

第二十一条　财政和采购支持　中央财政应当在本级预算中设立人工智能科目，安排人工智能发展专项资金。

县级以上地方各级人民政府应当根据实际情况，在本级财政预算中安排人工智能发展专项资金。

鼓励各级人民政府和国有企事业单位采购符合国家标准的开源人工智能产品、服务。

第二十二条　税收抵免优惠　人工智能研发者、提供者研发、购置用于安全治理等专用设备的投资额，可以按不低于30%的比例实行税额抵免。

国务院针对开源人工智能研发规定专门的税收优惠办法。

第二十三条　国家机关先行先试　鼓励政府机关、事业单位及其他依法具有管理公共事务职能的组织，在政务服务、公共管理等领域依法开展人工智能技术应用先行先试，优先采购和使用安全可靠的人工智能产品和服务。

第二十四条　人工智能特区及授权立法　国家在符合条件的地区设立人工智能特区，推动人工智能创新发展先行先试，促进人工智能产学研用结合，构建有利于人工智能发展的良好生态。

人工智能特区所在地的市级人民代表大会及其常务委员会可以根据本法，结合特区内人工智能创新发展实践需要，遵循宪法规定以及法律和行政法规基本原则，就人工智能研发、提供、使用活动制定法规，在人工智能特区范围内实施。

人工智能特区法规可根据授权对法律、行政法规、地方性法规作变通规定。

人工智能特区法规应当报送全国人民代表大会常务委员会和国务院备案；对法律或者行政法规、部门规章的规定作变通规定的，应当说明变通的情况和理由。

第二十五条　分类管理制度　国家建立人工智能负面清单制度，对负面清单内的产品、服务实施许可管理，对负面清单外的产品、服务确有需要的实施备案管理。

国家人工智能主管机关根据人工智能在经济社会发展中的重要程度，以及一旦遭到攻击、篡改、破坏或者非法获取、非法利用，对国家安全、公共利益、社会稳定、环境保护，或者个人、组织合法权益、经济秩序造成的危害程度，牵头制定并定期更新人工智能产品、服务负面清单。

第二十六条　负面清单管理制度　开展人工智能负面清单内产品、服务的研发、提供活动前，应当取得国家人工智能主管机关的行政许可。

禁止未经许可或超越许可范围开展负面清单内人工智能研发、提供活动。

第二十七条　负面清单许可条件　申请负面清单内人工智能研发、提供许可，应当具备下列条件：

（一）在中华人民共和国境内依法设立的法人；

（二）主要负责人是中国公民；

（三）有与风险相适应的具备质量保障、安全保障、人类监督、合规管理等专业知识的专职人员；

（四）有健全的人工智能质量管理体系、网络数据安全管理制度、科技伦理审查制度；

（五）有安全可控的人工智能技术保障措施；

（六）有与风险相适应的人工智能应急处置机制；

（七）有与人工智能研发、提供相适应的场所、设施和资金；

（八）法律、行政法规的其他规定。

第二十八条　负面清单许可的申请　人工智能研发者、提供者申请负面清单内人工智能产品研发、提供许可，应提交以下材料：

（一）申报书；

（二）法人资格、场所、资金等证明；

（三）主要负责人为中国公民的证明；

（四）质量保障、安全保障、人类监督、合规管理专职人员的资质情况；

（五）人工智能质量管理体系、网络数据安全制度、科技伦理审查制度、风险管理制度及执行情况；

（六）人工智能安全评估报告；

（七）法律法规规定的其他材料。

第二十九条　负面清单许可的审批　国家人工智能主管机关受理负面清单内人工智能研发、提供许可申请后，在10个工作日内进行初步审查。

经初步审查，发现人工智能的研发者和提供者提交的申请材料不符合要求的，国家人工智能主管机关可以要求其补充或者更正。人工智能研发者、提供者无正当理由不补充或者更正的，该申请即被视为撤回。

初步审查材料齐全的，国家人工智能主管机关应当自受理申请之日起45日内审查完毕，作出许可或者不予许可的决定。予以许可的，向申请人颁发人工智能研发、提供许可证；不予许可的，应当书面通知申请人并说明理由。

期满不能做出决定的，经国家人工智能主管机关负责人批准，可以延长十日，并应当将延长期限的理由告知申请人。

第三十条　负面清单许可的再次申请　负面清单内人工智能研发、提供许可证应当载明使用许可的期限和范围。

超出许可范围，或技术改进、使用场景变更、用户群体调整等导致人工智能的风险发生变化的，负面清单内人工智能研发者、提供者应当再次申请研发、提供许可。

使用许可期限届满前六个月，负面清单内人工智能研发者、提供者可以申请更新研发、提供许可。

负面清单内人工智能研发者、提供者停止许可内人工智能研发、提供的，应当在停止之日起三个月内，向国家人工智能主管机关申请注销研发、提供许可。

第三十一条　许可证公开　负面清单内人工智能研发者、提供者应当在所提供的人工智能产品、服务的显著位置，注明许可证编号。

第三十二条　投诉、举报、释疑机制　个人和组织发现违法从事负面清单内人工智能研发、提供活动的，有权向国家人工智能主管机关投诉、举报，国家人工智能主管机关应当及时核实、处理。

个人和组织对负面清单内人工智能研发、提供活动有疑义的，有权请求国家人工智能主管机关予以说明，国家人工智能主管机关应当及时答复、处理。

第三十三条　其他许可、备案　根据法律、行政法规规定，应用人工智能应当取得行政许可或备案的，人工智能提供者、使用者应当依法取得许可或备案。

第三十四条　安全性义务　人工智能研发者、提供者应当在将人工智能投入使用或投放市场前开展安全评估，防范安全风险，保障人工智能全生命周期的安全、稳健运行，符合预期目的。人工智能研发者、提供者应当保存安全评估报告，保存期限不少于五年。

人工智能研发者和提供者应当及时发布最佳安全实践，引导使用者安全、正确地使用人工智能。

人工智能研发者、提供者按照本法规定的记录、技术文件等要求，保证可追溯性，在发生事故时可以及时并准确地追溯、定位问题，保障人工智能的安全性。

第三十五条　安全漏洞管理义务　鼓励相关组织和个人向人工智能研发者、提供者通报其产品、服务存在的安全漏洞。

人工智能研发者、提供者应当按照相关规定履行安全漏洞管理义务，确保其安全漏洞得到及时修补和合理发布，并指导支持使用者采取防范措施。

第三十六条　审计义务　人工智能研发者、提供者应当按照国家有关规定及国家人工智能主管机关的要求进行审计，核验输入数据、算法模型、输出数据等的合规性，对人工智能产品、服务活动是否遵守法律、行政法规的情况进行审查和评价。

第三十七条　补救和通知义务　人工智能研发者、提供者应当加强风险监测，发现安全缺陷、漏洞等风险时，应当立即采取补救措施。

人工智能研发者发现所研发的人工智能发生安全事件时，应当立即采取处置措施，并通知人工智能提供者，人工智能提供者按照本条第三款规定履行通知义务。人工智能提供者发现所提供的人工智能发生安全事件时，应立即采取措施，按照本条第三款规定履行通知义务，并及时通知人工智能研发者。

人工智能提供者应当立即采取处置措施，按照国家有关规定及时告知使用者并向主管机关报告以下事项：

（一）安全事件的发生过程、影响范围；

（二）人工智能提供者已采取的补救措施和使用者可以采取的减轻危害的措施；

（三）人工智能提供者的联系方式。

人工智能提供者采取措施可以有效避免对使用者造成实质损害的，可以不通知使用者；国家人工智能主管机关认为可能造成危害的，有权要求其通知受影响的使用者。

人工智能研发者在发现安全事件或收到提供者通知发生安全事件后应当立即进行评估。如果评估发现研发阶段存在问题风险的，应当立即通知其他人工智能提供者，在问题风险解决前，暂停或下架人工智能产品、服务。其他人工智能提供者收到通知的，应当立即采取处置措施，管控产品、服务风险。

第三十八条　公开透明性义务　人工智能提供者提供与自然人互动的人工智能服务，应当在使用者使用人工智能前，以简洁、清晰、易于理解的方式，告知与人工智能产品、服务进行交互的自然人，其正在与人工智能服务进行交互。但是，自然人从使用的场景中可以判断的除外。

提供深度合成服务的人工智能提供者还应当根据国家有关规定，对合成内容进行合理标识，向公众提示深度合成情况。

人工智能提供者应当在使用者使用人工智能前，以适当的方式告知使用者以下信息：

（一）产品、服务的基本原理、目的意图和主要运行机制；

（二）产品、服务的许可或备案公示信息；

（三）使用者享有的权利和救济渠道；

（四）法律、行政法规规定的其他信息。

人工智能研发者应当配合提供者履行上述义务。

第三十九条　可解释性义务　人工智能产品、服务对个人权益有重大影响的，人工智能使用者有权要求提供者对产品、服务决策的过程、方式等作出解释，有权对不合理的解释进行投诉。

人工智能提供者应当综合考虑产品、服务的场景、性质和行业技术发展水平等因素，对使用者的要求及时作出反馈。

人工智能研发者应当配合提供者履行上述义务。

第四十条　公平性义务　人工智能研发者应当在训练数据处理和标注、算法模型设计研发和验证测试过程中，采取必要措施，有效防范有害的偏见和歧视。

人工智能提供者应当在提供产品、服务过程中，加强对输入数据、输出数据的管理，有效防范有害的偏见和歧视。

第四十一条　风险管理　人工智能提供者综合考虑产品、服务的场景、性质、受众和行业技术发展水平等因素，建立健全和实施全生命周期风险管理制度。在产品、服务投入使用前以及使用过程中，人工智能提供者应当对人工智能的风险进行识别，采取必要管控措施。人工智能提供者应当保留风险识别和采取措施的记录不少于两年。

人工智能研发者应当对设计、数据收集训练、模型选择、测试验证等研发过程，建立并运行风险管理制度，对人工智能的风险进行识别，采取必要管控措施。人工智能研发者应当在保障商业秘密的前提下，配合提供安全评估报告、风险识别和管控措施记录，支持人工智能提供者完成人工智能服务的风险管理义务。人工智能提供者应当保留风险评估和采取措施的记录不少于两年。

第四十二条　人工智能伦理审查义务　人工智能研发者、提供者从事人工智能研发、提供活动，涉及国家人工智能主管机关确定的敏感领域的，应设立人工智能伦理审查委员会，并按照国家有关规定开展人工智能伦理审查。

国家机关及其他依法具有管理公共事务职能的组织，在政务服务、公共管理等领域使用人工智能的，应按照国家有关规定开展人工智能伦理审查。

鼓励其他人工智能研发者、提供者和使用者根据实际情况设立人工智能伦理审查委员会。

第四十三条　国家机关提供、研发义务　国家机关及其他依法具有管理公共事务职能的组织，在政务服务、公共管理等领域研发、提供人工智能的，应当遵守本法规定的人工智能研发者、提供者的义务，尤其应当保障人工智能用于公共事务管理中的安全性、透明性、公平性。

第四十四条　授权代表　本法第二条第二款规定的中华人民共和国境外的人工智能研发者、提供者，应当在中华人民共和国境内设立专门机构或者指定代表，负责处理人工智能相关事务，并将有关机构的名称或者代表的姓名、联系方式等报送国家人工智能主管机关。

第四十五条　负面清单内人工智能研发者增强义务　负面清单内人工智能研发者应当履行以下义务：

（一）制定并保存符合本法要求的技术文件；

（二）在研发过程，制定并运行符合本法要求的质量管理体系，并配合提供者履行相关义务；

（三）配合提供者履行相关义务；

（四）法律、行政法规规定的其他义务。

第四十六条　基础模型研发者特殊义务　基础模型研发者应遵守以下规定：

（一）按照国家规定建立健全安全风险管理制度，及时有效预防、监测、处置对国家安全、公共利益或者个人、组织合法权益、经济秩序造成的风险；

（二）按照国家规定建立健全基础模型的模型管理和数据管理制度；

（三）遵循公开、公平、公正的原则，制定基础模型的使用规则，明确使用基础模型的研发者、提供者应当履行的义务，不得滥用市场支配地位；

（四）应当确保安全风险管理所必需的算力资源投入；

（五）协助其他研发者、提供者履行本法规定的相关义务；

（六）对严重违反本法规定的研发者、提供者，应当采取停止提供服务等必要措施；

（七）成立主要由外部成员组成的独立机构对基础模型的研发情况进行监督，每年发布社会责任报告，接受社会监督。

第四十七条　备案义务　人工智能提供者提供的产品、服务不在负面清单内，注册用户数超过100万的，应当在满足条件之日起十个工作日内，向国家人工智能主管机关备案以下信息：

（一）人工智能提供者的姓名或名称、联系方式；

（二）人工智能产品、服务的商标或名称、提供形式、应用领域、算法类型、安全自评估报告；

（三）备案拟公示内容；

（四）法律、行政法规规定的其他信息。

注册用户数超过1万、不足100万的，应当在满足条件之日起十个工作日内，向省级人工智能主管机关备案前款信息。

备案信息发生变更的，应当在变更之日起十个工作日内办理变更手续。

完成备案的人工智能提供者应当在其对外提供服务的网站、应用程序等的显著位置注明其备案编号。

第四十八条　备案流程　主管机关收到备案材料后，材料齐全的，应当在三十个工作日内予以备案，发放备案编号并进行公示；材料不齐全的，应当在十个工作日内通知备案人补充材料。

第四十九条　管理制度　人工智能提供者应当采取下列措施确保人工智能符合法律、行政法规的规定：

（一）制定内部数据安全、风险控制、质量管理等制度和相应的操作规程；

（二）保存提供人工智能产品、服务自动生成的日志；

（三）定期对从业人员进行教育和培训；

（四）采取保障鲁棒性、抗攻击性等合规技术措施；

（五）至少每两年进行一次人工智能审计；

（六）法律、行政法规规定的其他措施。

第五十条　终止机制　人工智能提供者终止提供产品、服务的，应当采取以下妥善安排措施：

（一）提前三十个工作日公示终止方案、使用者权利等；

（二）自终止之日起三十个工作日内，删除使用者的个人信息；根据国家有关规定，对人工智能产品、服务提供过程中产生的数据、训练数据、算法模型作出必要处理；

（三）法律、行政法规规定的其他措施。

第五十一条　许可注销　负面清单内人工智能提供者应当提前三十个工作日通知主管机关，说明有关情况，并在终止服务后将许可证交回原许可机关。

不在负面清单内人工智能提供者应当在终止服务之日起二十个工作日内办理注销备案手续。

第五十二条　负面清单内人工智能提供者增强义务　负面清单内人工智能提供者，还应当履行如下义务：

（一）按照本法要求进行安全评估，确保安全、稳健；

（二）制定并保存符合本法要求的技术文件，以证明所提供的人工智能符合本法对负面清单内人工智能的要求；

（三）建立并运行符合本法要求的全生命周期质量管理体系；

（四）在人工智能产品、服务自主运行过程中，确保人类可以随时采取介入、接管等措施；

（五）法律、行政法规规定的其他义务。

第五十三条　平台经营者义务　网络平台经营者知道或应当知道平台内产品或者服务提供者通过平台从事人工智能提供活动的，应依法制定或修改其平台服务协议和交易规则，明确平台内产品或者服务提供者提供人工智能的规范和应履行的义务。

第五十四条　国家人工智能主管机关职责　国家人工智能主管机关依法履行以下人工智能监管职责：

（一）每年3月31日前向国务院报送人工智能发展和治理情况专项报告；

（二）开展人工智能伦理、安全教育与宣传，指导、监督人工智能开发、提供和使用；

（三）制定人工智能监管规则、指引，组织制定人工智能伦理、安全、管理等方面标准；

（四）推进人工智能治理社会化服务体系建设，指导、支持专业机构开展人工智能安全监测、评估、审计、认证等服务；

（五）指导、支持开源人工智能基金会开展活动；

（六）建立人工智能风险监测预警机制，组织人工智能领域风险信息的获取、分析、研判、预警工作；

（七）建立人工智能安全事件应急处置机制；

（八）接受、处理与人工智能技术及产品开发、提供和使用有关的投诉、举报；

（九）调查、处理人工智能开发、提供和使用违法活动；

（十）法律、行政法规规定的其他职责。

第五十五条　人工智能伦理专家委员会　国家人工智能主管机关成立国家人工智能伦理专家委员会，地方人工智能主管机关成立本级人工智能伦理专家委员会。

国家人工智能伦理专家委员会对人工智能研发、提供和使用中的重大伦理问题进行研究，为国家人工智能主管机关提供咨询意见，指导全国范围内的伦理审查相关工作。

地方人工智能伦理专家委员会对本行政区域人工智能研发、提供和使用中的伦理问题进行研究，为本级地方人工智能主管机关提供咨询意见，指导本行政区域人工智能研发者、提供者和使用者人工智能伦理审查委员会的工作，并直接负责本行政区域内政务服务、公共管理等领域研发、提供和使用人工智能活动等伦理审查工作。

第五十六条　安全审查制度　从事人工智能研发、提供和使用活动，影响或可能影响国家安全的，应当按照国家有关规定通过安全审查。

依法作出的安全审查决定为最终决定。

第五十七条　前置程序期限　人工智能研发者、提供者、使用者依照本法及国家有关规定，就人工智能新技术新应用申报安全审查、备案或申请行政许可的，国家人工智能主管机关应当在规定的工作期限内及时处理、作出答复。

第五十八条　约谈　国家人工智能主管机关和地方各级人工智能主管机关在履行职责中，发现人工智能研发、提供活动存在较大风险或者发生安全事件的，可以按照规定的权限和程序对该人工智能研发者、提供者进行约谈，要求其采取下列措施：

（一）按照要求进行整改，消除隐患；

（二）对其研发、提供活动作出适当的解释，说明人工智能服务的开发、管理和运行的责任，为保障公平性、安全性和稳定性采取的措施，以及对利益相关方的影响等；

（三）委托专业机构对其人工智能研发、提供活动进行合规审计。

人工智能研发者、提供者承诺限期整改合规，且能够有效避免人工智能研发、提供或使用活动造成危害的，可以不暂停相关活动。国家人工智能主管机关认为可能造成危害的，可以责令暂停相关活动。

第五十九条　创新监管　国家人工智能主管机关就人工智能产业研发、提供和使用活动中的轻微违法行为等情形，依法决定不予行政处罚的，应当通过批评教育、指导约谈、组织会商研讨等措施促进当事人依法合规开展人工智能产业研发、提供和使用活动。

国家人工智能主管机关针对开源人工智能研发者制订专门的合规指引，推动开源人工智能创新发展。

第六十条　监管试验　国家人工智能主管机关建立人工智能监管试验机制，就以下事项出台具体规定、指引：

（一）参与监管试验的条件；

（二）监管试验的运行机制；

（三）监管试验的风险监测与防控措施；

（四）参与监管试验的人工智能研发者、提供者的义务、责任减免机制。

第六十一条　国家机关责任人　国家机关及其他依法具有管理公共事务职能的组织应当指定人工智能负责人，负责对人工智能使用活动以及采取的安全保护措施等进行监督。

第六十二条　执法机制　国家人工智能主管机关应当加强专门队伍和专业技术建设，提升监管从业人员的专业能力，开展相关技术培训，不断提升人工智能监管能力和水平。

国家人工智能主管机关应当依法确定本系统行政执法程序，建立行政执法监督制度。

第六十三条　技术治理　国家支持企业、科研机构等研究开发有关人工智能监测预警、安全评估、应急处置等技术，鼓励在人工智能领域应用监管科技、合规科技。

第六十四条　境外反制　境外的组织、个人从事侵害中华人民共和国公民的合法权益，或者危害中华人民共和国国家安全、公共利益的人工智能研发、提供或使用活动的，国家人工智能主管机关可以依法采取限制或禁止其在中华人民共和国境内研发、提供或使用人工智能等措施，并予以公告。

第六十五条　对等措施　任何国家或者地区在与人工智能有关的研发、投资、贸易等方面对中华人民共和国采取歧视性的禁止、限制或者其他类似措施的，中华人民共和国可以根据实际情况对该国家或者地区对等采取措施。

第六十六条　一般违法责任　违反本法规定开展研发、提供活动，由国家人工智能主管机关责令改正，给予警告，没收违法所得，责令暂停或终止相关业务；拒不改正的，处一百万元以下罚款；对直接负责的主管人员和其他直接责任人员处一万以上、十万以下罚款。

有前款规定的违法行为，情节严重的，由国家人工智能主管机关责令改正，没收违法所得，并处一千万元以下或者上一年度营业额百分之四以下罚款，并可以责令暂停相关业务或者停业整顿、通报有关主管机关吊销相关业务许可或者吊销营业执照；对直接负责的主管人员和其他直接责任人员处十万元以上一百万元以下罚款。

第六十七条　负面清单许可的撤销　人工智能研发者、提供者在研发、提供活动中违反本法规定，发生重大安全事件、多次发生安全事件、多次受到行政处罚的，国家人工智能主管机关可以中止许可并责令限期改正；期限届满未改正，或中止许可后再次发生安全事件或受到行政处罚的，国家人工智能主管机关可以撤销许可。

第六十八条　行政罚款的裁量方式　本法规定的罚款可以作为责令整改等措施的补充或替代，国家人工智能主管部门决定行政罚款金额时，遵循合法原则、过罚相当原则、公平公正原则、处罚和教育相结合原则、综合裁量原则，应当充分考虑以下因素：

（一）违法行为及后果的性质、严重性和持续时间、受影响的范围和损害程度；

（二）违法行为是故意还是过失；

（三）对违法行为是否采取了补救措施并减轻可造成的损失；

（四）是否依照本法规定通知国家人工智能主管部门；

（五）是否依照本法规定采取了合理有效的组织和技术措施管理人工智能的风险；

（六）是否遵守了人工智能和安全等相关标准或获得了相关认证；

（七）此前的违法行为；

（八）其他法律法规规定的加重或减轻处罚的因素。

第六十九条　备案违规责任　人工智能提供者应备案而未履行备案义务的，由国家人工智能主管部门给予警告；经警告后仍未备案的，处一万元以上十万元以下罚款。

人工智能提供者通过隐瞒有关情况、提供虚假材料等不正当手段取得备案的，由国家人工智能主管部门予以撤销备案，给予警告、通报批评；情节严重的，并处十万元以上一百万元以下罚款。

人工智能提供者终止服务未办理注销备案手续，或者发生严重违法情形受到责令关闭网站、吊销相关业务许可证或者吊销营业执照等行政处罚的，由国家人工智能主管部门予以注销备案。

第七十条　民事侵权责任　研发、提供的人工智能侵害个人权益造成损害，应当承担损害赔偿等侵权责任，但研发者和提供者能证明自己没有过错的除外。

前款规定的损害赔偿责任按照使用者或受影响的个人、组织因此受到的损失或者研发者、提供者因此获得的利益确定；使用者或受影响的个人、组织因此受到的损失和提供者因此获得的利益难以确定的，根据实际情况确定赔偿数额。

提供者知道或者应当知道使用者利用其提供的产品或服务侵害他人知识产权，未采取必要措施的，与使用者承担连带责任。提供者有证据证明采取下列措施的，不与使用者承担连带责任：

（一）对人工智能生成内容进行必要的标识；

（二）以用户协议等方式提示用户不得侵犯他人知识产权；

（三）建立知识产权保护规则，发现使用者利用生成式人工智能服务侵害他人知识产权，依法依约采取警示、限制功能、暂停或者终止向其提供服务等处置措施；

（四）建立知识产权投诉机制。

第七十一条　开源人工智能的法律责任减免　以免费且开源的方式提供人工智能研发所需的部分代码模块，同时以清晰的方式公开说明其功能及安全风险的，不承担法律责任。

免费且开源提供人工智能的个人、组织能够证明已经建立符合国家标准的人工智能合规治理体系，并采取相应安全治理措施的，可以减轻或免于承担法律责任。

第七十二条　法律救济　公民、法人或者其他组织对人工智能主管机关作出的行政行为不服的，可以依法申请行政复议或者向人民法院提起行政诉讼。

第七十三条　公益诉讼　违反本法规定提供人工智能，侵害众多个人的权益的，人民检察院、法律规定的消费者组织和由国家人工智能主管部门确定的组织可以依法向人民法院提起诉讼。

第七十四条　治安管理处罚和刑事责任的衔接　违反本法规定，构成违反治安管理行为的，依法给予治安处罚；构成犯罪的，依法追究刑事责任。

第七十五条　不予行政处罚　人工智能研发者、提供者违法行为轻微并及时改正，没有造成危害后果的，不予行政处罚。初次违法且危害后果轻微并及时改正的，可以不予行政处罚。

第七十六条　国家机关不履职的责任　国家机关开展人工智能研发、提供、使用活动，不履行本法规定的义务的，由其上级机关或者国家人工智能主管部门责令改正；对直接负责的主管人员和其他直接责任人员依法给予处分。

国家机关工作人员玩忽职守、滥用职权、徇私舞弊，尚不构成犯罪的，依法给予处分。依法不构成行政执法过错的情形，不追究有关工作人员的行政执法责任。

第七十七条　军事人工智能　中国人民解放军、中国人民武装警察部队的人工智能的研发、提供和使用活动的规范，由中央军事委员会依照本法规定的原则另行规定。

第七十八条　定义　本法下列用语的含义：

（一）人工智能，是指以一定自主程度运行，服务于特定或通用的目标，能够通过预测、推荐或决策等方式影响物理或虚拟环境的自动化系统，包括数据、特征、模型、服务提供接口和所嵌入的终端设备等。

（二）人工智能研发者，是指仅从事算法设计、训练数据标注、特征提取、模型训练和优化、测试部署、免费且开源提供等人工智能研究和开发活动的个人、组织。

（三）人工智能提供者，是指出于商业目的提供人工智能或者为其提供相关技术支持的个人、组织，或者无论是否出于商业目的，面向公众提供人工智能或者为其提供相关技术支持的个人、组织，但仅免费且开源提供人工智能的个人、组织除外。

（四）人工智能使用者，是指依照人工智能的性能和用途对其加以利用的个人、组织。

（五）基础模型是指累计投入一定规模以上算力进行训练，服务于通用的目的，能够为广泛的下游服务提供技术支持的人工智能模型。基础模型认定的浮点运算（FLOPs）及其他算力标准由国家人工智能主管机关组织制定、公开发布并定期更新。

第七十九条　施行日期　本法自　年　月　日起施行。

第八十条　负面清单公开制度　国家人工智能主管机关应当不晚于本法实施之日前六个月发布人工智能负面清单，并在定期更新后及时公开。

第一章　总则

第一条　立法依据　为了促进人工智能发展，规范人工智能的研发、提供和使用活动，维护国家主权、发展和安全利益，保护个人、组织的合法权益，根据宪法，制定本法。

【起草参考】

《中华人民共和国个人信息保护法》（以下简称《个人信息保护法》）第一条；《中华人民共和国数据安全法》（以下简称《数据安全法》）第一条；《中华人民共和国网络安全法》（以下简称《网络安全法》）第一条

【相关规定】

《中华人民共和国宪法》（以下简称《宪法》）第三十三条、第三十九条；《生成式人工智能服务管理暂行办法》第二条；《互联网信息服务深度合成管理规定》第一条；《互联网信息服务算法推荐管理规定》第一条

【条文释义】

本条规定是《人工智能示范法》（以下称《示范法》）的立法依据。具体而言，本条从四个方面明确了《示范法》的平衡立场、调整对象、保护对象和宪法依据。首先，明确在平衡人工智能发展和安全的同时，重视人工智能技术发展、抢抓人工智能产业发展机遇的立场。其

次，明确调整对象为相关主体开展的人工智能研发、提供和使用活动。相比于调整人工智能技术本身，《示范法》侧重于调整人工智能的研发、提供和使用活动所产生、变更或消灭的社会关系。研发、提供和使用活动的界分对应于主体层面研发者、提供者和使用者的界分，研发、提供和使用活动所产生、变更或消灭的社会关系的不同，导致相关主体承担责任义务的类型和程度相应不同。从更加学理的角度出发，可以将研发、提供和使用表述为《示范法》意义下的人工智能行为体系。再次，《示范法》的保护措施体现了“双管齐下”的策略：一方面，它坚决捍卫国家的主权、发展和安全利益；另一方面，它致力于维护个人和组织的合法权益。最后，《示范法》在立法依据上采取了和《个人信息保护法》相近的表述，明确本法系依据宪法而制定。这主要出于三个角度的考虑：一是体现人工智能立法对尊重和保障人权及人格尊严的重要性。二是为解释人工智能立法中保障主体权益的条款，特别是保障其基本权利的条款，提出了坚固的体系依据。三是在理论上明确人工智能立法至少是部分的属于公法的范畴，从而统合协调当前有关人工智能立法定位的认识。第一条所明确的平衡立场、调整对象、保护对象和宪法依据具有贯穿《示范法》的重要性。

【域外比较】

欧盟《人工智能法》“鉴于部分”第 1 条规定：“本条例的目的是改善内部市场的运作，特别是为联盟内符合联盟价值观的人工智能系统的开发、投放市场、投入使用和使用制定统一的法律框架，促进以人为本和值得信赖的人工智能的应用，同时确保对健康、安全和《欧盟基本权利宪章》（《宪章》）所规定的基本权利的高度保护……同时促进创新……”① 其他法域的人工智能立法亦时见类似表述。可见，立足发展

① 本书凡引注欧盟《人工智能法》，均采用欧盟理事会（Council of the European Union）2024 年 5 月 15 日最终通过的版本（编号：PE-CONS 24/24）。这一版本也将是最终刊载于欧盟《官方公报》（Official Journal）的版本。中译本可参见朱悦《全文中译本：欧盟〈人工智能法〉最终通过版》，链接：https：//aisg. tongji. edu. cn/info/1005/1201. htm，最后访问时间：2024 年 5 月 18 日。

和保护相平衡，通过调整人工智能行为，保护相关主体权益，重视基本权利保障，是得到广泛认可的出发点。

第二条　适用范围　在中华人民共和国境内从事人工智能的研发、提供和使用活动及其监管，适用本法。

在中华人民共和国境外从事人工智能的研发、提供和使用活动，影响或可能影响中华人民共和国国家安全、公共利益或者个人、组织合法权益的，适用本法。

【起草参考】

《个人信息保护法》第二条；《数据安全法》第二条；《网络安全法》第二条

【相关规定】

《生成式人工智能服务管理暂行办法》第二条；《互联网信息服务深度合成管理规定》第二条；《互联网信息服务算法推荐管理规定》第二条；《阻断外国法律与措施不当域外适用办法》第六条

【条文释义】

本条规定《示范法》的适用范围，包括境内适用和境外适用。

境内适用。既有网络和信息立法均规定境内开展的网络活动、数据处理活动和个人信息处理活动及其监管均适用相应的法律。《示范法》沿袭了这一基于属地管辖原则的思路，明确其适用于境内开展的人工智能研发、提供和使用活动。进言之，研发、提供和使用构成了《示范法》的行为体系。

境外适用。既有网络和信息立法规定境外开展的数据处理活动或个人信息处理活动在符合相关法律规定的情况下均适用相应的法律。《示范法》吸收了这一基于保护管辖原则的安排。如果境外开展的人工智能研发、提供和使用活动影响或可能影响中华人民共和国国家安全、公共利益或者个人、组织合法权益，则适用本法。对于具体的人工智能研发、提供和使用活动，是否构成影响国家安全、公共利益或者合法权益的情形，通常容易判断；是否构成可能影响国家安全、公共利益或者合法权益的情形，通常需要结合事实个案判断。人工智能研发、提供和使用活动的性质、范围、主体和场景都是结合事实个案判断时应当考虑的因素。值得注意的是，如果《阻断外国法律与措施不当域外适用办法》设立的工作机制已经就可能造成影响的具体情形做出判断，一般应予参照。

【域外比较】

欧盟《人工智能法》第 2 条第 1 款同样规定了相对灵活的域外适用条款："本条例适用于：(a) 在欧盟境内将人工智能系统投放市场或提供服务或将通用人工智能模型投放市场的提供者，无论这些提供者是设立于，还是位于欧盟境内或者第三国；(b) 在联盟内设立场所或者位于联盟内的人工智能系统部署者；(c) 场所位于第三国或者位于第三国的人工智能系统提供者和部署者，其系统产生的输出用于欧盟；(d) 人工智能系统的进口者和分销者；(e) 产品制造者以自己的名称或商标将人工智能系统与其产品一起投放市场或提供服务；(f) 未在欧盟境内设立场所的提供者的授权代表。(g) 位于联盟内的受影响者。"综合该款和其他相关条款，可知其同样在属地管辖的基础上，覆盖了人工智能系统影响或可能影响欧盟境内受影响者的情形，适用于相应人工智能的提供者、部署者、进口者、分销者和产品制造者。

第三条　治理原则　国家统筹发展和安全，坚持促进创新和依法治理相结合，实施包容审慎监管。

【起草参考】

《生成式人工智能服务管理暂行办法》第三条

【相关规定】

《生成式人工智能服务管理暂行办法》第十六条

【条文释义】

本条规定治理原则。其不仅再次重申贯穿全文的发展和安全并重、促进创新和依法治理相结合的原则，还明确提出国家实施包容审慎监管。包容审慎是恰当平衡创新和治理的重要监管原则，其内涵十分丰富，主要可以总结为七个方面：暂缓行政干预、开放决策程序、引入回应规制、引入合作规制、运用试验机制、建立容错机制和完善监督机制。① 可以看到，《示范法》规定的人工智能支持与促进、设立负面清单、明确创新监管、建立监管试验、支持技术治理等众多条款充分体现了包容审慎监管的原则要求。

【域外比较】

欧盟《人工智能法》设立人工智能监管沙盒的规则具体地展现了包容审慎监管原则。据该法“鉴于部分”第139条，设立监管沙盒的原因包括：“人工智能监管沙盒的目标应是通过在开发和上市前阶段建立受控实验和测试环境来促进人工智能创新，以确保创新的人工智能系统符合本条例和其他相关的欧盟和成员国立法；通过监管沙盒，加强创新者的法律确定性，加强主管机关对人工智能使用的机遇、新风险和影响的监督和理解，促进机关和公司的监管学习，着眼于法律框架的未来调整，支持与参与人工智能监管沙盒的机关合作和分享最佳实践，并加快市场准入，消除对小微型企业，包括初创企业的障碍。监管沙盒应在整

① 参见刘权：《数字经济视域下包容审慎监管的法治逻辑》，《法学研究》2022年第4期；卢超：《包容审慎监管的行政法理与中国实践》，《中外法学》2024年第1期。

个欧盟范围内被广泛使用，并应特别关注包括初创企业在内的小微型企业使用监管沙盒的可及性。参与人工智能监管沙盒应重点关注那些会给提供者和潜在提供者带来法律不确定性的问题，以便在联盟内进行人工智能创新和实验，并促进循证的监管学习。”实验测试为本、确保创新合规、提供法律确定性、循证监管学习、合作共享经验和小微型企业保障等，各自从不同角度体现了包容审慎原则如何具体化为人工智能立法要求。

第四条　以人为本原则　从事人工智能研发、提供和使用活动应当以人为本、智能向善，确保人类能够始终监督和控制人工智能，始终以促进人类福祉为最终目标。

【起草参考】

《全球人工智能治理倡议》

【相关规定】

《生成式人工智能服务管理暂行办法》第五条；《互联网信息服务深度合成管理规定》第四条

【条文释义】

本条规定以人为本原则。以人为本原则和包容审慎原则共同规定在规定在原则体系部分的第一项和第二项，体现了这一原则在体系中的突出地位。具体来说，这一原则可以从四个角度展开：首先，以人为本原则的适用范围是全方位的，既适用于人工智能的研发活动，也适用于人工智能的提供和使用活动。其次，以人为本原则包含以人为本和智能向善两大主要内涵。以人为本意味着人工智能的研发、提供和使用应当为人服务，人工智能是人的工具；智能向善意味着人工智能的研发、提供和使用应当追求人类的良善价值，旨在基础模型和良善价值的对齐。再次，以人为本原则包含人工智能始终处于人类监督和控制之下的要求。加入“始终”这一要件，意味着人工智能包括研发、提供和使用在内的整个生命周期当中，都要处于人类监督和控制之下；加入“监督”这一要件，意味着人类应当通过促进人工智能的透明性和可解释性，对其如何运作保有充分知识；加入“控制”这一要件，意味着人类应当具备最终的、不可推翻且不可绕开的决策权。特别是，在人工智能研发、提供和使用的各环节，包括基础模型的数据处理、训练、调整和对齐等具体的环节，人类都应当具备最终的、不可推翻且不可绕开的决策权，而不能任由人工智能自身形成数据训练、模型训练或调整对齐的自主闭环。最后，以人为本原则包含人工智能始终以人类福祉为最终目标的要求。其中，一方面，这并不排斥人工智能的研发、提供和使用活动在个别组件或环节中设置纯粹的技术指标；另一方面，这也意味着人工智能的研发、提供和使用活动最终需要服务于人类福祉的目标。纯粹的技术不能成为最终目标，更不能在最终目标的权重中取代或者压倒人类的福祉。

【域外比较】

欧盟《人工智能法》“鉴于部分”第27条指出：“（……）在不影响本条例和任何其他适用的联盟法律的法律约束力要求的前提下，这些指南有助于设计一个符合《宪章》和作为联盟基础的价值观的连贯、可信和以人为本的人工智能。根据独立的人工智能高级别专家组的指南，人类主体和监督意味着人工智能系统的开发和使用是为人服务的工具，尊重人的尊严和个人自主权，其运行方式可由人类进行适当控制和监督。”也就是说，欧盟《人工智能法》同样将以人为本作为其基本治理原则之一，对人工智能系统进行监督和控制，以保证其作为工具而服务于增进人类的福祉。

第五条　安全原则　从事人工智能研发、提供和使用活动，应当采取必要措施保障所研发、提供和使用的人工智能及相关网络数据的安全。

【起草参考】

《网络数据安全管理条例（征求意见稿）》第六条

【相关规定】

《个人信息保护法》第九条；《数据安全法》第四条；《网络安全法》第九条

【条文释义】

本条规定安全原则。这一原则可以从五个方面展开说明。首先需要指出的是，这里的网络数据不能简单理解为网络和数据，而应理解为网络和信息部门法中的一个总括性的概念。根据《网络数据安全管理条例（征求意见稿）》第七十三条第一项："网络数据（简称数据）是指任何以电子方式对信息的记录。"人工智能的整体系统和组成模块都属于以电子方式记录的信息。由此推知，人工智能的整体系统和组成模块都将落入网络数据的范围，相应主体需要对其安全负责、履行安全保护义务。其次，这里的安全和网络与信息领域既有的法律对安全的理解保持一致。具体而言，《示范法》有关安全性义务的条款和全国网络安全标准化技术委员会 2024 年 2 月发布的《生成式人工智能服务安全基本要求》两者从不同角度细化了安全原则的要求。其三，人工智能的研发者、提供者和使用者各自对研发、提供和使用的安全负责、履行安全保护义务。这意味着，一方面，安全原则既适用于人工智能的整体及其组件，也适用于人工智能的整个生命周期，这是一条全方面适用、全周期覆盖的规则；另一方面，人工智能的研发者、提供者和使用者各自对其活动负责，而非共同或连带负责，意味着《示范法》在安全责任的主体范围设定上充分考虑了发展和安全的平衡，而不对安全要求进行无限加码、大水漫灌。与此同时，研发者同样需要对其研发活动的安全负责，开源人工智能的研发者也需要对其开源活动的安全负责。其四，同样是出于平衡发展和安全的考虑，人工智能研发者、提供者和使用者负有责任的对象范围不是漫无边际的，而是以相关的网络数据为限。实践中，这意味着责任通常限制在特定的系统、资产或域的内部。最后，《示范法》履行安全义务要求采取的是必要措施，而不是适用范围上更加广泛的合理措施或相关措施。如果只是简单地增加安全性的措施，而不是对保障安全而言必不可少的措施，通常来说不属于本条的要求。

【域外比较】

欧盟《人工智能法》“鉴于部分”第 1 条和多个相关条款反复强调人工智能安全的重要性，包括第 1 条提及的“对……安全……的高度保护”。正文部分第 15 条主要适用于高风险的人工智能系统，比较集中地体现了人工智能安全原则的内涵要义和具体要求。第 15 条第 1 款规定：“在设计和开发高风险人工智能系统时，应使其达到适当的准确性、稳健性和网络安全水平，并在其整个生命周期内始终在这些方面保持一致。”第 2—5 款列举多项具体要求，包括利益相关方参与、指标设定和说明、采取技术和组织措施、设置技术冗余、调整反馈回路、确保技术韧性、应对安全攻击，都反映出对保障人工智能安全采取必要措施的基本思路。

第六条　公开透明可解释原则　从事人工智能提供活动应当遵循公开原则，对所提供的人工智能予以适当标注。

从事人工智能研发、提供活动应当遵循透明、可解释原则，采取必要措施对所研发、提供的人工智能的目的、原理和效果予以说明。

【起草参考】

无

【相关规定】

《个人信息保护法》第二十四条；《生成式人工智能服务管理暂行办法》第十二条；《互联网信息服务深度合成管理规定》第十六条；《互联网信息服务深度合成管理规定》第十七条；《互联网信息服务算法推荐管理规定》第四条、第十六条

【条文释义】

本条规定公开原则、透明和可解释原则。二者之间既有一定的关联，又有值得重视的区别。

公开原则。公开原则可以从四个方面展开。首先，公开原则适用于人工智能提供活动，是人工智能提供者需要遵从的原则。对人工智能研发者，由于其并不直接面向公众提供服务，通常不宜施加有关公开原则的要求；对人工智能使用者，由于其通常缺乏落实公开原则的技术能力和资源，同样不宜施加有关公开原则的要求。其次，人工智能提供者仅对其所提供的人工智能遵从公开原则。再次，人工智能提供者履行公开原则的方式是加以适当的标注。此处选择适当标注的表述，而非合理标注或必需标注的表述，说明这是一项要求相对严格的义务，需要在相当程度上保证使用者的充分知情。最后，有关标注的具体方式、范围和程度，可以参照不断调整和规范的相关标准，如目前的《网络安全标准实践指南——生成式人工智能服务内容标识方法（v1.0-202308）》。

透明和可解释原则。透明和可解释原则可以从五个方面展开。一是，透明和可解释原则适用于人工智能研发和提供活动，是人工智能研发者和提供者都需要遵从的原则。由于人工智能的复杂性，特别是特定人工智能模型的不可解释性，透明和可解释原则通常需要研发者和提供者合作履行。二是，人工智能研发者、提供者仅对其所研发、提供的人

工智能遵从透明和可解释原则。三是，人工智能研发者、提供者遵从透明和可解释原则只需要采取必要措施，而不是内容和程度更加宽泛、深入的适当措施或者合理措施，说明这是一个程度相对有限的原则。四是，需要保持透明和可解释的只是人工智能的使用目的、简要原理和预期效果。本原则以保障使用者知情为宗旨，与知识产权和商业秘密保护相权衡，无需事无巨细、穿透技术而披露或解释。五是，可解释性原则所要求的只是简明易读、非技术性的说明。一般不宜施加要求对人工智能做出解释的技术性义务。此类义务不仅很可能造成太高的成本，还有可能根本无法实现，和“法不强人所难”的原则相违。

【域外比较】

欧盟对人工智能的公开性和透明性的要求主要集中在《人工智能法》第 50 条，本条的宗旨是确保最终的用户对直接交互的人工智能、用于情感识别的人工智能、用于生物特征分类的人工智能和人工智能生成合成的内容保持充分的知情。其中第 1—4 款的规定如下：1. 提供者应确保意图与自然人直接互动的人工智能系统的设计和开发方式应使有关自然人知道他们正在与一个人工智能系统互动。除非从一个合理知情、善于观察和谨慎的自然人的角度来看，考虑到使用的情况和场景，与人工智能互动这一点是显而易见的。这一义务不适用于法律授权的用于侦查、预防、调查和起诉刑事犯罪的人工智能系统，但第三方的权利和自由应得到适当保障，除非这些系统可供公众举报刑事犯罪；2. 生成合成音频、图像、视频或文本内容的人工智能系统，包括通用目的人工智能系统的提供者应确保人工智能系统的输出以机器可读的格式进行标注，并且可检测其系人为生成或操纵。在技术可行的情况下，提供者应确保其技术解决方案是有效、可互操作、稳健和可靠的，同时考虑到不同类型内容的特殊性和局限性、实施成本以及相关技术标准中可能反映的公认的先进技术。如果人工智能系统执行的是标准编辑的辅助功能，或没有实质性地改变部署者提供的输入数据或其语义，或经法律授权用于侦查、预防、调查和起诉刑事犯罪，则不适用这一义务；3. 情感识别系统或生物特征分类系统的部署者应将该系统的运行情况告知接触该系统的自然人，并根据适用的2016/679号条例、2016/1725号条例和2016/280号指令处理个人数据。这项义务不适用于用于生物特征分类和情感识别的人工智能系统，因为法律允许在遵守欧盟法律的前提下，在适当保障第三方权利和自由的情况下，检测、预防和调查刑事犯罪；4. 生成或操纵构成深度伪造的图像、音频或视频内容的人工智能系统的部署者应当披露该内容是人为生成或操纵的。这一义务不适用于经法律授权用于侦查、预防、调查和起诉刑事犯罪的情况。如果内容构成明显具有艺术性、创造性、讽刺性、虚构类比的作品或节目的一部分，本款规定的透明度义务仅限于以不妨碍作品展示或欣赏的适当方式披露此类生成或篡改内容的存在。如果生成或改编的文本是为了向公众提供有关公共利益问题的信息而发布的，相应人工系统的部署者应当披露该文本是人工生成或改编的。这一义务不适用于以下情况：法律授权使用人工智能系统侦查、预防、调查和起诉刑事犯罪；人工智能生成的内容经过人工审核或编辑控制；自然人或法人对发布的内容负有编辑责任。由此可见，欧盟对于人工智能的透明和可解释性的要求集中于跟公众有互动或者对公众有直接影响的特定人工智能系统，明确限缩了需要透明和解释的功能，并规定了某些场景下的例外，也是采取了有限透明和可解释的立场。

第七条　可问责原则　从事人工智能研发、提供和使用活动，应当分别对其研发、提供和使用活动负责。

【起草参考】

《个人信息保护法》第九条

【相关规定】

《生成式人工智能服务管理暂行办法》第九条；《互联网信息服务深度合成管理规定》第七条；《互联网信息服务算法推荐管理规定》第七条

【条文释义】

本条规定可问责原则。这一原则可从三个方面展开。首先，无论是人工智能研发者，还是人工智能的提供者和使用者，各自都要对其研发、提供和使用活动负责。其次，此处的表述方式是更加确切的分别负责，而不是更加宽泛的负责，说明人工智能价值链上应以相应责任为常态，以连带责任为例外。最后，负责不仅意味着承担法律责任，也意味着需要通过履行留存和证明义务来实现可问责性。

【域外比较】

欧盟《通用数据保护条例》第5条第2款对可问责原则有精炼的概括：对其活动负有责任，能够阐明其活动合规。欧盟《人工智能法》第17条第1款m项同样要求高风险人工智能的提供者在其质量管理系统中建立一个“规定管理层和其他工作人员在本款所列各方面的责任”的问责框架。可问责是欧盟、美国以及其他各国对数据保护及人工智能治理的基本要求之一，主体对其活动负责、并对其合规性负有记录和证明责任，这对责任分配和执法监管均有重要价值。

第八条　公平平等原则　从事人工智能研发、提供和使用活动应当遵循公平原则，应当采取有效措施避免对个人、组织实行不合理的差别待遇。

从事人工智能研发、提供和使用活动应当充分考虑未成年人、老年人、残障人士等特殊群体的需求。

【起草参考】

《个人信息保护法》第二十四条

【相关规定】

《中华人民共和国无障碍环境建设法》（以下简称《无障碍环境建设法》）第四条；《中华人民共和国劳动法》（以下简称《劳动法》）第十二条；《中华人民共和国教育法》（以下简称《教育法》）第九条；《生成式人工智能服务管理暂行办法》第四条；《互联网信息服务算法推荐管理规定》第十九条

【条文释义】

本条规定公平原则和平等原则。二者之间既有一定的关联，又有值得重视的区别。

公平原则。公平原则可以分五点展开。其一，公平原则既适用于人工智能的研发活动，也适用于提供活动和使用活动。其二，公平原则要求研发者、提供者和使用者采取有效措施，而不只是合理措施或者相关措施。这意味着相对严格的要求。其三，个人、组织都应当享有公平原则的保障。其四，公平原则意味着个人原则上不应受到不合理的差别待遇，也就是说，适用公平原则的前提是存在来自人工智能的差别待遇。其五，差别待遇必须是不合理的。如果差别待遇在考虑到主观意思、合理期待、交易惯例或者法律所认可的其他条件后可以解释为合理，一般不宜认定为不合理的差别待遇。

平等原则。平等原则可以分四点展开。其一，平等原则既适用于人工智能的研发活动，也适用于其提供活动和使用活动。其二，需要充分考虑特殊群体的需求。其三，特殊群体宜以相对宽泛的方式加以解释。未成年人、老年人、残障人士是典型的特殊群体。其四，需要充分考虑的不只是特殊群体的情况，而是其需求。也就是说，不仅仅只是适配其客观情况，还要充分考虑和照顾其相关的主观需要。值得一提的是，《互联网应用适老化和无障碍改造专项行动方案》为如何在信息环境，包括提供和使用人工智能的许多环境中，充分考虑特殊群体的需要提出了很多具体化的措施。

【域外比较】

欧盟《人工智能法》第 16 条第 1 项为高风险人工智能系统的提供者专门设置了无障碍适配的义务："确保高风险人工智能系统符合无障碍要求，符合关于产品和服务无障碍要求的 2019/882 号指令和关于公共部门机构网站和移动应用程序无障碍要求的 2016/2102 号指令。" 由此可见，公平原则和平等原则也是欧盟立法中所关注的重要原则，特别是其在人工智能设计和使用中的转化适用。

第九条　绿色原则　国家鼓励人工智能研发、提供和使用活动应用节能减排技术，促进绿色智慧的数字生态文明建设。

【起草参考】

习近平总书记 2023 年 7 月 17 日在全国生态环境保护大会上的重要讲话强调："要加强科技支撑。推进绿色低碳科技自立自强，把应对气候变化、新污染物治理等作为国家基础研究和科技创新重点领域，狠抓关键核心技术攻关。实施生态环境科技创新重大行动，建设生态环境领域大科学装置，培养造就一支高水平生态环境科技人才队伍，支持科技成果转化和产业化推广。加快建立现代化生态环境监测体系，健全天空地海一体化监测网络。深化人工智能等数字技术应用，构建美丽中国数字化治理体系，建设绿色智慧的数字生态文明。"①

① 习近平：《以美丽中国建设全面推进人与自然和谐共生的现代化》，《求是》2024 年第 1 期。

【相关规定】

《中华人民共和国民法典》（以下简称《民法典》）第九条

【条文释义】

本条规定绿色原则。这一原则可由四个方面加以展开。首先，绿色原则既适用于人工智能的研发活动，也适用于其提供活动和使用活动。其次，人工智能的研发、提供和使用活动都需要应用节能技术，主要指各类节能减排的高效部署技术。再次，人工智能的研发、提供和使用活动需要高效节约资源，不仅仅是节约电力等能源，也要节约包括水资源在内的其他各类资源。最后，人工智能可以通过赋能生态环境保护，进而促进建设绿色智慧的数字生态文明。鉴于《十四届全国人大常委会立法规划》已经明确将要编制一部生态环境法典，人工智能相关法律和生态环境部门法律的交叉将会越来越深入且显著。①

【域外比较】

欧盟《人工智能法》“鉴于部分”第27条列举了人工智能治理的多项基础原则，其中“社会和环境福祉”“是指以可持续和环保的方式开发和使用人工智能系统，并使全人类受益，同时监测和评估对个人、社会和民主的长期影响。”第112条第7款进一步明确要求：“在本条例生效日期后的四年内，以及此后每三年内，委员会应评估自愿行为守则的影响和有效性，以促进第二章第3节对高风险人工智能系统以外的人工智能系统的要求以及可能对高风险人工智能系统以外的人工智能系统的其他额外要求的实施，包括在环境可持续性方面。”此外，欧盟《高效能源指令》第12条等相关条款也对用于人工智能的数据（算力）中心的可持续性提出了定期报告要求。②

---

① 参见新华网《（受权发布）十四届全国人大常委会立法规划》，http：//www. news. cn/politics/2023-09/07/c_1129851114. htm，最后访问时间：2024年5月20日。

② See DIRECTIVE（EU）2023/1791 of The European Parliament and of the Council of 13 September 2023 on energy efficiency and amending Regulation（EU）2023/955（recast），published on September 20，2023，https：//eur-lex. europa. eu/legal-content/EN/TXT/PDF/？uri=CELEX：32023L1791，最后访问时间：2024年5月19日。

第十条　促进发展创新原则　国家支持人工智能基础设施建设，推动公共算力、公共数据和其他相关公共资源开放共享，鼓励个人、组织依法开放共享算力、数据和其他相关资源。

国家鼓励人工智能研发和应用，依法保护人工智能领域知识产权，建立与人工智能发展相适应的知识产权法定许可和合理使用制度，支持利用人工智能生成物进行的科学研究和文化创作活动。国家知识产权主管机关依法就人工智能法定许可和合理使用制度制定配套规则，基于公平合理原则明确人工智能生成物的权益保护和收益分配机制。

【起草参考】

《数据安全法》第十六条；《网络安全法》第三条；2024 年《政府工作报告》中提出：适度超前建设数字基础设施，加快形成全国一体化算力体系。

【相关规定】

《数据安全法》第十四条；《网络安全法》第十八条

【条文释义】

本条规定《示范法》的促进发展创新原则。促进发展创新原则可以由三个层面加以解释：

首先，促进人工智能基础设施的发展和创新。结合人工智能的数据、算力和算法三大要素，主要是在推进人工智能数据、算力和开源平台基础设施建设的同时，推动公共算力、公共数据和其他相关公共资源开放共享。

其次，培育促进发展创新的知识产权法定许可和合理使用制度。一方面，随着人工智能的能力不断增强、模型规模不断扩大、对训练数据量的需求越来越大；另一方面，随着国内司法实践的演进，模型训练的侵权风险愈发显著。为了更好统筹发展和治理，需要通过知识产权法定许可制度，在保障数据权益主体得到合理报酬的同时，有效化解模型训练面临的潜在侵权风险和制度不确定性。建立整体性的训练数据合理使用制度，包含知识产权类数据的合理使用，作为扩大数据要素供给的上位制度更具有统合性，也符合目前政策的发展趋势。在输入端的版权合理使用规则对促进人工智能发展很有必要。

最后，需要通过进一步探索人工智能生成物的权益保护和收益分配的相关制度，更好促进人工智能技术及其生成内容的健康发展。引入人工智能生成物公平合理原则，意在和法定许可、合理使用规则对接，在训练中依据法定许可或合理使用获得版权作品的人工智能，其生成物的商业利益保护应当受到限制，在具体规则中可以用权利限制、免费许可回授等方式，具体规则可以通过法律解释来进行。另外，对于人工智能生成物，除了保护外，还需要鼓励开放和利用。例如，对于合成数据，目前宜采使用优先、保护在后的原则，促进基于人工智能生成物的科学研究和文化创作，特别是要审慎考虑未来人工智能构成创作主体、进而构成权益主体的可能性，在法律层面留下适当的空间和余量。

【域外比较】

欧盟《人工智能法》对通用人工智能模型的潜在版权风险采取相对折衷的态度。其中第 53 条第 1 款第 c 项和 d 项分别规定，通用人工智能模型的提供者应当“制定一项尊重欧盟版权法的政策，特别是通过先进水平技术等手段，确定和尊重根据 2019/790 号指令第 4 条第 3 款表达的权利保留”，并且应当“根据由人工智能办公室提供的模板，起草并公开有关用于通用人工智能模型训练内容的足够详细的摘要”。有关提供摘要的义务，该法“鉴于部分”第 107 条进一步释明：“为了提高通用人工智能模型的预训练和训练中使用的数据的透明度，包括受版权法保护的文本和数据，此类模型的提供者应就通用模型训练中使用的内容制定并公开足够详细的摘要。在适当考虑保护商业秘密和商业机密信息的同时，该摘要的范围应在总体上全面，而不是在技术上详细，以方便包括版权持有者在内的合法权益方行使和执行其在欧盟法律下的权利。例如，列出用于训练模型的主要数据收集或数据集，如大型的私有或公共的数据库或数据档案，并对所使用的其他数据来源进行叙述性的解释。人工智能办公室宜提供一个摘要模板，该模板应简单、有效，并允许提供者以叙述形式提供所需的摘要。”

第十一条　国际合作　国家积极开展人工智能领域的国际交流与合作，参与人工智能相关国际规则和标准的制定和实施，推进形成具有广泛共识的国际人工智能治理框架和标准规范。

国家完善人工智能领域的人才、技术引进和技术合作制度。

【起草参考】

《个人信息保护法》第十二条；《全球人工智能治理倡议》：各国应在人工智能治理中加强信息交流和技术合作，共同做好风险防范，形成具有广泛共识的人工智能治理框架和标准规范，不断提升人工智能技术的安全性、可靠性、可控性、公平性。我们欢迎各国政府、国际组织、企业、科研院校、民间机构和公民个人等各主体秉持共商共建共享的理念，协力共同促进人工智能治理。

【相关规定】

《数据安全法》第十一条；《网络安全法》第七条

【条文释义】

本条规定国际合作。本条分两款。第一款规定我国《全球人工智能治理倡议》倡导的一般性的国际合作。第二款将人才、技术引进和技术合作单列一款，体现了人工智能国际合作治理当中尖端人才和前沿技术的重要性。

【域外比较】

欧盟《人工智能法》在多项具体规则中强调国际合作的重要性。其中，第 56 条第 1 款规定："人工智能办公室应鼓励和促进在联盟一级制定行为守则，作为促进本条例正确实施的要件之一，同时考虑到国际进路。"该法"鉴于部分"第 74 条提及："（……）在此背景下，委员会应与利益相关的各方和组织，如计量和基准制定机构合作，酌情鼓励制定人工智能系统的基准和测量方法。在此过程中，委员会应注意到从事与人工智能有关的计量学和相关衡量指标工作的国际合作伙伴，并与其开展合作。""鉴于部分"第 121 条提及："共同规格应作为一种特殊的备用解决方案，以促进提供者履行遵守本条例要求的义务。如果由于有关标准的技术复杂性而导致统一标准迟迟未获通过，委员会在考虑制定共同规格之前应考虑到这一点。在制定共同规格时，鼓励委员会与国际合作伙伴和国际标准化机构合作。"

第十二条　主管机关　国家人工智能办公室是在中央领导机构领导下，主管全国的人工智能发展和管理工作。其他有关部门和军队有关部门依照本法和有关法律、行政法规的规定，密切配合，加强协调，依法做好有关工作。

省、自治区、直辖市，省、自治区的人民政府所在地的市，经济特区所在地的市和国务院已经批准的较大的市人工智能主管机关和其他相关部门，按照国家有关规定，在本辖区范围内负责人工智能发展和管理工作。

【起草参考】

《中华人民共和国审计法》（以下简称《审计法》）第七条、《数据安全法》第五条

【相关规定】

《个人信息保护法》第六十条；《数据安全法》第六条；《网络安全法》第八条；《生成式人工智能服务管理暂行办法》第十六条；《互联网信息服务深度合成管理规定》第三条；《互联网信息服务算法推荐管理规定》第三条

【条文释义】

本条是对人工智能主管机关的设想。相比于强调多个部门统筹协调的既有安排，单独设立一个主管机关可以更好地解决长期以来困扰网络和信息法领域的“九龙治水”问题，集中运用监管力量和资源，有效化解权责重叠和监管漏洞。在主管机关的设立层级上，考虑到统筹发展和治理的原则，结合人工智能全局性较强的特点，由省、自治区、直辖市，省、自治区的人民政府所在地的市，经济特区所在地的市和国务院已经批准的较大的市人工智能主管机关和其他相关部门负责人工智能监管，可以较好平衡监管的集中性与灵活性，既避免过度压缩因地制宜、一地一策的空间和灵活性，又避免监管尺度的不一致和碎片化。

【域外比较】

欧盟《人工智能法》第 64 条明确提出，在欧盟委员会内部建立一个人工智能办公室，作为欧盟层面的统一监管机关。其中规定：“1. 委员会应通过人工智能办公室发展欧盟在人工智能领域的专业知识和能力；2. 成员国应为本条例所规定的委托给人工智能办公室的任务提供便利。”该法“鉴于部分”第 148 条进一步阐释道：“本条例应建立一个治理框架，既能在国家层面协调和支持本条例的实施，又能在联盟层面建设能力，并整合人工智能领域的利益相关方。本条例的有效实

施和执行需要一个治理框架，以便在联盟层面协调和建立中央专业知识。根据委员会相应决定，委员会成立人工智能办公室，其任务是发展联盟在人工智能领域的专业知识和能力，并促进联盟人工智能立法的实施。成员国应为人工智能办公室的任务提供便利，以支持在联盟一级发展联盟的专门知识和能力，并加强数字单一市场的运作。”

第十三条 协同共治 国家建立和完善政府管理、企业履责、行业自治、社会监督、用户自律的人工智能治理机制，促进多元主体协同共治。

【起草参考】

《个人信息保护法》第十一条；《数据安全法》第九条；《网络安全法》第十五条

【相关规定】

《个人信息保护法》第五十八条；《生成式人工智能服务管理暂行办法》第五条；《互联网信息服务深度合成管理规定》第五条；《互联网信息服务算法推荐管理规定》第五条

【条文释义】

本条规定协同共治原则。人工智能的治理无法脱离政府、企业、行业、社会和用户的协同，特别是作为研发者和提供者的大型互联网平台的协同。对技术前沿的基础模型来说，大型互联网平台自觉落实主体责任、探索创新治理有着不可或缺的重要性。

【域外比较】

欧盟《人工智能法》“鉴于部分”第148条探讨了多元共治的重要

性："（……）此外，应设立一个由成员国代表组成的欧洲人工智能委员会、一个整合科学界的科学小组和一个咨询论坛，为在国家和联盟层面实施本条例提供利益相关方的意见。联盟专业知识和能力的发展还应包括利用现有资源和专业知识，特别是通过与在联盟一级执行其他立法的背景下建立的结构协同增效，以及与相关的欧洲高性能计算联合体和数字欧洲计划下的人工智能测试和实验设施协同增效。"该法"鉴于部分"第56条第3款为多元共治提出了更加具体的适用范围和实现机制："人工智能办公室可邀请通用人工智能模型的提供者以及相关国家主管机关参与行为守则的起草工作。社会组织、行业、学术界和其他利益相关方，如下游提供者和独立专家，可以支持这一进程。"

第十四条　合法正当　从事人工智能研发、提供和使用活动应当遵守法律、行政法规，尊重社会公德和伦理道德，遵守以下规定：

（一）坚持社会主义核心价值观，不得生成煽动颠覆国家政权、推翻社会主义制度，危害国家安全和利益、损害国家形象，煽动分裂国家、破坏国家统一和社会稳定，宣扬恐怖主义、极端主义，宣扬民族仇恨、民族歧视，暴力、淫秽色情，以及虚假有害信息等法律、行政法规禁止的内容；

（二）尊重知识产权、商业道德，保守商业秘密，不得利用算法、数据、平台等优势，实施垄断和不正当竞争行为；

（三）依法保护消费者、劳动者权益，尊重他人合法权益，不得危害他人身心健康，不得侵害他人肖像权、名誉权、荣誉权、隐私权和个人信息权益。

【起草参考】

《生成式人工智能服务管理暂行办法》第四条

【相关规定】

《个人信息保护法》第十条；《数据安全法》第八条；《网络安全法》第十二条；《互联网信息服务深度合成管理规定》第六条；《互联网信息服务算法推荐管理规定》第六条

【条文释义】

本条集中规定了人工智能，特别是生成式人工智能应当遵从的合法正当要求。《生成式人工智能服务管理暂行办法》已经明确规定了这些要求。

【域外比较】

无

第二章　人工智能支持与促进

第十五条　人工智能发展规划　国家完善和实施新一代人工智能发展规划，坚持人工智能研发攻关、产品应用和产业培育共同推进，全面支撑科技、经济、社会发展和国家安全。

省级以上人民政府应当将人工智能发展纳入本级国民经济和社会发展规划，并根据需要制定人工智能发展规划。

【起草参考】

《上海市促进人工智能产业发展条例》第五条；《深圳经济特区人工智能产业促进条例》第七条

【相关规定】

《中华人民共和国预算法》（以下简称《预算法》）第三条、第三十二条

【条文释义】

本条是关于国家整体以及省级以上人民政府对国内人工智能产业发展规划的宣示性规定，更细致、具体且可执行的地方规划方案需要根据不同地区的实际情况予以分别制定。

一　国家完善和实施新一代人工智能发展规划，坚持人工智能研发攻关、产品应用和产业培育共同推进，全面支撑科技、经济、社会发展和国家安全

本条第一款从国家整体层面明确对国内人工智能产业发展的总体规划，明确国家从研发攻关、产品应用和产业培育三个方面鼓励人工智能产业发展以及支撑科技、经济、社会发展和维护国家安全的两大任务。国家针对国内人工智能发展已经作出了部分规划。例如，国务院在2017年发布《新一代人工智能发展规划》，明确了我国发展人工智能的指导思想、基本原则、战略目标、总体部署以及重点任务。此外，国家相关部门也作出了关于人工智能产业发展规划的相关部署。例如，2024年2月，国务院国有资产监督管理委员会召开“AI赋能 产业焕新”中央企业人工智能专题推进会，强调要推动中央企业在人工智能领域实现更好发展、发挥更大作用。[①] 各地方政府也相继发布了地方规范性文件，对地方人工智能产业发展作出规划部署。据不完全统计，当前与人工智能相关的地方性法规有2部，地方规范性文件有80余部，地方工作文件更是超过800余部。其中，两部地方性法规《上海市促进人工智能产业发展条例》以及《深圳经济特区人工智能产业促进条例》从人工智能研发的基本要素、基础支持设施、促进应用等方面作出较为具体的规定，为后续地方性文件和立法提供了很好的参考范例。然而，目前人工智能发展的规划主要还是由地方自行制定，较为分散。为加强中央统一部署，进一步整合国内资源、提高人工智能产业发展效率，本条第一款从国家整体层面对人工智能产业规划作出规定，起到从宏观层面引领全局的作用，有利于更好地统筹协调各地方对人工智能产业的规划和部署。

① 参见国务院国有资产监督管理委员会新闻中心《国务院国资委召开中央企业人工智能专题推进会　扎实推动AI赋能产业焕新》，载国务院国资委官网，2024年2月21日发布，http://www.sasac.gov.cn/n2588020/n2588057/n26823304/n26823341/c30098649/content.html，最后访问时间：2024年5月22日。

二　省级以上人民政府应当将人工智能发展纳入本级国民经济和社会发展规划，并根据需要制定人工智能发展规划

本条第二款规定省级以上人民政府制定本区域内人工智能产业发展规划的任务。具体而言，本款一方面明确应当将人工智能发展纳入本级国民经济和社会发展规划，另一方面明确各省级以上人民政府制定符合本区域实际需要的人工智能发展规划的任务。目前，已有部分省和直辖市制定了关于人工智能发展的地方性规划，例如，云南省、湖北省和广东省分别于2019年、2020年和2022年制定了《云南省新一代人工智能发展规划》《湖北省新一代人工智能发展总体规划（2020—2030年）》和《广东省新一代人工智能创新发展行动计划（2022—2025年）》。北京市人民政府于2023年公布《北京市加快建设具有全球影响力的人工智能创新策源地实施方案（2023—2025年）》。上海市人民代表大会常务委员会在2022年制定并公布《上海市促进人工智能产业发展条例》。

【域外比较】

2018年4月，欧盟委员会发布《欧洲的人工智能》（*Artificial Intelligence for Europe*）通讯，提出欧洲的人工智能发展规划，包括：（1）提高欧盟的技术和工业能力；（2）为与人工智能相关的社会经济变革做好准备；（3）确保一个适当的伦理和法律框架。[①] 英国政府于2021年9月发布《国家人工智能战略》（*National Al Strategy*），推出英国未来十年的人工智能发展战略。该战略围绕三大核心原则展开：（1）投

① See European Commission：Communication From The Commission To The European Parliament，The European Council，The Council，The European Economic And Social Committee And The Committee Of The Regions-Artificial Intelligence for Europe，published on April 25，2018，https：//eur-lex. europa. eu/legal-content/EN/TXT/PDF/？ uri=CELEX：52018DC0237，last visited on May 22，2024.

资以满足人工智能生态系统的长期需求；（2）确保人工智能惠及所有行业和地区；（3）有效治理人工智能。① 此外，美国白宫发布的《人工智能研究和发展战略计划：2023 更新版》（*National Artificial Intelligence Research and Development Strategic Plan 2023 Update*），亦明确将人工智能作为国家优先事项。② 上述条款都将人工智能视为国家战略的重要组成部分，强调其在推动科技创新、经济发展等方面的关键作用。

第十六条 算力基础设施建设 国家建立人工智能公共算力资源供给制度，推动公共算力资源平台建设与利用，加强算力科学调度，为人工智能技术与产业发展提供公共算力支持。

鼓励和支持高等院校、科研机构、企业和其他组织建设人工智能算力基础设施，开展算力资源市场化交易，引导各行业合理有序使用算力资源，提升算力基础设施利用效能。

【起草参考】

《上海市促进人工智能产业发展条例》第十三条

【相关规定】

《生成式人工智能服务管理暂行办法》第六条第二款

---

① See Department for Science, Innovation and Technology, Office for Artificial Intelligence, Department for Digital, et al.: National AI Strategy, published on September 22, 2021, https://assets.publishing.service.gov.uk/media/614db4d1e90e077a2cbdf3c4/National_AI_Strategy_-_PDF_version.pdf, last visited on May 22, 2024.

② See Select Committee On Artificial Intelligence Of The National Science And Technology Council: National Artificial Intelligence Research And Development Strategic Plan 2023UPDATE, published in May 2023, https://www.whitehouse.gov/wp-content/uploads/2023/05/National-Artificial-Intelligence-Research-and-Development-Strategic-Plan-2023-Update.pdf, last visited on May 22, 2024.

【条文释义】

本条是关于国家在算力基础设施建设层面调度资源，联合高等院校、科研机构、企业和其他组织支持人工智能产业发展的规定。

一　国家建立人工智能公共算力资源供给制度，推动公共算力资源平台建设与利用，加强算力科学调度，为人工智能技术与产业发展提供公共算力支持

算力、算法和数据是人工智能的三大基石，其中，算力是支撑算法和数据的基础，也是数字经济时代的核心生产力，算力基础设施的完善程度直接影响数字经济发展的速度和质量。根据工业和信息化部、中央网络安全和信息化委员会办公室等六部委在2023年联合发布的《算力基础设施高质量发展行动计划》，算力是集信息计算力、网络运载力、数据存储力于一体的新型生产力，主要通过算力基础设施向社会提供服务。其中，公共算力是由政府或相关机构提供的、面向社会公众的算力资源和服务。

国家对于国内算力资源的调度和分配已经有了一系列规划和实践。例如，《全国一体化大数据中心协同创新体系算力枢纽实施方案》首次提出“东数西算”工程。《“十四五”数字经济发展规划》明确，要加快构建算力、算法、数据、应用资源协同的全国一体化大数据中心体系，强化算力统筹和智能调度。《算力基础设施高质量发展行动计划》要求推进算力基础设施高质量发展。关于公共算力供给，目前国内已有部分地方对此作出了规定，例如，《上海市促进人工智能产业发展条例》第十三条要求上海市人民政府有关部门制定公共算力资源供给办法，推动公共算力资源平台建设与利用。目前，我国已经建设了一批公共算力资源平台，例如，北京市人工智能公共算力平台（上庄）、上海市人工智能公共算力服务平台、武汉市人工智能计算中心、广州市人工智能公共算力中心等。

本条第一款明确了国家在算力层面支持人工智能产业发展的三个主要任务，分别是建立公共算力资源供给制度、推动公共算力资源平台建设与利用，以及加强算力科学调度。国家从整体层面对算力资源进行调度分配，建立公共算力的供给制度和资源利用平台，能够有效解决当前国内算力资源及算力基础设施地区分布不平衡，算力资源需求与供给不匹配的问题。人工智能的创新研发需要以庞大的算力资源作为支撑和依托，对于中小型企业而言，其所掌握的算力资源远远少于头部大型企业，算力资源的差距会限制中小型企业参与人工智能的研发，而公共算力资源的供给则能够有效解决中小型企业在研发过程中所面临的算力资源不足问题，缓解大型企业和中小型企业之间在算力资源方面的差距，给予中小型企业平等竞争的机会。同时，公共算力资源的供给不仅惠及中小型企业，所有使用公共算力资源的人工智能研发者的开发成本都能够有所降低，从而降低国内整个人工智能产业创新发展的成本。

二　鼓励和支持高等院校、科研机构、企业和其他组织建设人工智能算力基础设施，开展算力资源市场化交易，引导各行业合理有序使用算力资源，提升算力基础设施利用效能

本条第二款从多组织协同合作和利用市场优化资源配置两大方面，推进算力资源和算力基础设施的建设。除了由国家统一建设的算力基础设施，高等院校、科研机构、企业和其他民间组织也掌握了不同程度的算力资源，促进这些组织相互合作，实现算力资源共享互通，有助于提高算力资源的利用效率，避免算力资源的浪费。目前，国内大型企业拥有丰富的算力资源。例如，阿里巴巴推出“飞天智算平台”，并建立了两座超大规模的智算中心，提供高达每秒 1200 亿亿次和 300 亿亿次的浮点运算能力。华为推出昇腾 AI 计算集群 Atlas 900 Super Cluster，能够支持超大规模的模型训练，持续时间可达 30 天。此外，商汤科技的人工智能计算中心在上海临港拥有高达 6000 Petaflops 的总算力，成为该地区 AI 产业化发展的关键支撑。这些企业的算力资源不仅为科研和公共服务提供了强有力的支持，也为推动 AI 产业化和行业应用提供了坚实的基础。同时，市场对资源的优化配置作用也不可忽视，通过开展算力资源的有序市场化交易，也可以提高算力资源的利用效率，引导社会企业有序利用算力资源，促进人工智能产业的发展。

【域外比较】

欧盟 2021 年修订的《人工智能协调计划》（*Coordinated Plan on Artificial Intelligence 2021 Review*）第 I 部分第 3 点是有关“培养关键计算能力”的计划。该计划鼓励欧盟的成员国继续发展国家综合大规模数据管理和高性能计算基础设施，并确保学术界、工业界和公共部门组织能够利用国家高性能计算、数据管理基础设施和专业知识，以优化和扩大其人工智能创新与应用。[①] 算力基础设施对推动人工智能技术的产业应用具有相当的重要性。《示范法》第十六条和上述条款都明确指出法律对算力资源管理和使用的影响。

第十七条　算法和基础模型创新　国家支持人工智能算法创新，鼓励建设、运营开源开发平台、开源社区和开源项目等，鼓励设立开源人工智能基金会，推进开源软件项目安全合规应用。

国家建立适应基础模型发展的个人信息处理制度。在基础模型数据训练环节，经认证采用符合国家标准的去标识化技术对个人信息数据进行处理的，可不承担个人信息处理者义务。

国家依法加强基础模型保护，促进基础模型创新开发、应用推广。

---

① See European Commission：Coordinated Plan on Artificial Intelligence 2021 Review，published on April 21，2021，https：//digital-strategy. ec. europa. eu/en/library/coordinated-plan-artificial-intelligence-2021-review，last visited on May 22，2024.

【起草参考】

《中华人民共和国义务教育法》第四十八条；《基金会管理条例》；《关于规范基金会行为的若干规定（试行）》；《上海市促进人工智能产业发展条例》第十五条；《深圳经济特区人工智能产业促进条例》第三十四条

【相关规定】

《个人信息保护法》第五十一条至第五十九条

【条文释义】

本条是关于国家在算法和基础模型层面，以及基础模型训练阶段个人信息处理层面支持国内人工智能产业发展的规定。

一　国家支持人工智能算法创新，鼓励建设、运营开源开发平台、开源社区和开源项目等，鼓励设立开源人工智能基金会，推进开源软件项目安全合规应用

算法是实现人工智能的根本途径和关键要素，是弱人工智能走向生成式人工智能的关键推动因素。算法的创新设计对于人工智能产业的发展具有重要意义。开源平台、开源项目对于推动算法的创新具有重要的促进作用，通过开放源代码，世界各地代码领域的专业人才可以在遵守开源协议的基础上自由修改和改进源代码，从而共同促进算法的创新发展。此外，开源社区有利于节省研发资金，满足中小型企业发展人工智能算法创新的需求，也可以在一定程度上避免人工智能技术被大型头部企业垄断。然而，当前世界知名且主流的软件代码开源社区都集中在国外，尤其是美国，因此，从本国产业安全的角度出发，支持国内开源平台、开源项目的构建具有重要意义。

为此，本条第一款规定国家从算法层面支持国内人工智能产业的发展，支持相关主体依法建设、运营开源平台、社区和项目，支持算法创新，有利于群策群力，凝聚国内算法领域的人才共同促进人工智能算法的创新开发和设计。目前，国内已经有部分地区制定了支持开源发展的计划，例如，深圳工业和信息化局、政务服务和数据管理局联合印发的《深圳市支持开源鸿蒙原生应用发展 2024 年行动计划》。

此外，本条第一款还特别规定“鼓励设立开源人工智能基金会”。基于开源本身的特性，通过基金会推动开源事业发展是一种比较合适的方法。基金会能够确保开源事业的开放性和公共性，为公众提供广泛参与的机会。同时，开源作为一个自下而上、自发形成的动态过程，它更倾向于通过社区的自然互动而非行政命令来实现自我管理和自我调节。此外，基金会的组织结构在整合社会资源和共同创造价值方面具有显著优势，能够激发基于共同价值观的强大凝聚力和行动力。目前，国际上已成立相当数量的开源基金会，在实践中也取得了不错的成绩。例如，Linux 基金会在 2018 年成立了专注于人工智能方向的 Linux Foundation Artificial Intelligence（LFAI）开源子基金会，拥有腾讯、AT&T、诺基亚、华为、中兴、百度、爱立信、IBM、滴滴、RedHat 等 13 家公司会员，孵化了多个开源项目。此外，国内外的开源基金会还有开放原子开源基金会、OpenStack 基金会以及学院软件基金会（ASWF）等。

二　国家建立适应基础模型发展的个人信息处理制度。在基础模型数据训练环节，经认证采用符合国家标准的去标识化技术对个人信息数据进行处理的，可不承担个人信息处理者义务

训练数据集的数量和质量对于基础模型的质量会产生重要的影响，进而影响最终人工智能服务的质量。由于原始收集的训练数据集数量众多、来源庞杂，难免包含个人信息，因此对于训练数据的处理不可避免地会涉及对个人信息的处理。鉴于《个人信息保护法》为个人信息处理者规定了严格的责任和义务，人工智能基础模型的研发者在使用训练数据训练模型时，需要依法承担较为严格的责任和义务，尤其是小微型人工智能研发企业可能无法承担相应的合规成本。因此，出于促进产业发展的考虑，在借用现有《个人信息保护法》的制度基础上，可以通过设定一定的豁免条件减轻基础模型开发者的合规成本，实现降低其研发成本之目的。为此，本条第二款规定了基础模型开发者在数据训练环节承担个人信息处理者义务的例外情况，即开发者在经认证并采用符合国家标准的去标识化技术对个人信息数据进行处理后，可以不承担个人信息处理者的严格法定义务。国家针对个人信息数据的去标识化处理，已经制定了一系列国家标准，例如，《信息安全技术　个人信息去标识化指南》（GB/T37964—2019），以及《信息安全技术　个人信息去标识化效果评估指南》（GB/T42460—2023）等。

三　国家依法加强基础模型保护，促进基础模型创新开发、应用推广

基础模型是在大规模数据上训练并且可以适配（例如，微调）广泛下游任务的模型，例如 BERT、GPT-3 和 CLIP 等，经过微调可将其训练为某一垂直领域完成特定类型任务的专门人工智能模型。因此，基础模型对于人工智能的创新发展和应用具有非常重要的作用，国内人工智能产业的发展需要以基础模型的创新开发和设计作为支撑。为此，本条第三款规定国家一方面鼓励基础模型的新开发和新应用，另一方面也要强化基础模型相关权利的保护，营造良好的开发环境。

【域外比较】

法国国家信息与自由委员会（CNIL）2023 年 8 月发布名为“可公开获取的数据开放与再利用”的实践指南草案，该指南“基本规则五”规定了数据最小化原则。数据最小化原则要求数据的发布者有责任采取一些措施以实现个人数据最小化，例如，可以考虑尽可能对数据进行匿名处理，且规定在下列情形中应考虑匿名化处理：（1）没有任何法律规定要求以直接或间接可识别的形式发布有关数据；（2）匿名不会妨碍目标的实现。[①] 2024 年 1 月，英国信息专员办公室（ICO）就文件《利用网络搜索训练生成式人工智能模型的合法依据》公开征集意见，该文件规定了“平衡测试中应考虑的风险缓解措施”，如果生成式人工智能模型研发者在第一部分测试中依赖于更广泛的公共资源，那么应采取技术和组织措施，降低个人面临的风险。[②]

第十八条　数据要素供给　国家支持建设人工智能领域基础数据库和专题数据库，促进数据资源高效汇聚和共享利用，扩大面向人工智能应用的公共数据供给范围，全面实施部署全国一体化大数据中心体系建设，优化数据中心基础设施建设布局，培育壮大数据中心集群，建立人工智能训练数据合理使用制度，保障人工智能领域数据要素供给。

鼓励引导相关主体开展大数据与人工智能技术协同研发，支持相关主体将数据与行业知识深度融合，开发数据产品，服务算法设计、模型训练、产品验证、场景应用等需求。

【起草参考】

《生成式人工智能服务管理暂行办法》第六条第二款；《上海市促进人工智能产业发展条例》第十四条、第十七条、第十八条

① CNIL：［Clôturée］ Ouverture et réutilisation de données publiées sur Internet ： la CNIL vous consulte sur un projet de guide pratique, published on August 1, 2023, https://www.cnil.fr/fr/cloturee-ouverture-et-reutilisation-de-donnees-publiees-sur-internet-la-cnil-vous-consulte-sur-un, last visited on May 22, 2024.

② Information Commissioner's Office：Generative AI first call for evidence：The lawful basis for web scraping to train generative AI models, published on January 15, 2024, https://ico.org.uk/about-the-ico/what-we-do/our-work-on-artificial-intelligence/generative-ai-first-call-for-evidence/, last visited on May 22, 2024.

【相关规定】

《中共中央、国务院关于构建数据基础制度更好发挥数据要素作用的意见》第（四）条

【条文释义】

本条是关于国家在数据层面支持人工智能产业发展的规定，从公共主体和社会相关主体两个层面采取措施保障人工智能所必需的数据要素供给。

一 国家支持建设人工智能领域基础数据库和专题数据库，促进数据资源高效汇聚和共享利用，扩大面向人工智能应用的公共数据供给范围，全面实施部署全国一体化大数据中心体系建设，优化数据中心基础设施建设布局，培育壮大数据中心集群，建立人工智能训练数据合理使用制度，保障人工智能领域数据要素供给

人工智能基础模型的预训练需要数量庞大的数据，数据的数量和质量会对基础模型的质量产生直接的影响。数据供给的不足将会制约人工智能发展。国外有研究指出，2030—2050 年，人工智能大模型将会消耗尽世界上所有的低质量数据，而到了 2026 年，大模型将消耗尽所有的高质量数据。① 因此，国内人工智能产业的发展，需要国内人工智能研发和训练获得充分的高质量数据供给。而不涉及敏感领域和关键信息的公共数据涉及面广、质量高，适合作为人工智能的训练数据。对于公共数据的利用，我国已经有一系列的规定和规划。例如，《中共中央、国务院关于构建数据基础制度更好发挥数据要素作用的意见》明确了公共数据的定义和范围，《生成式人工智能服务管理暂行办法》第六条第二款也对推动公共训练数据资源的开放和利用作出了规定。国家数据局

① See Villalobos, Pablo, et al., "Will we run out of data? An analysis of the limits of scaling datasets in Machine Learning" (arXiv: 2211.04325, arXiv preprint), published on October 25, 2022, http: //arxiv.org/abs/2211.04325, last visited on May 22, 2024.

局长刘烈宏在有关发言中表示将从推动公共数据授权运营、培育高质量数据要素市场等方面重点发力，全力推动数字经济发展和数字中国建设。为此，本条第一款再次明确国家支持建设人工智能领域基础数据库和专题数据库，促进数据资源高效汇聚和共享利用，从扩大公共数据供给的角度，保障人工智能研发过程中有足量的数据供给。目前，国内已有建立和共享公共数据集的实践案例。例如，由人民网自主研发的人民数据平台针对人工智能大模型打造了新闻数据、问答数据等语义语料库，相关数据量达到了近 3 亿条。此外，我国正在建设中文基础语料发布平台、中文语料共建共享机制建设以及制定相应的中文语料规范。

数据来源的合法性问题也是保障数据供给的重要问题之一。《生成式人工智能服务暂行管理办法》第七条强调，生成式人工智能训练数据须具有合法来源，不得侵犯知识产权。然而，现阶段利用受著作权保护的作品训练人工智能存在侵权风险。因此，为鼓励创新和支持人工智能技术发展，应考虑建立人工智能训练数据合理使用制度。

二　鼓励引导相关主体开展大数据与人工智能技术协同研发，支持相关主体将数据与行业知识深度融合，开发数据产品，服务算法设计、模型训练、产品验证、场景应用等需求

在公共数据以外，企业、高校以及其他社会团体也掌握了大量的数据，这些数据也可以作为国内人工智能研发所需要的训练数据。目前，国内已经有挂牌交易的数据产品，例如，南京扬子国资投资集团有限责任公司下属企业南京远古水业股份有限公司和南京数字金融产业研究院有限公司联合开发的南京江北新区企业用水行为分析数据产品，于 2024 年 2 月在南京市公共资源交易中心成功挂牌，成为南京市首单公开挂牌的数据产品。为此，本条第二款从鼓励社会相关主体开发数据产品方面规定国家保障国内人工智能产业发展所需要的数据要素供给，通过鼓励社会相关主体开发数据产品，服务算法设计、模型训练等环节，有利于充分利用社会中分散存在的数据资源，对公共数据供给起到必要的补充作用，以共同保障国内人工智能产业发展有足够的数据要素供给。

【域外比较】

欧盟委员会2018年发布的《欧洲的人工智能》通讯第3.1部分规定，获取数据是人工智能竞争格局的关键要素，欧盟应为此提供便利。该部分明确，公共政策应鼓励更广泛地提供私人持有的数据，同时确保充分尊重有关保护个人数据的立法。欧盟委员会呼吁各公司认识到非个人数据再利用的重要性，包括用于人工智能培训的数据。新成立的数据共享支持中心将为公共机构、公司在尝试从公共部门机构和公司获取数据时提供法律和技术支持。[①] 根据日本文化审议会著作权分科会法制度小委员会制定的《人工智能与著作权处理方案（草案）》，用于人工智能学习的资料，被用于信息分析时，应符合《日本著作权法》第30条第4款的规定，即“不是为了自己享受或使他人享受该作品中表达的思想或情感”。[②] 由此可见，域外部分国家也认识到了获取数据对人工智能发展的重要意义，并尝试提供法律和技术上的支持。

第十九条　产业发展与应用创新　加快人工智能关键技术转化应用，促进技术集成与商业模式创新，推动重点领域智能产品创新，积极培育人工智能新兴业态，打造具有国际竞争力的人工智能产业集群。

推动人工智能与各行业融合创新，在重点行业和领域开展人工智能

---

① See European Commission: Communication From The Commission To The European Parliament, The European Council, The Council, The European Economic and Social Committee and The Committee of The Regions-Artificial Intelligence for Europe, published on April 25, 2018, https://eur-lex.europa.eu/legal-content/EN/TXT/PDF/?uri=CELEX:52018DC0237, last visited on May 22, 2024.

② 文化審議会著作権分科会法制度小委員会，『AI・と著作権に関する考え方について（素案）』，发布于2024年3月15日，https://www.bunka.go.jp/seisaku/bunkashingikai/chosakuken/hoseido/r05_07/pdf/94011401_03.pdf, p. 39., last visited on May 22, 2024.

应用试点示范，推动人工智能规模化应用，支持人工智能新技术、新产品、新服务、新模式的应用推广。

【起草参考】

《生成式人工智能服务管理暂行办法》第五条；《上海市促进人工智能产业发展条例》第二十六条、第五十一条、第五十二条

【条文释义】

本条是关于从鼓励产业发展和促进创新应用的角度支持人工智能产业发展的规定。

一　加快人工智能关键技术转化应用，促进技术集成与商业模式创新，推动重点领域智能产品创新，积极培育人工智能新兴业态，打造具有国际竞争力的人工智能产业集群

近年来，国内在人工智能领域的发展稳步推进，在京津冀、长三角和珠三角形成了三大人工智能产业集群。为了使我国的人工智能产业在国际竞争中取得并巩固竞争优势，国家需要进一步推进产业发展和鼓励人工智能应用创新，推进国内人工智能产业发展。为此，本条第一款从促进关键技术转化应用、技术集成和商业模式创新三个方面支持人工智能产业发展。促进关键技术转化应用，是指将自然语言大模型、扩散模型等人工智能关键技术转化为具体的应用，比如将现有的大语言模型应用在电商客服、信息检索等具体领域。此外，第一款还规定要推动重点领域智能产品创新。推动智能产品在重点领域的创新应用，有利于将人工智能技术在降本增效等方面的优势功能服务于国家和社会，同时，重点领域具有丰富的需求，人工智能产品在重点领域具有广阔的发展空间。

二 推动人工智能与各行业融合创新，在重点行业和领域开展人工智能应用试点示范，推动人工智能规模化应用，支持人工智能新技术、新产品、新服务、新模式的应用推广

本条第二款从促进人工智能创新和应用的角度支持人工智能产业的发展，一方面促进人工智能与不同行业的融合应用，另一方面推动在重点行业和领域开展人工智能应用试点。重点行业包括交通运输、银行、能源、医疗、基础教育、尖端技术研发等会对综合国力产生较大影响的行业。试点是探索治理模式创新的重要路径，为下级政府探索治理经验预留了试错空间，并通过授权方式激励下级政府创新体制机制或不断试错，以实现治理目标。[①] 在重点行业和领域应用人工智能技术，有利于通过降本增效等方式促进重点行业的发展，但同时也需要注意安全问题。采取试点应用的方式，可以既保障重点行业的安全，使应用人工智能的风险维持在可控范围，又可以发挥人工智能的优势，为人工智能提供广阔的应用空间。

【域外比较】

美国行政命令《维护美国在人工智能时代的领导地位》（*Maintaining American Leadership in Artificial Intelligence*）第2节（a）款规定，美国支持促进与工业界、学术界、国际伙伴和盟友以及其他非联邦实体合作，持续投资于人工智能研究与开发，以实现人工智能及相关技术的科技突破，并迅速将这些突破转化为有助于推动经济和维护国家安全的能力。[②] 总的来说，《示范法》第十九条和美国《维护美国在人工智能时代的领导地位》第2节（a）款都强调加快人工智能关键技术转化，不

---

① 符平、韩继翔：《试点治理的逻辑：一个分析框架及其应用》，《社会科学》2023年第2期。

② See the White House：Executive Order on Maintaining American Leadership in Artificial Intelligence，published on February 11，2019，https：//trumpwhitehouse. archives. gov/presidential-actions/executive-order-maintaining-american-leadership-artificial-intelligence/，last visited on May 22，2024.

同之处在于美国侧重通过合作和投资以实现人工智能及其相关技术的突破。欧盟2021年《人工智能协调计划》第Ⅳ部分“在高影响力领域构建战略领导力”规定，支持人工智能在公共部门、交通、气候与环境、可持续农业等领域的转化应用。①

第二十条　专业人才培养　国家支持高等院校完善人工智能领域学科布局和人才培养机制。

鼓励高等学校、科研机构和企业等开展面向人工智能领域重大科学前沿问题的基础理论研究和关键共性技术研发，承担重大科技和产业创新专项。

国家支持建立有利于促进人工智能发展的项目管理创新机制、创新人才评定机制、科技成果转化激励机制等。

【起草参考】

《新一代人工智能发展规划》第三条第（一）项第4点；《深圳经济特区人工智能产业促进条例》第五十一条、第五十三条；《上海市促进人工智能产业发展条例》第二十六条、第三十四条

【相关规定】

《高等学校人工智能创新行动计划》第二条“重点任务”第（二）款“完善人工智能领域人才培养体系”专栏2“人才培养”第4点

【条文释义】

本条是关于国家从人才培养的角度支持人工智能产业发展的规定。

① See European Commission：Coordinated Plan on Artificial Intelligence 2021 Review，published on April 21，2021，https：//digital-strategy. ec. europa. eu/en/library/coordinated-plan-artificial-intelligence-2021-review，last visited on May 22，，2024.

一　国家支持高等院校完善人工智能领域学科布局和人才培养机制

关于在人工智能领域学科的布局，我国已经有一系列规划。例如，国务院印发的《新一代人工智能发展规划》明确要求建设人工智能学科。教育部公布的《高等学校人工智能创新行动计划》明确高校在培养人工智能人才方面的重要作用以及三个阶段的目标。人工智能领域专业人才的培养对于国内人工智能产业的可持续和高质量发展具有重要影响。根据《研究生教育学科专业简介及其学位基本要求》（试行版），人工智能还不是一个独立的一级学科，而是计算机科学与技术一级学科下属的一个二级学科。[①] 目前人工智能专业的相关课程内容较为分散，需要进一步整合与统一人工智能专业的人才培养方案和规划。为此，本条第一款在吸收现有人工智能学科布局相关规划的基础上，明确规定国家支持高等院校完善人工智能领域的学科布局和人才培养机制，这是从基础人才培养的角度进行的部署。高等院校是为社会提供优质人才的重要来源，在高等院校设立人工智能一级学科，通过体系化的人才培养体系，可以为国内人工智能产业的发展培养和输送具有扎实理论基础和专业技术能力的高素质人才。

二　鼓励高等学校、科研机构和企业等开展面向人工智能领域重大科学前沿问题的基础理论研究和关键共性技术研发，承担重大科技和产业创新专项

国内人工智能前沿技术的创新研发和攻关需要投入大量的科研资源和科研人才，然而，国内现有的人工智能技术研发主要是以各相关科技企业自主研发为主，虽然也有部分高校成立了人工智能研究院，然而数量仍然较少。为此，本条第二款鼓励高等院校、科研机构和企业等民间

① 参见中国学位与研究生教育学会《研究生教育学科专业简介及其学位基本要求》，中国学位与研究生教育学会官网，https://www.acge.org.cn/encyclopediaFront/enterEncyclopediaIndex，最后访问时间：2024 年 3 月 1 日。

组织开展人工智能领域的重大科学前沿问题的基础理论研究和关键共性技术研发，充分调动民间科研资源，进一步促进国内人工智能产业的关键技术创新和研发。目前，国家自然科学基金委员会设立了“生成式人工智能基础研究”专项资助项目，以鼓励和促进生成式人工智能领域高效可信模型的基础理论和关键技术的研究。①

三　国家支持建立有利于促进人工智能发展的项目管理创新机制、创新人才评定机制、科技成果转化激励机制等

本条第三款从评价机制的角度促进人工智能产业的发展，具体而言，本款包括了项目管理创新机制、创新人才评定机制、科技成果转化激励机制等。创新的项目管理机制有利于优秀的人工智能领域研发项目顺利立项，得到足够的支持；人才评定机制有利于挖掘人工智能领域的人才，扩充专业人才队伍，为国内人工智能前沿技术领域的攻关突破输送人才资源；科技成果转化激励机制有利于帮助人工智能领域的研发成果具体落地应用，转化为现实的收益，有助于研究项目组回收研发成本，获得足够的经济支持继续投入新一轮的研发工作，形成良性循环。目前，国内的地方性人工智能发展规划和地方性法规对于创新人才评定机制的建立、促进科技成果转化等方面已经有相关的规定，例如，《深圳经济特区人工智能产业促进条例》第五十三条、《上海市促进人工智能产业发展条例》第二十六和第三十四条等规定。

【域外比较】

新加坡《国家人工智能战略 2.0》（*National Artificial Intelligence Strategy 2.0*）“系统 2”部分规定，新加坡将提高其人工智能创造者和

① 参见国家自然科学基金委员会《“生成式人工智能基础研究”专项项目申请指南》，国家自然科学基金委员会官网，2023 年 12 月 13 日发布，https：//www. nsfc. gov. cn/publish/portal0/tab442/info91118. htm，最后访问时间：2024 年 3 月 1 日。

从业者的质量，以加速人工智能创新，并支持人工智能活动推动者。[①]欧盟2021年《人工智能协调计划》第8点则提出“培养人才，改善必要的技能供应，促进人工智能生态系统的蓬勃发展”。[②] 日本《人工智能战略2022》“战略目标1”部分提倡培养适应人工智能时代的人才，分为进行最尖端的人工智能研究的人才、将人工智能应用于产业的人才、在中小事业所实现应用的人才、利用人工智能进行新的商业和创作的人才等范畴。[③] 美国《关于安全、可靠、值得信赖地开发和使用人工智能的行政命令》（*Executive Order on the Safe, Secure, and Trustworthy Development and Use of Artificial Intelligence*）第2节（b）款强调要对人工智能相关的教育、培训、开发、研究和能力进行投资，同时解决新的知识产权（IP）问题和其他问题，以保护发明者和创造者。[④] 美国《维护美国在人工智能时代的领导地位》的行政命令第2节（b）款对人工智能专业人才培养进行了规定，强调通过“学徒制”（特别是计算机科学教育培训），培养下一代美国人工智能研究者和用户，确保美国工人，包括联邦政府工作人员，能够充分利用人工智能带来的机遇。[⑤] 第二十

① See Ministry of Communications and Information and Smart Nation Group: National Artificial Intelligence Strategy 2.0 to Uplift Singapore's Social and Economic Potential, published on December 4, 2023, https://www.smartnation.gov.sg/media-hub/press-releases/04122023/, last visited on May 22 2024.

② See European Commission: Coordinated Plan on Artificial Intelligence 2021 Review, published on April 21, 2021, https://digital-strategy.ec.europa.eu/en/library/coordinated-plan-artificial-intelligence-2021-review, last visited on May 22, 2024.

③ 参见内閣府，科学技術・イノベーション推進事務局：AI戦略2022の概要，2022年4月22日发布，https://www8.cao.go.jp/cstp/ai/aistrategy2022_honbun.pdf，最后访问时间：2024年5月22日。

④ See The White House: Executive Order on the Safe, Secure, and Trustworthy Development and Use of Artificial Intelligence, published on October 30, 2023, https://www.whitehouse.gov/briefing-room/presidential-actions/2023/10/30/executive-order-on-the-safe-secure-and-trustworthy-development-and-use-of-artificial-intelligence/, last visited on May 22, 2024.

⑤ See the White House: Executive Order on Maintaining American Leadership in Artificial Intelligence, published on February 11, 2019, https://trumpwhitehouse.archives.gov/presidential-actions/executive-order-maintaining-american-leadership-artificial-intelligence/, last visited on May 22, 2024.

条与上述条款都旨在积极推动人工智能人才的培养。

第二十一条　财政和采购支持　中央财政应当在本级预算中设立人工智能科目，安排人工智能发展专项资金。

县级以上地方各级人民政府应当根据实际情况，在本级财政预算中安排人工智能发展专项资金。

鼓励各级人民政府和国有企事业单位采购符合国家标准的开源人工智能产品、服务。

【起草参考】

《深圳经济特区人工智能产业促进条例》第五十五条；《上海市促进人工智能产业发展条例》第三十一条；《预算法》第九条；《中华人民共和国民办教育促进法》（以下简称《民办教育促进法》）第四十五条；《中华人民共和国乡村振兴促进法》（以下简称《乡村振兴促进法》）第六十二条；《无障碍环境建设法》第五十四条

【相关规定】

《预算法》第九条

【条文释义】

本条是关于国家从资金支持的角度促进人工智能产业发展的规定。

一　中央财政应当在本级预算中设立人工智能科目，安排人工智能发展专项资金

国家专项资金是指国家通过中央财政划拨，投入特定领域，用于特定用途的专门资金。目前我国对于设立专项资金支持特定产业、领域的发展已经有一系列实践，例如，由科学技术部和财政部公布的《中央级科研院所科技基础性工作专项资金管理暂行办法》设立了专项资金支持国内的科技基础性工作；《移动通信产品研究开发专项资金管理办法》对移动通信产品研究开发的专项资金管理作出了规定。为此，本条第一款在吸收了现有专项资金实践经验的基础上，规定在中央财政预算中设立人工智能领域的专项资金，有利于在国家层面进一步支持和促进国内人工智能产业的发展。

二　县级以上地方各级人民政府应当根据实际情况，在本级财政预算中安排人工智能发展专项资金

一方面，国家可以发挥宏观调控的重要作用，通过中央财政拨款专项资金的方式予以投入。但是，如果完全依靠国家财政支出，从长期来看，会给中央财政增加过重的负担，不利于人工智能产业的持续良性发展。作为国内人工智能产业发展的重要环节之一，各地方政府也应该积极发挥主体作用和主观能动性，结合地方人工智能产业发展实践情况，在地方财政预算中划拨相应份额设立地方专项资金，用于支持当地人工智能产业发展。为此，本条第二款规定县级以上地方人民政府在本级财政预算中设立人工智能发展专项资金的义务，与中央专项资金形成互补作用，共同促进国内人工智能产业健康良性发展。目前，部分地方性法规中对于为人工智能发展提供资金支持也作出了规定，例如，《上海市促进人工智能产业发展条例》第三十一条，《深圳经济特区人工智能产业促进条例》第五十五条等规定。

三　鼓励各级人民政府和国有企事业单位采购符合国家标准的开源人工智能产品、服务

通过政府和国有企事业单位的采购支持，可以促进符合国家标准的开源人工智能产品和服务落地应用，为其进一步创新研发和完善提供资金支持。目前，国内已经有部分地方将类似的做法写入当地的发展计划之中。例如，《国家发展改革委、商务部关于深圳建设中国特色社会主义先行示范区放宽市场准入若干特别措施的意见》第（三）条和《安徽省通用人工智能创新发展三年行动计划（2023—2025 年）》第（四）条第 3 项均对通过政府采购支持人工智能和通用大模型等新技术的应用作出了规定。

【域外比较】

美国《关于安全、可靠、值得信赖地开发和使用人工智能的行政命令》第 5 节规定“促进创新与竞争”，该节第 5.2 条（a）款（ii）项规定，在本命令发布之日起 150 天内，资助并启动至少一个国家科学基金会区域创新引擎，优先开展与人工智能相关的工作，如与人工智能相关的研究、社会或劳动力需求。第（iii）项规定在本命令发布之日起 540 天内，除本命令发布之日起目前资助的 25 个国家人工智能研究所外，至少新建 4 个国家人工智能研究所。第 10.1 节（g）款规定，在本命令发布之日起 30 天内，为增加各机构在人工智能方面的投资，技术现代化委员会应在其认为适当并符合适用法律的情况下，考虑优先为人工智能项目提供至少为期一年的技术现代化基金资金支持。鼓励各机构向“技术现代化基金”提交包括人工智能（特别是生成式人工智能）服务于任务交付的项目供资提案。[①]《示范法》第二十一条与上述条款都强调通过基金资金或专项资金等方式支持人工智能技术的发展，存在一定的相似性。英国《人工智能采购指南》（*Guidelines for AI procurement*）

① See The White House：Executive Order on the Safe，Secure，and Trustworthy Development and Use of Artificial Intelligence，published on October 30，2023，https：//www. whitehouse. gov/briefing-room/presidential-actions/2023/10/30/executive-order-on-the-safe-secure-and-trustworthy-development-and-use-of-artificial-intelligence/，last visited on May 22，2024.

为开展采购人工智能等相关工作的商务从业者，供应商，专业人士，数据、信息、技术和创新官员以及数字交付和转型团队等主体提出了十项建议指南，包括将采购工作纳入人工智能采用策略，评估人工智能部署的利益和风险，建立正确的市场进入途径以及制定治理和信息保障计划等。[①] 该指南通过提供参考指引，在一定程度上也起到了鼓励采购和使用人工智能产品和服务的效果。

第二十二条　税收抵免优惠　人工智能研发者、提供者研发、购置用于安全治理等专用设备的投资额，可以按不低于30%的比例实行税额抵免。

国务院针对开源人工智能研发规定专门的税收优惠办法。

【起草参考】

《中华人民共和国企业所得税法》（以下简称《企业所得税法》）第二十八条第二款；《财政部、税务总局关于先进制造业企业增值税加计抵减政策的公告》第二条

【相关规定】

《企业所得税法》第二十五条

【条文释义】

本条是关于通过在税收层面进行一定的抵免，从而降低人工智能研发者和提供者的安全治理成本，促进国内人工智能产业发展的规定。

---

① See Office for Artificial Intelligence：Guidelines for AI procurement，published on June 8，2020，https：//assets. publishing. service. gov. uk/media/60b356228fa8f5489723d170/Guidelines_for_AI_procurement. pdf，last visited on May 22，2024.

一 人工智能研发者、提供者研发、购置用于安全治理等专用设备的投资额，可以按不低于30%的比例实行税额抵免

根据我国现有的《中华人民共和国网络安全法》《中华人民共和国数据安全法》《个人信息保护法》以及《生成式人工智能服务管理暂行办法》等一系列法律法规的相关规定，国内的人工智能研发者和服务提供者需要承担保障个人信息安全、数据安全、确保人工智能系统具有稳健性、完成相应的备案审查以及安全评估等义务，这些义务都会增加国内人工智能系统的安全治理成本。国内人工智能产业的健康蓬勃发展，一方面需要确保人工智能系统的安全性，防范可能产生的公法和私法风险；另一方面，如果对人工智能的规制过于严格，要求人工智能研发者和服务提供者承担过重的义务，那么也可能会致使安全治理成本增加进而阻碍国内人工智能产业的发展，导致我国人工智能产业的国际竞争力不足。为此，本条通过为国内人工智能研发者和提供者在安全投入方面提供一定比例的税额抵免，减轻了研发者和提供者的部分纳税负担，从而可以降低安全治理的成本，起到促进和鼓励国内人工智能研发者和提供者在安全治理加大投入的作用。

二 国务院针对开源人工智能研发规定专门的税收优惠办法

如前述第十七条第一款的释义所述，开源对于人工智能的创新发展具有重要意义和作用，然而目前主要的开源模型、项目和平台等多集中于欧美等国，从产业竞争和国家安全的角度考量，我国也需要大力发展国内的开源人工智能资源。为此，本条第二款特别规定了国务院针对开源人工智能研发制定专门税收优惠办法的责任。通过税收优惠，可以适当减轻国内开源人工智能的研发成本。此外，开源意味着商业利润的减少，给予一定的税收优惠也可以起到鼓励国内研发者开源开发人工智能模型，营造良性的国内人工智能开源环境的作用。

【域外比较】

日本《2023年度税制修改大纲》“iii 公司税”一节，对“实验研

究税收抵免制度”进行了修订。该节第（2）（i）（c）项规定，在实验和研究费用超过平均销售额10%的情况下，适用税收减免率特别例外规定，税收减免上限的时限延长三年。该节（2）（iii）（a）项对“特别试验和研究费用的税收抵免”进行了修订，该项规定，在相关法律法规不作修改的情况下，符合税款抵免条件的特殊试验和研究费用金额应包括新的特殊试验和研究费用金额。税收减免率定为25%，再加上与企业先驱者共同研究，以及委托特殊新企业先驱者进行研究的试验和研究费用。[①] 上述条款提供了广泛的税收优惠，虽没有明确指出“人工智能研发者”这一特定类别，但也可能会鼓励包括人工智能在内的高科技企业增加研发投入。

第二十三条　国家机关先行先试　鼓励政府机关、事业单位及其他依法具有管理公共事务职能的组织，在政务服务、公共管理等领域依法开展人工智能技术应用先行先试，优先采购和使用安全可靠的人工智能产品和服务。

【起草参考】

《文化和旅游部、公安部、自然资源部、生态环境部、卫生健康委、应急部、市场监管总局、银保监会、文物局、乡村振兴局关于促进乡村民宿高质量发展的指导意见》第三条第（二）项；《国家海洋局关于印发〈海洋可再生能源发展“十三五”规划〉的通知》第四条第（一）项

【条文释义】

本条是关于国家机关发挥带头作用，在确保安全的前提下，对人工

① 参见日本财务省『令和5年度税制改正の大綱の概要』，2022年12月23日发布，https：//www. mof. go. jp/tax_policy/tax_reform/outline/fy2023/05taikou_gaiyou. pdf，最后访问时间：2024年5月19日。

智能应用先行先试的规定。

作为一项新兴技术，人工智能技术能有效提高生产力和工作效率，但如果使用不当，也存在一定的风险。政府机关、事业单位和国有企业等国家机关、企业内部有较为完善的管理制度，在应用人工智能新兴技术的过程中，对于风险的控制能力相较于普通民营企业更强。此外，在对风险进行有效防控的前提下，由国家机关、国有企业等率先应用人工智能技术，也可以起到一定的表率作用，增加社会公众和民营企业应用人工智能技术的信心。我国对于规范国家机关先行先试也已经有相关实践，例如，《文化和旅游部、公安部、自然资源部等关于促进乡村民宿高质量发展的指导意见》规定县级以上地方政府先行先试，结合本地实际出台乡村民宿管理办法，《海洋可再生能源发展“十三五”规划》规定鼓励沿海各级地方政府先行先试，为海洋能项目用海、用地、并网等提供政策保障。为此，本条规定了政府机关、事业单位、国有企业等国家机关、企业在政务服务、公共管理等领域，在确保安全的前提下，发挥带头示范作用，对人工智能应用先试先行，具体表现为优先采购和使用安全可靠的人工智能产品和服务。当前人工智能技术在文本处理、信息检索与汇总等方面具有突出的表现，将人工智能技术应用在政务服务和公共管理等领域，有助于提高行政效率和服务质量，同时，政府部门先试先行也有利于将应用人工智能的风险限制在相对可控的范围内。

【域外比较】

美国《关于安全、可靠、值得信赖地开发和使用人工智能的行政命令》第 10. 1 节（f）款，将推动联邦政府负责任地、安全地使用生成式人工智能。依据（f）款（i）项规定，随着生成式人工智能产品在网络平台上的广泛使用和普及，不鼓励各机构对机构使用生成式人工智能实施广泛的一般性禁令或封锁。相反，各机构应根据具体的风险评估，在必要时限制对特定生成式人工智能服务的访问；制定关于适当使用生成式人工智能的准则和限制；并在有适当保障措施的情况下，为其人员和项目提供访问安全可靠的生成式人工智能能力的机会，至少是为了影响美国人权利的低风险实验和日常任务的目的。为保护联邦政府信息，还鼓励各机构采用风险管理做法，例如，对其工作人员进行关于正确使用、保护、传播和处置联邦信息的培训；与供应商谈判适当的服务条款；实施旨在确保遵守记录保存、网络安全、保密、隐私和数据保护要求的措施；以及部署其他措施，以防止在生成式人工智能中滥用联邦政府信息。① 日本《人工智能战略 2022》第Ⅲ部分对促进人工智能在政府中的应用进行了规定，提出了“加强促进制度，推动在政府机构中引入人工智能，从而加强和改善行政职能”的具体目标。②

第二十四条 人工智能特区及授权立法 国家在符合条件的地区设立人工智能特区，推动人工智能创新发展先行先试，促进人工智能产学研用结合，构建有利于人工智能发展的良好生态。

人工智能特区所在地的市级人民代表大会及其常务委员会可以根据本法，结合特区内人工智能创新发展实践需要，遵循宪法规定以及法律和行政法规基本原则，就人工智能研发、提供、使用活动制定法规，在人工智能特区范围内实施。

① See The White House: Executive Order on the Safe, Secure, and Trustworthy Development and Use of Artificial Intelligence, published on October 30, 2023, https://www.whitehouse.gov/briefing-room/presidential-actions/2023/10/30/executive-order-on-the-safe-secure-and-trustworthy-development-and-use-of-artificial-intelligence/, last visited on March 27, 2024.

② 参见内閣府，科学技術・イノベーション推進事務局：AI 戦略 2022の概要，2022 年 4 月 22 日发布，https://www8.cao.go.jp/cstp/ai/aistrategy2022_honbun.pdf，最后访问时间：2024 年 5 月 19 日。

人工智能特区法规可根据授权对法律、行政法规、地方性法规作变通规定。

人工智能特区法规应当报送全国人民代表大会常务委员会和国务院备案；对法律或者行政法规、部门规章的规定作变通规定的，应当说明变通的情况和理由。

【起草参考】

《国家新一代人工智能创新发展试验区建设工作指引（修订版）》第一条（一）项，第二条第（一）至（四）项；《国家发展改革委、中央农村工作领导小组办公室、农业农村部等关于开展国家城乡融合发展试验区工作的通知》第四条第（二）项；《国家卫生健康委办公厅关于建立动态调整机制加快推进基层卫生健康综合试验区建设的通知》第二条

【相关规定】

《中华人民共和国立法法》（以下简称《立法法》）第一百零一条、第一百零九条第（五）项

【条文释义】

一　国家在符合条件的地区设立人工智能特区，推动人工智能创新发展先行先试，促进人工智能产学研用结合，构建有利于人工智能发展的良好生态

我国关于特区已有一系列富有成效的实践，自第五届全国人民代表大会常务委员会批准在广东设立深圳、珠海、汕头三大经济特区以来，目前我国共设立七个经济特区。经济特区是指，在国内划定一定的区域，在该区域内，实行特殊的经济政策和经济体制，以鼓励经济发展以

及试验新型的经济发展方式。通过特区试验新技术，一方面可以为新技术的创新研发和测试应用提供较为宽松的试验环境，在实践中不断促进新技术的创新和完善。另一方面，也可以有效防范风险外溢，保证新技术的开发和试验在风险可控的前提下进行。为此，本条第一款规定国家根据一定的条件，选取符合条件的地区设立人工智能试验区，在试验区内促进人工智能产学研用结合，为国内人工智能产业的发展提供良好的生态环境。

本条第一款规定的人工智能特区也可以理解为一种监管沙盒模式。欧盟《人工智能法》（*Artificial Intelligence Act*）第 57 条至第 61 条规定了监管沙盒模式，监管沙盒是指由主管机关建立的一个具体和受控的框架，为人工智能系统的提供者或潜在提供者提供在监管监督下根据沙盒计划在有限的时间内开发、培训、验证和测试创新人工智能系统的可能性。根据经济合作发展组织（OECD）2023 年 7 月发布的《人工智能中的监管沙盒》报告，监管沙盒能够通过降低监管不确定性和提供市场测试使得创新型企业获得融资，促进企业进入人工智能市场并降低行政和交易成本，改善监管机构与行业之间的沟通和学习渠道，人工智能的创新研发者为监管机构的政策制定和监管过程提供信息，而监管机构通过监管沙盒为研发者提供一个基于证据的、动态的监管方法以及相对具体和确定的法律政策环境。①

二　人工智能特区所在地的市级人民代表大会及其常务委员会可以根据本法，结合特区内人工智能创新发展实践需要，遵循宪法规定以及法律和行政法规基本原则，就人工智能研发、提供、使用活动制定法规，在人工智能特区范围内实施

我国关于授权特区内自行制定相关法规和政策已经有一系列有效的

---

① See OECD: Regulatory sandboxes in artificial intelligence, published in 2023, https://doi.org/10.1787/8f80a0e6-en, last visited on May 22, 2024.

实践，例如《全国人民代表大会关于授权汕头市和珠海市人民代表大会及其常务委员会、人民政府分别制定法规和规章在各自的经济特区实施的决定》《全国人民代表大会关于授权厦门市人民代表大会及其常务委员会和厦门市人民政府分别制定法规和规章在厦门经济特区实施的决定》等。设立特区的目的是为特定新技术的发展提供相较于外部更为宽松的法规政策监管环境，因此在特区内应根据技术的特性和创新发展的需要，结合实际情况制定特殊的政策和法规。为此，本条第二款授权人工智能特区所在地的市级人民代表大会及其常务委员会可以根据本法，结合实践需要，制定相应的法规。这些法规的适用效力应当仅限于人工智能特区范围内，且根据上位法优于下位法的原则，特区内的法规应当遵守宪法且不违背现行有效的法律法规。

三　人工智能特区法规可根据授权对法律、行政法规、地方性法规作变通规定

根据我国现有《立法法》第一百零一条的规定，经济特区法规根据授权对法律、行政法规、地方性法规作变通规定的，在本经济特区适用经济特区法规的规定。赋予经济特区在经授权的前提下可以对法律、行政法规和地方性法规作变通规定，是因为经济特区实行特殊的政策和经济体制，与其他地区存在一定的差异性，因此适用于其他地区的法律、行政法规和地方性法规若在经济特区直接实行可能会与特区的实际情况产生部分不相适应之处，因此有必要赋予经济特区一定的变通规定权。而人工智能特区与经济特区具有一定的相似性，为此，本条第四款也赋予了人工智能特区对于现行法律、行政法规和地方性法规的有限的变通规定权，以更好地为特区内的人工智能发展提供良好的制度、政策和法律环境。

四 人工智能特区法规应当报送全国人民代表大会常务委员会和国务院备案；对法律或者行政法规、部门规章的规定作变通规定的，应当说明变通的情况和理由

根据现行《立法法》第一百零九条第（五）项的规定，根据授权制定的法规应当报授权决定规定的机关备案，经济特区法规、浦东新区法规、海南自由贸易港法规报送备案时，应当说明变通的情况。人工智能特区可以参照经济特区的规定适用。为此，本条第三款是根据现行《立法法》所规定的，对于人工智能特区内制定的法规的备案审查规定，属于对人工智能特区法规的立法监督。

【域外比较】

欧盟《人工智能法》第57条规定了人工智能监管沙盒，该条第1款规定，成员国应确保其主管机关在国家一级建立至少一个人工智能监管沙盒，该沙盒应在生效24个月后开始运作。该沙盒也可与其他一个或多个成员国的主管机关联合建立。委员会可为人工智能监管沙盒的建立和运行提供技术支持、建议和工具。上段规定的义务也可以通过参与现有的沙盒来履行，只要这种参与能为参与的成员国提供同等水平的国家覆盖。①

其中，依据第57条第2款，还可在区域或地方一级或与其他成员国的主管机关联合建立更多的人工智能监管沙盒；依据该条3款，欧洲数据保护监督员还可为欧盟各机构、团体和部门建立人工智能监管沙盒，并根据本章规定行使国家主管机关的职责和任务。依据该条4款，

---

① See European Parliament: European Parliament legislative resolution of 13 March 2024 on the proposal for a regulation of the European Parliament and of the Council on laying down harmonised rules on Artificial Intelligence (Artificial Intelligence Act) and amending certain Union Legislative Acts (COM (2021) 0206 - C9 - 0146/2021 - 2021/0106 (COD)), published on May 22, 2024, https://www.europarl.europa.eu/doceo/document/TA-9-2024-0138_EN.pdf, last visited on May 22, 2024.]

在适当情况下，国家主管机关应与其他相关机关合作，并可允许人工智能生态系统内的其他行为者参与。本条不应影响根据国内法或欧盟法设立的其他监管沙盒。成员国应确保监管这些其他沙盒的机构与国家主管机关之间开展适当程度的合作。①

① See European Parliament: European Parliament legislative resolution of 13 March 2024 on the proposal for a regulation of the European Parliament and of the Council on laying down harmonised rules on Artificial Intelligence (Artificial Intelligence Act) and amending certain Union Legislative Acts (COM (2021) 0206 - C9 - 0146/2021 - 2021/0106 (COD)), published on March 13, 2024, https://www.europarl.europa.eu/doceo/document/TA-9-2024-0138_EN.pdf, last visited on May 19, 2024.

第三章　人工智能管理制度

第二十五条　分类管理制度　国家建立人工智能负面清单制度，对负面清单内的产品、服务实施许可管理，对负面清单外的产品、服务确有需要的实施备案管理。

国家人工智能主管机关根据人工智能在经济社会发展中的重要程度，以及一旦遭到攻击、篡改、破坏或者非法获取、非法利用，对国家安全、公共利益、社会稳定、环境保护，或者个人、组织合法权益、经济秩序造成的危害程度，牵头制定并定期更新人工智能产品、服务负面清单。

【起草参考】

《数据安全法》第二十一条；《国务院关于实行市场准入负面清单制度的意见》

【相关规定】

《网络安全法》第三十一条

【条文释义】

风险分类分级管理已发展为重要的治理方式，《示范法》在一定程度上承袭了分类分级管理的思路。同时考虑到人工智能发展日新月异，与之相配套的管理制度应相对宽松，因此《示范法》设计了负面清单管理制度，负面清单内的研发、提供活动采取许可机制，实行事前监管；负面清单外的研发、提供活动则采取备案机制，确实有需要的，则实行事后监管机制。这种设计旨在大幅减轻人工智能研发、提供等活动的审查成本，为市场参与者提供稳定预期，促进人工智能健康发展。

一　创设性提出负面清单制度

欧盟《人工智能法》将人工智能系统的风险划分成不可接受的风险、高风险、有限风险和轻微风险四种类型。不同于欧盟《人工智能法》更为细化的分级管理制度，《示范法》提出的负面清单制度是一种创新且具有前瞻性的管理模式，反映了对新兴科技审慎包容与有效监管相结合的治理理念。

负面清单制度有助于明确人工智能领域的监管边界。通过列出禁止或限制的事项，可以为市场参与者提供清晰的指引，明确红线有助于避免企业在探索和发展过程中触及法律禁区，同时也鼓励在清单之外自由创新。这种明确的监管边界也有助于增强投资者和消费者的信心，推动人工智能技术的广泛应用。

负面清单制度体现了风险管理的理念。人工智能技术的快速发展带来了许多潜在的风险和挑战，如数据安全、隐私保护、算法歧视等。采取负面清单制度有助于降低这些风险，保护公众利益和社会稳定。

负面清单制度有助于灵活适应快速发展的技术环境。人工智能技术迭代迅速，严格前置审批模式可能无法跟上其发展步伐。负面清单制度能够在保证关键领域、高风险技术得到有效监管的同时，给予新兴技术更宽松的发展空间，适应技术一日千里飞速发展的特性。

二　风险管理引入许可制度

对于负面清单内的人工智能产品、服务，《示范法》设计了许可管理制度，即在投入市场前，负面清单内的人工智能产品必须获得相关主管机关的许可，确保风险可控。

三　备案制度促进产业发展

备案是现代国家治理体系中的常态化制度。尽管目前在法律法规规章等规范性文件中尚未形成统一的概念界定和类型划分，但其核心要义是指，有关国家机关、社会组织、企业公司等法定主体依法依规向主管部门（机关）报备有关事项事由，供有关部门（机关）审查、审示、审核等。[①] 备案制度分为规范性文件的备案审查制度、行政备案制度以及司法备案制度。

近年来，面对技术发展，算法备案是我国在新时代创设的一项算法治理制度，是在数字法治的实践背景下推进算法治理的一项重要举措。2022 年 1 月发布的《互联网信息服务算法推荐管理规定》、2022 年 12 月发布的《互联网信息服务深度合成管理规定》、2023 年 7 月发布的《生成式人工智能服务管理暂行办法》均设计了备案管理。

值得注意的是，实践中，备案制度存在异化的情况，即更偏向于事前的许可。《示范法》中强调备案的应有之义，更多地体现为一种告知性和记录性的义务，以减轻企业合规负担，促进产业发展。

四　负面清单制订由国家人工智能主管机关负责

负面清单的制订由国家人工智能主管机关牵头制定并定期更新。《示范法》起草组认为，负面清单应定期更新，需要根据技术发展和市场需求进行动态调整，以保持其适应性和有效性。

第二十六条　负面清单管理制度　开展人工智能负面清单内产品、服务的研发、提供活动前，应当取得国家人工智能主管机关的行政

① 张吉豫：《论算法备案制度》，《东方法学》2023 年第 2 期。

许可。

禁止未经许可或超越许可范围开展负面清单内人工智能研发、提供活动。

【起草参考】

《互联网信息服务算法推荐管理规定》第四条、《生成式人工智能服务管理暂行办法》第二十三条

【相关规定】

《中华人民共和国行政许可法》（以下简称《行政许可法》）第十二条

【条文释义】

一　负面清单内需取得行政许可

行政许可是指行政机关根据公民、法人或者其他组织的申请，经依法审查，准予其从事特定活动的行为。行政许可是政府依法管理经济社会事务的重要手段，许可机制是行政机关在特定领域实施的一种前置审批制度。在企业或其他实体开展某些活动之前，必须先向有关管理部门提出申请，经过法定程序审核批准后才能获得从事该活动的资格或权利。设计许可管理机制的目的在于确保人工智能技术的安全、可控和合规发展。通过许可机制，可以筛选出符合标准、安全可靠的产品和服务，降低潜在风险，保护公众利益和社会稳定。负面清单内的研发、提供活动，风险指数较高，因此起草组认为应采取许可机制，实行事前监管。同时，许可管理也有助于促进人工智能技术的健康发展，推动技术创新和应用落地。

二　严格管控负面清单内人工智能研发、提供活动

采取行政许可机制是为有效进行事前监管，预防人工智能带来的高

风险。参照欧盟《人工智能法》的人工智能实践框架，对于某些威胁到人们安全、生计和权利的特定人工智能实践被认为风险水平不可接受，并被禁止；高风险人工智能，提出了登记、风险评估、人工监督和其他义务，而针对有限风险人工智能，相关主体须履行拟议的透明度义务。

人工智能势必会在经济社会中的普及应用，隐私泄露、算法歧视、恶意使用等风险时刻盘旋在人类社会上空。保障人工智能发展的底线是安全，对于潜藏的风险，必须有相应的管理措施。《示范法》强调，禁止未经许可或超越许可范围开展负面清单内人工智能研发、提供活动，严格对人工智能的重大风险进行把关。

第二十七条　负面清单许可条件　申请负面清单内人工智能研发、提供许可，应当具备下列条件：

（一）在中华人民共和国境内依法设立的法人；

（二）主要负责人是中国公民；

（三）有与风险相适应的具备质量保障、安全保障、人类监督、合规管理等专业知识的专职人员；

（四）有健全的人工智能质量管理体系、网络数据安全管理制度、科技伦理审查制度；

（五）有安全可控的人工智能技术保障措施；

（六）有与风险相适应的人工智能应急处置机制；

（七）有与人工智能研发、提供相适应的场所、设施和资金；

（八）法律、行政法规的其他规定。

【起草参考】

《网络安全法》第三条；《个人信息保护法》第三十二条

【相关规定】

《互联网新闻信息服务管理规定》第六条；《互联网新闻信息服务许可管理实施细则》第五条；《科学技术进步法》；《网络数据安全管理条例（征求意见稿）》；《科技伦理审查办法（试行）》

【条文释义】

一 在中华人民共和国境内依法设立的法人

依据《示范法》第二十七条，申请负面清单内人工智能研发、提供许可，要求的申请主体是在中华人民共和国境内依法设立的法人，该条同时有两条限制：一是限定为我国境内，二是限定为法人。在我国，相类似的规定在《中华人民共和国船员条例（2017 修订）》和《互联网新闻信息服务管理规定（2017）》中均有体现，分别涉及海事领域和互联网领域。与上述两个领域相似，人工智能研发提供活动也具有较高的跨境风险，因此，从监管的必要性和监管有效性层面考虑，有必要限制主体在中华人民共和国境内设立；而从专业保障和机制保障的层面考虑，则有必要限定为法人，排除自然人等的许可申请。

二 主要负责人是中国公民

主要负责人，一般指人工智能研发、提供有关的经营活动的主要决策者，需要其能参与实际的决策、熟悉日常经营活动、承担主要责任。要求主要负责人是中国公民，可以对其经营单位进行持续有效的监管，防止其通过域外渠道规避全流程监管，同时也有利于控制基于数据和信息泄露导致的公民隐私权风险和国家安全风险。

三 有与风险相适应的具备专业知识的专职人员

与风险相适应的具备质量保障、安全保障、人类监督、合规管理等专业知识的专职人员，需得到正式任命，专门从事相应领域工作，不得兼任或兼职其他工作。人工智能研发、提供活动属于高风险、高技术性领域，相应的风险管理领域更应该注重其权威性、稳定性和专业性，以便有效开展风险防控和管理监督工作。专职人员应当认真履行相应职责，保证风险的有效管控。企业也应当依法依规完善健全监管流程和风险防范措施，同时定期公布相关信息，接受公众监督，保障信息透明。

四 有健全的人工智能质量管理体系、网络数据安全管理制度、科技伦理审查制度

人工智能的迅速发展，深度影响了社会和个人生活，为人工智能技术的质量、安全及伦理提供保障，是人工智能技术能够得到广泛应用的前提。

就人工智能质量管理体系而言，2023 年 12 月 18 日，国际标准化组织和国际电工委员会发布 ISO/IEC42001《信息技术 人工智能管理体系》，以推动企业和各类组织制定稳健的人工智能管理框架。

就网络数据安全管理制度而言，2021 年，我国颁布《网络数据安全管理条例（征求意见稿）》，以期规范网络数据处理活动，保护个人、组织在网络空间的合法权益，维护国家安全和公共利益。在适用本条时，也可参考相应的具体规则，落实相应的监督管理职责。

就科技伦理审查制度而言，2023 年，由科技部、教育部、工信部等 10 部门联合印发的《科技伦理审查办法（试行）》正式公布，其中提出涉及人工智能等科技活动的单位，研究内容有关科技伦理敏感领域的，应设立科技伦理（审查）委员会，并为其履职配备必要的工作人员、提供办公场所和经费等条件并采取有效措施保障科技伦理（审查）委员会独立开展伦理审查工作。在申请人工智能研发、提供活动许可时，也应遵守相应的法律规范，需要符合科技伦理原则，参与科技活动的科技人员资质、研究基础及设施条件等也要符合相关要求。

五　有安全可控的人工智能技术保障措施

随着人工智能的发展，国内外在人工智能领域进行了大量的研发和提供活动，通过专利、数据库等方式，推动人工智能的技术创新，相应保障人工智能的高效发展。还需要注意到的是，人工智能技术是一把双刃剑，不仅需要保证人工智能技术的效率，也要增强人工智能技术安全应用的能力，提供一体化的安全服务和产品，建构高水平的检测能力，实施多层次的保证举措。例如，通过落实合法合规监管、推动监管技术创新、加强制度普及等方式，打造体系化的保障模式。

六　有与风险相适应的人工智能应急处置机制

新形式、新特征的风险对人工智能领域的应急管理手段和工具提出了新要求。面临人工智能将带来的巨大变革，应急管理主体应当明确其有效性，同时需要清晰认识到运用人工智能所存在的风险，并采取相应的治理方式加以回应，在规避风险的同时，将人工智能运用于应急管理的治理过程。在应急处置的过程中，需要以法律法规为制度基石，以技术作为核心手段，坚持包容审慎原则，实现高效的应急处置。

七　有与人工智能研发、提供相适应的场所、设施和资金

申请人工智能研发、提供许可，需要保证企业已经具备可进行实质研究和稳定发展的影响条件，其中包括但不限于相应的场所、设施和资金。人工智能领域是全球科技创新和产业发展的趋势，与制造业、信息产业、能源等不同领域密切相关，所要求的场所、设施和资金能当符合匹配新型生产力的高标准。该条还需要根据其他法律法规和规范性文件加以具体化，以实现许可标准的有效落实。

八 法律、行政法规的其他规定

本条对申请负面清单内人工智能研发、提供许可的条件作了规定。相应的申请人和国家人工智能主管机关应当依照本法和其他有关法律、行政法规的规定，切实履行法定职责，维护公民、组织的合法权益。该条作为人工智能研发、提供许可的概括性规定，尚未对其中许多条款进行解释，其他法律、法规相关的补充或者解释内容，需要结合该条文加以遵守，以符合包容审慎原则、以人为本原则、安全原则、公开透明可解释原则、可问责原则等人工智能法原则的要求。

【域外比较】

欧盟《人工智能法》旨在促进人工智能在欧盟内部市场的运用，强调在确保欧盟核心价值观不受损害的前提下支持人工智能创新发展。

《人工智能法》在“鉴于部分”第81条中指出，提供者应建立健全的质量管理体系，确保完成规定的合格性评估程序，起草相关文件，并建立健全的后市场监测体系。高风险人工智能系统的提供者，如果根据相关的欧盟部门法有义务建立质量管理体系，则应有可能将本条例规定的质量管理体系要素作为其他欧盟部门法规定的现有质量管理体系的一部分。在未来的标准化活动或欧盟委员会通过的指南中，也应考虑本条例与现行欧盟部门法之间的互补性。公共机关为其自身使用的高风险人工智能系统提供服务时，可酌情采用和实施质量管理体系规则，作为在国家或地区一级采用的质量管理体系的一部分，同时考虑到该部门的特殊性以及相关公共机关的权限和组织。

“鉴于部分”第91条明确，鉴于人工智能系统的性质及其使用可能对安全和基本权利造成的风险，包括需要确保适当监测人工智能系统在现实生活中的表现，为部署者规定具体的责任是适当的。部署者尤其应采取适当的技术和组织措施，确保其按照使用说明使用高风险的人工智能系统，并应酌情规定监测人工智能系统运作和保存记录方面的某些其他义务。此外，部署者应确保被指派执行本条例规定的的人员具备必要的能力，特别是适当的人工智能知识水平、培训和适当履行这些任务的权力。这些义务不应影响欧盟或国家法律规定的与高风险人工智能系统有关的其他部署者义务。

第二十八条　负面清单许可的申请　人工智能研发者、提供者申请负面清单内人工智能产品研发、提供许可，应提交以下材料：

（一）申报书；

（二）法人资格、场所、资金等证明；

（三）主要负责人为中国公民的证明；

（四）质量保障、安全保障、人类监督、合规管理专职人员的资质情况；

（五）人工智能质量管理体系、网络数据安全制度、科技伦理审查制度、风险管理制度及执行情况；

（六）人工智能安全评估报告；

（七）法律法规规定的其他材料。

【起草参考】

《行政许可法》第二十九条、第三十条、第三十一条

【相关规定】

《互联网新闻信息服务管理规定》第十条；《网络数据安全管理条例（征求意见稿）》；《科技伦理审查办法（试行）》

【条文释义】

一　申报书

负面清单许可的申报书是申请人申请负面清单内人工智能产品研发、提供许可之前所须提交的法律文书。负面清单许可是依申请的行

政行为，申请程序自相对人行使其申请权而开始。申报书应当载明申请人的名称、住所、申请产品类型等信息。申请人提出申请，必须有真实、明确的意思表示，不得用语模糊，使国家人工智能主管机关难以判断。

二 法人资格、场所、资金等证明

本条款是本法第二十七条第一款、第七款的申请材料要求。通过证明材料认定申请人是否符合第二十七条第一款和第七款的条件。法人资格可以通过营业执照等方式证明，法人场所可以通过营业执照、房产证复印件以及租赁合同等方式证明。法人资金可通过房产证、银行资金证明以及投资等方式证明。通过法人资格证明可以识别申请人的法人身份。通过场所和资金的证明材料，国家人工智能主管机关可以审查确保申请人具备负面清单内人工智能产品研发的场所和资金能力。

三 主要负责人为中国公民的证明

本条款是本法第二十七条第二款的申请材料要求。该证明由两部分组成，一是证明由何人担任主要负责人，二是证明其身份为中国公民。主要负责人为参与人工智能研发以及相关经营活动的决策者。中国公民身份可以通过居民身份证、户口簿等方式证明。以上证明材料是为了证明满足负面清单申请条件，便于国家人工智能主管机关对人工智能研发及经营活动的监管。

四 质量保障、安全保障、人类监督、合规管理专职人员的资质情况

本条款是本法第二十七条第三款的申请材料要求。各类专职人员的资质情况，可以通过官方举办的各类资格考试证书予以证明，也可以通过相关学历、经验等方式予以证明。通过专职人员的资质证明，可以验

证该申请人是否具有开展负面清单内人工智能产品研发和监督管理的能力。

五　人工智能质量管理体系、网络数据安全制度、科技伦理审查制度、风险管理制度及执行情况

本条款是本法第二十七条第四款的申请材料要求。通过提供人工智能质量管理体系、网络数据安全制度、科技伦理审查制度、风险管理制度及执行情况的证明材料，便于确认申请人是否具备相应的能力。

质量管理体系在 ISO/IEC42001 下包括九大控制域及三十八项控制措施。

网络数据安全制度，包含制定关于网络数据安全工作的总指挥性文件，说明总体目标、范围、原则、安全框架及负责人，以及设定了数据分类分级保护制度。在编写审核材料时，也可参考相应的具体规则，落实相应的监督管理职责。

科技伦理审查制度，要求申请人有义务设立科技伦理（审查）委员会，满足人员构成及人数方面的要求，同时有义务提交对审查批准的科技活动开展伦理跟踪审查的执行工作情况的报告。在人工智能研发、提供许可申请时，也应遵守相应的法律规范，需要符合科技伦理原则，参与科技活动的科技人员资质、研究基础及设施条件等也要符合相关要求。

风险管理制度可分别从对人工智能产品研发与提供的事前、事中、事后的风险预测和管控制度来说明申请人的制度构建情况。

六　人工智能安全评估报告

本条款是本法第二十七条第六款的申请材料要求。本条规定了人工智能研发者、提供者提供安全评估报告的义务。安全评估报告内容应包括必要的章节内容。至少包括：封面、目录、摘要、人工智能产品简

介、产品研发过程、当前状况总结、产品带来的机遇、可能存在的风险评估、风险控制措施或建议、安全评估结论等内容。本材料可帮助国家人工智能主管机关评估该申请人的研发水平以及应急预案水平，是主管机关是否给予许可的重要依据。

七　法律法规规定的其他材料

本条款为材料要求的兜底条款。相应的申请人和国家人工智能主管机关应当依照本法和其他有关法律、行政法规的规定，切实履行法定职责，维护公民、组织的合法权益。

【域外比较】

欧盟《人工智能法》在“鉴于部分”第129条中要求高风险人工智能系统应带有CE标志，以表明其符合本条例，从而可在内部市场自由流动。对于嵌入产品中的高风险人工智能系统，应贴上物理CE标志，并可辅以数字CE标志。对于仅以数字方式提供的高风险人工智能系统，应使用数字CE标志。成员国不得对符合本条例规定并带有CE标志的高风险人工智能系统的市场投放或投入使用设置不合理的障碍。

第9条规定应建立、实施、记录和维护与高风险人工智能系统有关的风险管理系统。风险管理系统应被理解为在高风险人工智能系统的整个生命周期内规划和运行的一个持续迭代过程，需要定期进行系统审查和更新。

第17条是对质量管理系统的要求。高风险人工智能系统的提供者应建立质量管理体系，该系统应以书面政策、程序和指令的形式系统有序地加以记录，并至少应包括以下方面：（a）合规策略；（b）用于高风险人工智能系统的设计、设计控制和设计验证的技术、程序和系统行动；（c）用于高风险人工智能系统的开发、质量控制和质量保证的技术、程序和系统行动；（d）在开发高风险人工智能系统之前、期间和之后要进行的检查、测试和验证程序，以及进行这些程序的频率；

(e) 应采用的技术规格，包括标准；(f) 数据管理的系统和程序，以及在高风险人工智能系统投放市场或投入使用前和为投放市场或投入使用而进行的与数据有关的任何其他操作；(g) 第 9 条提及的风险管理系统；(h) 根据第 61 条的规定，建立、实施和维护市场后监测系统；(i) 根据第 62 条报告严重事件的相关程序；(j) 处理与国家主管机关、其他相关机构（包括提供或支持数据访问的机构）、通知机关、其他运营商、客户或其他相关方的沟通；(k) 所有相关文件和信息的记录保存系统和程序；(l) 资源管理，包括与供应安全有关的措施；(m) 问责框架，规定管理层和其他工作人员在本段所列各方面的责任。

第二十九条　负面清单许可的审批　国家人工智能主管机关受理负面清单内人工智能研发、提供许可申请后，在 10 个工作日内进行初步审查。

经初步审查，发现人工智能的研发者和提供者提交的申请材料不符合要求的，国家人工智能主管机关可以要求其补充或者更正。人工智能研发者、提供者无正当理由不补充或者更正的，该申请即被视为撤回。

初步审查材料齐全的，国家人工智能主管机关应当自受理申请之日起 45 日内审查完毕，作出许可或者不予许可的决定。予以许可的，向申请人颁发人工智能研发、提供许可证；不予许可的，应当书面通知申请人并说明理由。

期满不能做出决定的，经国家人工智能主管机关负责人批准，可以延长十日，并应当将延长期限的理由告知申请人。

【起草参考】

《行政许可法》第四十二条

【相关规定】

《市场监督管理行政许可程序暂行规定》第十五条

【条文释义】

一 国家人工智能主管机关受理负面清单内人工智能研发、提供许可申请后，在10个工作日内进行初步审查

负面清单许可的审批期限限制制度是为了保证国家人工智能主管机关实施许可活动的高效，期限计算以工作日为限。

二 申请材料不符合要求的补充、更正或视为撤回

本条款是关于国家人工智能主管机关对经初步审查认为申请材料不符合要求的申请应如何处理的规定。认为不符合本法规定的申请材料条件的，应当通知申请人，要求其补充或者更正。申请人无正当理由不补充或者更正的，该申请即被视为自动撤回。如果申请人因特殊原因未能及时补充或更正，如遭遇不可抗力，该申请可以不被视为撤回。例如：《市场监督管理行政许可程序暂行规定》第十五条规定，材料无正当理由逾期不补正的，视为放弃行政许可申请，主管部门无需作出不予受理的决定。

三 初步审查材料齐全，国家人工智能主管机关应当自受理申请之日起45日内审查完毕，并作出相应决定，不能作出决定可经批准延长十日

本条款是对审查材料期限的要求，明确国家人工智能主管机关在收到初步审查齐全的材料后，应在规定时间内进行核查和处理，并将处理结果书面告知申请人。对因出现合理的客观原因致使行政机关无法在法定期限内办结的行政许可事项，经批准，可以相应延长期限。

人工智能研发者、提供者在研发、提供活动中违反本法规定，发生重大安全事件、多次发生安全事件、多次受到行政处罚的，国家人工智能主管机关可以中止许可并责令限期改正；期限届满未改正，或中止许可后再次发生安全事件或受到行政处罚的，国家人工智能主管机关可以撤销许可。

第三十条　负面清单许可的再次申请　负面清单内人工智能研发、提供许可证应当载明使用许可的期限和范围。

超出许可范围，或技术改进、使用场景变更、用户群体调整等导致人工智能的风险发生变化的，负面清单内人工智能研发者、提供者应当再次申请研发、提供许可。

使用许可期限届满前六个月，负面清单内人工智能研发者、提供者可以申请更新研发、提供许可。

负面清单内人工智能研发者、提供者停止许可内人工智能研发、提供的，应当在停止之日起三个月内，向国家人工智能主管机关申请注销研发、提供许可。

【起草参考】

《行政许可法》第四十九条、第五十条

【相关规定】

《行政许可法》第四十九条、第五十条

【条文释义】

本条款是有关再次申请、变更和注销负面清单内人工智能研发、提供许可的规定。

对负面清单内人工智能实施许可管理，应避免研发者和提供者超出许可从事相关活动，以控制风险。监管部门亦有可能根据技术发展、市场需求或法规变化对许可进行灵活调整。为了增强负面清单实施过程中的透明度和技术可追溯性，本条对许可证应载明的内容作出规定，除特定人工智能活动类型外，还应包括许可的期限和许可范围。被许可人须严格按照许可开展相关活动，若需超出许可范围从事属于负面清单内的其他人工智能研发、提供活动，应按照新的活动实施需求重新申请许可；许可期限届满前六个月内，被许可人可提出申请，更新研发、提供许可，延续其有效期。此外，为了促进许可的使用，本条还对许可注销作出规定，明确若人工智能研发者、提供者因各种因素不再从事许可所载明的人工智能研发、提供活动，应在停止之日起三个月内申请注销许可。

因违法违规开展人工智能研发、提供活动，由国家人工智能主管机关依法予以撤销相关许可的，仍可以在处罚执行完毕后重新申请许可或就其他人工智能活动申请许可。国家人工智能主管机关应当综合考虑各种因素，包括申请人此前违法违规情况、改正补救情况等，决定是否继续或重新予以许可。

【域外比较】

欧盟《人工智能法》第 44 条规定了高风险人工智能提供者技术合格认证的延长程序；其所指向的“附件七”即合格线评估程序中同时对认证的变更进行了规定。按照其要求，提供者对人工智能系统所进行的变更如可能影响人工智能系统符合要求或其预期目的，则应得到颁发欧盟技术文件评估认证的通知机构的批准。通知机构需要首先评估是否需重新进行合格性认证，还是仅需在原认证基础上签发补充文件。如果仅在原认证基础上进行补充，则在原认证到期时，提供者可以申请进行延长，认证的延长需要重新进行评估；此时，补充文件的有效期限一并随原认证文件延长。相较欧盟立法，本法将许可的“补充”也纳入再次申请的范围，但以人工智能风险发生变化为前提条件。若负面清单内人工智能研发、提供活动发生了技术改进、用户群体调整等情况，但所可能面临的潜在风险未发生变化，则不需要重新申请许可，或对原许可进行补充。

第三十一条　许可证公开　负面清单内人工智能研发者、提供者应当在所提供的人工智能产品、服务的显著位置，注明许可证编号。

【起草参考】

《互联网信息服务深度合成管理规定》第十九条；《互联网信息服务算法推荐管理规定》第二十六条

【相关规定】

《行政许可法》第五条、第四十条；《市场监督管理行政许可程序暂行规定》第二十四条

【条文释义】

本条是关于许可证公开的规定，也是《示范法》公开透明原则的体现。《行政许可法》是人工智能许可制度的主要依据。《行政许可法》第五条规定“设置和实施行政许可，应当遵循公平、公正、公开的原则”；第四十条规定“行政机关作出的准予行政许可决定，应当予以公开，公众有权查阅”。除了在一般规定中要求公开人工智能产品、服务的基本原理、目的意图和主要运行机制，还要以适当的方式公开产品、服务的许可或备案公示信息。这也延续了我国既有的管理办法与经验。例如，《互联网信息服务深度合成管理规定》和《互联网信息服务算法推荐管理规定》均要求完成备案的相关技术服务提供者或技术支持者在显著位置标明其备案编号并提供公示信息链接。目前，国家互联网信息

办公室已经公开发布了若干批境内互联网信息服务算法名称及备案编号，相关信息可通过互联网信息服务算法备案系统进行查询。

许可证的公开也是整个负面清单管理制度的重要环节。许可证编号有助于明确研发者和提供者的责任，一旦产品或服务存在问题，可以快速追溯到相应的许可主体，便于追究责任。对于监管机构来说，通过编号可以快速识别、追踪和管理人工智能产品和服务的提供者，提高管理效率。此外，许可证的公开能够令使用者知道该产品或服务是经过审查和许可的，使用者可以据此查询许可证相关信息，了解是否合规，从而增加信任度。因此标注许可证编号，也能发挥鼓励人工智能行业内部加强自律、提高服务水平和产品质量的作用。

【域外比较】

欧盟《人工智能法》第 16 条规定了高风险人工智能系统提供者的义务，其中第 h 项要求高风险人工智能系统的提供者应根据第 48 条的规定，在高风险人工智能系统上加贴 CE 标志，以表明其符合该条例的规定。CE 标志认证本质上是制造商声明产品符合欧盟根据 CE 标志要求制定的所有适用法律规定。该法要求 CE 合格性标识应遵循 765/2008 号条例第 30 条规定的一般原则，对于以数字方式提供的高风险人工智能系统，只有在可以通过人工智能系统的访问界面或通过易于访问的机器可读代码或其他电子手段轻松访问的情况下，才应使用数字 CE 标志。对于高风险的人工智能系统，CE 标志应被明显、清晰且不可擦除地粘贴。如果由于高风险人工智能系统的性质而无法或不能保证这样做，则应酌情将 CE 标志贴在包装上或随附文件上。

第三十二条　投诉、举报、释疑机制　个人和组织发现违法从事负面清单内人工智能研发、提供活动的，有权向国家人工智能主管机关投诉、举报，国家人工智能主管机关应当及时核实、处理。

个人和组织对负面清单内人工智能研发、提供活动有疑义的，有权请求国家人工智能主管机关予以说明，国家人工智能主管机关应当及时答复、处理。

【起草参考】

《数据安全法》第十二条；《个人信息保护法》第六十五条

【相关规定】

《行政许可法》第三十条

【条文释义】

本条旨在建立人工智能投诉、举报与释疑机制，赋予个人和组织权利，在发现违法从事负面清单内人工智能研发、提供活动时，可以向国家人工智能主管机关进行投诉、举报。国家人工智能主管机关有义务及时核实、处理这些投诉和举报。

《行政许可法》第三十条第二款规定，“申请人要求行政机关对公示内容予以说明、解释的，行政机关应当说明、解释，提供准确、可靠的信息”，为投诉、举报与释疑机制的建立提供了依据。从工业社会到智能社会，随着生产组织日益复杂和市场交易规模不断扩大，违法行为变得更加隐蔽，行政机关可能难以及时发现违法事实。同时由于行政执法人员、经费等资源的限制，执法机关无法对所有管理对象进行不间断监控。通过建立投诉举报机制，鼓励各方揭发违法行为，为国家人工智能主管机关的执法提供了更多的情报信息来源，有助于弥补行政执法能力的不足，有效规制人工智能研发、提供活动中的失范行为，帮助遏制人工智能安全风险的发生。

释疑机制的建设除了能够促进国家人工智能主管机关履行相关职责，也能够强化社会公众对行政许可监管机关监管权的行使进行监督。现行法律已有要求相关服务研发者或提供者为公众提供解释的规定。例如，《个人信息保护法》第二十四条规定，在利用个人信息进行自动化决策中，个人有权要求个人信息处理者予以说明；《生成式人工智能服务管理暂行办法》第十九条规定，在依据职责对生成式人工智能服务开展监督检查时，提供者有义务按要求对训练数据来源、规模、类型、标注规则、算法机制机理等予以说明；本法第六条规定了从事人工智能研发、提供活动采取必要措施对所研发、提供的人工智能的目的、原理和效果予以说明。区别于上述有关公开透明可解释原则的表述，本条款的立法意图在于对国家人工智能主管机关实施负面清单许可的行为进行监督，在这种信息披露所形成的倒逼压力下，国家人工智能主管机关应不断加强内部管理，依法实施行政许可。

【域外比较】

欧盟的《人工智能法》第 85 条规定，在不影响其他行政或司法补救措施的情况下，任何自然人或法人如有理由认为本条例的规定受到违反，均可向相关市场监督管理机关提出申诉。第 89 条规定通用人工智能的下游提供者有权就违反本条例的行为提出申诉。投诉应充分说明理由，并至少说明：（a）有关通用人工智能模型提供者的联络点；（b）描述相关事实、本条例的相关规定以及下游提供者认为相关通用人工智能模型的提供者违反本条例的原因；（c）发出请求的下游提供者认为相关的任何其他信息，包括酌情主动收集的信息。

第三十三条　其他许可、备案　根据法律、行政法规规定，应用人工智能应当取得行政许可或备案的，人工智能提供者、使用者应当依法取得许可或备案。

【起草参考】

《生成式人工智能服务管理暂行办法》第二十三条

【相关规定】

《行政许可法》第十二条；《互联网信息服务算法推荐管理规定》第二十四条；《互联网信息服务深度合成管理规定》第十九条

【条文释义】

本条旨在强调除了遵循本法规定的许可及备案义务外，如果其他法律或行政法规规定了特定的行政许可或备案要求，那么人工智能服务的提供者和使用者也应当依法履行相应的法律义务。

根据《互联网信息服务算法推荐管理规定》第二十四条和《互联网信息服务深度合成管理规定》第十九条，具有舆论属性或者社会动员能力的算法推荐服务提供者或深度合成服务提供者应当履行备案手续。而随着网络与智能技术的深度融合和广泛应用，人工智能正赋能千行百业的发展。在具体行业监管与治理的过程中，既需要警惕行业特有的或传统风险，又需要防范新技术应用带来的新型风险。例如，根据《网络预约出租汽车经营服务管理暂行办法》，利用智能汽车从事网约车经营活动需要取得《网络预约出租汽车经营许可证》；使用智能汽车作为校车，还要取得教育部主管的校车使用许可；当利用人工智能技术为电子签名相关各方提供真实性、可靠性验证的活动时，根据《电子签名法》，电子认证服务机构也要取得电子认证服务许可；医疗器械使用单位配置利用人工智能技术的大型医用设备时，根据《医疗器械监督管理条例》，也需要符合卫生部门大型医用设备配置规划，与其功能定位、临床服务需求相适应，具备技术和人员条件等，取得大型医用设备配置许可证等等。

《行政许可法》第十二条明确指出，涉及国家安全、公共安全、经济宏观调控、生态环境保护以及人身健康和生命财产安全等关键领域的特定活动，可依法设定行政许可。为了维护这些至关重要的法益，相关法律法规的及时更新与调整显得尤为必要。在此背景下，除了已有的行业行政许可和备案要求外，未来可能还会出现新的行政许可和备案要求，以适应不断变化的形势。《个人信息保护法》第三十二条就授权相关法律和行政法规对处理敏感个人信息的个人信息处理者设定行政许可，为创设相应的行政许可制度提供了法律依据。因此，除了处理敏感个人信息，对于利用人工智能技术从事其他可能影响个人基本权利的行为也必须遵循未来制定的相应法律规定，使个人的基本权利得到全面且有效的保障。

第四章　人工智能研发者、提供者义务

第一节　一般规定

第三十四条　安全性义务　人工智能研发者、提供者应当在将人工智能投入使用或投放市场前开展安全评估，防范安全风险，保障人工智能全生命周期的安全、稳健运行，符合预期目的。人工智能研发者、提供者应当保存安全评估报告，保存期限不少于五年。

人工智能研发者和提供者应当及时发布最佳安全实践，引导使用者安全、正确地使用人工智能。

人工智能研发者、提供者按照本法规定的记录、技术文件等要求，保证可追溯性，在发生事故时可以及时并准确地追溯、定位问题，保障人工智能的安全性。

【起草参考】

欧盟《人工智能法》第15条、美国《关于开发和使用安全、可靠和可信人工智能的行政命令》、美国七家头部人工智能企业自愿安

全承诺①

【相关规定】

《互联网信息服务算法推荐管理规定》第七条、第二十七条；《互联网信息服务深度合成管理规定》第七条、第十五条第二款、第二十条；《生成式人工智能服务管理暂行办法》第十三条

【条文释义】

本条是关于人工智能研发者、提供者的安全性义务。

我国人工智能治理的相关规定均将安全性义务作为提供者的义务。如《互联网信息服务算法推荐管理规定》和《互联网信息服务深度合成管理规定》都规定，“提供者应当落实信息安全主体责任，建立健全用户注册、算法机制机理审核、科技伦理审查、信息发布审核、数据安全、个人信息保护、反电信网络诈骗、应急处置等管理制度，具有安全可控的技术保障措施”；《生成式人工智能服务管理暂行办法》第十三条则规定，“提供者应当在其服务过程中，提供安全、稳定、持续的服务，保障用户正常使用”，对安全义务的范畴和要点作出了更明确的阐述。

《示范法》第一章总则第五条规定，“从事人工智能研发、提供和使用活动，应当采取必要措施保障研发、提供和使用的人工智能及相关网络数据的安全”，将安全性原则明确规定为人工智能治理的基本原则之一。本条对安全性原则进一步明确了安全义务的落实，包括义务承担主体、义务内容。

① See THE WHITE HOUSE：FACT SHEET：Biden-Harris Administration Secures Voluntary Commitments from Leading Artificial Intelligence Companies to Manage the Risks Posed by AI，published on July 21，https：//www.whitehouse.gov/briefing-room/statements-releases/2023/07/21/fact-sheet-biden-harris-administration-secures-voluntary-commitments-from-leading-artificial-intelligence-companies-to-manage-the-risks-posed-by-ai/，last visited on May 22，2024.

一 义务主体

安全性义务的主要承担者应当是人工智能研发者和提供者，因为人工智能的研发者决定了人工智能的意图、基本原理、可实现目标以及方式，而人工智能提供者更进一步在具体的场景中决定了如何部署和使用人工智能，上述因素都将影响人工智能的安全性。

二 安全评估

《互联网信息推荐服务管理规定》第二十七条规定，具有舆论属性或者社会动员能力的算法推荐服务提供者应当按照国家有关规定开展安全评估。《互联网信息服务深度合成管理规定》《生成式人工智能服务管理暂行办法》也有类似规定。本条规定既衔接现有算法管理的相关规定，又明确了安全评估在人工智能安全性中的重要意义。

经济合作与发展组织发布的《关于人工智能的建议》（*Recommendation of the Council on Artificial Intelligence*）提出负责任、可信人工智能的基本原则。其中，关于稳健性、安全和保障的原则强调，人工智能系统在其整个生命周期中应是稳健、安全的，以便在正常使用、可预见的使用或误用或其他不利条件下，能够适当地发挥作用，不构成不合理的安全风险。经济合作与发展组织所提出的原则已获得全球普遍地接受。在全球人工智能治理的共识中，安全性的含义包含安全（Safety）、稳健，可以按照预期的意图与目的运行，也包括代表网络安全、数据安全、模型安全等的安全（Security）。所以，该条款清晰地阐释了《示范法》中安全性的含义，不再局限于传统意义上的网络安全和数据安全，而是进一步提出通过在人工智能投入使用或投放市场前进行安全评估的方式来识别和控制风险。

目前安全评估在全球范围内以及国内都尚未形成具有互操作性、统一的标准与方法。在我国，依据《互联网信息推荐服务管理规定》

等进行算法备案时应当提交的算法安全自评估报告来分析，应当分别对算法数据（包括输入数据、输出数据以及整个算法流程的最终结果数据）的类型、来源和规模等，算法模型（包括模型类型、模型结构、优化目标、评价指标），干预策略（如去重机制、透明度和可解释性优化机制），算法在服务中应用情况进行梳理，进一步评估算法滥用、算法漏洞、算法恶意利用等风险，并结合风险防控机制评估人工智能的风险。

作为支撑《生成式人工智能服务管理暂行办法》的文件《生成式人工智能服务安全基本要求》，提出提供者需遵循的安全基本要求。提供者在向相关主管部门提出生成式人工智能服务上线的备案申请前，应按照该文件中各项要求逐条进行安全性评估，并在备案时提交评估结果以及证明材料。安全评估的对象包括：语料安全，即语料来源合法合规、语料涉及的信息安全以及内容安全、语料标注的准确性和公平性；模型安全，即确保模型生成内容的合规性、模型的透明度等；采取的安全措施，即儿童保护、个人信息保护、生成内容的标注等。

目前国内已形成了一套基于现行法律规定以及人工智能所产生风险的安全评估机制。未来应当依据人工智能的立法并基于人工智能能力和应用场景突破所产生的风险，比如前沿人工智能所产生的极端风险等设计相应的安全评估方法和评估标准。

三 发布安全最佳实践指引

人工智能的风险与所适用的场景高度关联。比如，K 临近算法被用于癌症筛查，可以高效地计算癌症患病率，但被用于招聘场景则可能会产生对某类人群的歧视。因此，如何使用人工智能是人工智能安全风险控制机制里的重要一环。随着大模型的发展，通用人工智能是具有通用性价值的，不限定特定场景，而不同的使用场景将会发生的风险不同，比如生成式人工智能对话服务，存在不准确性与幻觉等缺陷，其在作为购物网站助手和作为医疗诊断助手时产生的风险就是不同的。同时，人工智能尤其是机器学习，可以在使用过程中通过数据进一步优化、迭代，所以人工智能的风险不是在发布时就已经固化了，可能会在使用过程中发生如数据偏移、数据投毒等情况，导致人工智能被滥用或者未能实现其预期目的。因此，管控使用风险是人工智能治理的重要环节。而对于用户而言，人工智能的技术复杂性往往超出用户的能力水平，为了保障用户可以正确使用人工智能，人工智能研发者、提供者应当及时发布最佳安全实践，引导用户正确、安全地使用人工智能。

发布安全最佳实践，在网络安全领域是一种常见的措施，比如，再好的安全机制也无法防御用户使用弱密码带来的安全风险，因此，从设计着手的安全原则建议企业为用户提供最佳安全实践，共同构建产品的安全机制。

四　可追溯性

经济合作与发展组织发布的《关于人工智能的建议》强调稳健性、安全和保障的原则的同时，也强调要确保可追溯性，包括与人工智能系统生命周期中的数据集、流程和决策有关的可追溯性，以便能够分析人工智能系统的结果和响应发生事故时的调查。可追溯性在保障安全、稳健性上具有重要的价值和意义，可以通过对发生事故时进行溯源分析，进而评估风险源以及制定未来的防控措施，能有效地对实际发生风险进行调整，以提升安全性。

本条也借鉴信息安全与个人信息保护机制中的记录义务。例如，《个人信息保护法》第五十六条、欧盟《通用数据保护条例》均规定对个人信息处理情况进行记录与保存。

因此，本条将技术文件和记录作为可追溯性的履行机制，用以保障安全性，同时落实问责原则。

【域外比较】

一　欧盟对安全性及记录义务的要求

欧盟《人工智能法》规定，高风险人工智能系统应当满足该法第15条准确性、稳健性和网络安全以及第12条记录留存的要求。

第15条“准确性、稳健性和网络安全”规定：1. 在设计和开发高风险人工智能系统时，应使其达到适当的准确性、稳健性和网络安全水平，并在其整个生命周期内始终在这些方面保持一致。2. 为解决如何衡量本条第1款规定的适当准确性和稳健性水平以及任何其他相关性能指标的技术问题，委员会应与利益相关方和组织，如计量和基准制定机构合作，酌情鼓励制定基准和计量方法。3. 高风险人工智能系统的准确性等级和相关准确性指标应在随附的使用说明中公布。4. 高风险人工智能系统应尽可能避免系统内部或系统运行环境中可能出现的错误、故障或不一致，特别是由于系统与自然人或其他系统的互动而造成的错误、故障或不一致。在这方面应采取技术和组织措施。高风险人工智能系统的稳健性可通过技术冗余解决方案来实现，其中可能包括备份或故障安全计划。高风险人工智能系统在投放市场或投入使用后仍在继续学习，其开发方式应尽可能消除或减少可能有偏差的输出影响未来操作输入的风险（“反馈回路”），并采取适当的缓解措施。5. 高风险人工智能系统应具备韧性，以防未经授权的第三方试图利用系统漏洞改变其使用、输出或性能。技术解决方案应当确保高风险人工智能系统网络安全与相关情况和风险相适应。处理人工智能特定漏洞的技术解决方案应酌情包括以下措施：预防、检测、应对、解决和控制试图篡改训练数据集（数据投毒）或篡改用于训练的预训练组件（模型投毒）的攻击、旨在导致模型出错的输入（对抗性示例或模型规避）、保密性攻击或者模型的缺陷。

第12条“记录义务”规定：1. 高风险人工智能系统应在技术上允许自动记录系统生命周期内的事件，即日志。2. 为了确保人工智能系统功能的可追溯程度与系统的预期目的相适应，日志记录功能应能够记录与以下方面相关的事件：a. 确定可能导致人工智能系统产生第四十八章人工智能研发者、提供者义务第 79 条第 1 款意义上的风险或进行实质性修改的情况；b. 促进第 72 条所述的后市场监测；以及 c. 监督第 26 条第 6 款所述高风险人工智能系统的运行。3. 对于附件三第一款第 a 节所述的高风险人工智能系统，日志记录能力至少应具备以下功能：（a）记录每次使用系统的时间，每次使用的开始日期和时间以及结束日期和时间；（b）系统对输入数据进行核对的参考数据库；（c）搜索结果匹配的输入数据；（d）第 14 条第 5 款所述参与核查结果的自然人的身份。

欧盟《人工智能法》对于安全性、稳健性与网络安全性做了全面的阐述，明确了应避免错误、不一致；稳健性可以通过故障安全等来实现，并保证具有韧性、足以应对网络安全攻击。值得注意的是该法提出了针对在使用者使用人工智能阶段可能发生的风险。条款更加明确了通过安全评估与发布最佳安全实践的方式，以落实安全性义务。

欧盟《人工智能法》对于记录义务的规定，同样明确了保障可追溯性，更进一步说明了记录义务的范围以及具体日志记录功能的要点。

二　美国企业的自愿承诺及政府行政令的指导

美国总统拜登在 2023 年 7 月召集了七家人工智能头部企业，并获得了上述企业作出自愿承诺，以应对人工智能带来的风险。为确保人工智能技术的安全性，上述企业承诺：在向公众推出产品之前，确保产品是安全的。在人工智能系统发布前进行内部和外部的安全测试。这些测试，部分由独立专家进行，防范了一些最重要的人工智能风险源（如生物安全和网络安全），以及其对社会造成进一步的不利影响。企业承诺同业界、政府机构、民间和学术界分享关于应对人工智能风险的信息，包括与保障安全相关的最佳实践、尝试绕过安保措施的信息和技术合作。

《关于开发和使用安全、可靠和可信人工智能的行政命令》对安全、可靠提出了如下政策和原则：人工智能必须安全可靠。实现这一目标需要对人工智能系统以及政策、机构和其他适当的机制进行稳健、可靠、可重复和标准化的评估，目的是在这些系统投入使用之前测试、理解和减轻风险。它还需要解决人工智能系统最紧迫的安全风险，包括生物技术、网络安全、关键基础设施和其他国家安全危险，同时应对人工智能的不透明性和复杂性。测试和评估，包括部署后性能监控，将有助于确保人工智能系统按预期运行，能够抵御误用或危险修改，以合乎道德的、安全的方式开发和运行，并符合联邦法律和政策。

总结而言，美国在行政命令中对人工智能的安全进行了宏观层面的规制，包括提出稳健、可靠、可重复性和标准化的要求，在投放市场或投入使用前的安全测试以及部署后的监测的要求。而企业的自愿承诺更从落地层面提出了安全测试以及发布最佳安全实践的具体性措施。

第三十五条 安全漏洞管理义务 鼓励相关组织和个人向人工智能研发者、提供者通报其产品、服务存在的安全漏洞。

人工智能研发者、提供者应当按照相关规定履行安全漏洞管理义务，确保其安全漏洞得到及时修补和合理发布，并指导支持使用者采取防范措施。

【起草参考】

《网络产品安全漏洞管理规定》第六条、第七条。

【相关规定】

《互联网信息服务算法推荐管理规定》第七条、第二十七条；《互

联网信息服务深度合成管理规定》第七条；《网络产品安全漏洞管理规定》第六条、第七条

【条文释义】

本条是关于人工智能研发者、提供者的安全漏洞管理义务。

我国对于安全漏洞有完善的管理规定。《网络产品安全漏洞管理规定》第六条规定，鼓励相关组织和个人向网络产品提供者通报其产品存在的安全漏洞；第七条规定，网络产品提供者应当履行下列网络产品安全漏洞管理义务，确保其产品安全漏洞得到及时修补和合理发布，并指导支持产品用户采取防范措施：（一）发现或者获知所提供网络产品存在安全漏洞后，应当立即采取措施并组织对安全漏洞进行验证，评估安全漏洞的危害程度和影响范围；对属于其上游产品或者组件存在的安全漏洞，应当立即通知相关产品提供者。（二）应当在 2 日内向工业和信息化部网络安全威胁和漏洞信息共享平台报送相关漏洞信息。报送内容应当包括存在网络产品安全漏洞的产品名称、型号、版本以及漏洞的技术特点、危害和影响范围等。（三）应当及时组织对网络产品安全漏洞进行修补，对于需要产品用户（含下游厂商）采取软件、固件升级等措施的，应当及时将网络产品安全漏洞风险及修补方式告知可能受影响的产品用户，并提供必要的技术支持。

人工智能安全漏洞是指人工智能技术在应用中存在的可能被恶意利用的安全弱点或缺陷。开放式 Web 应用程序安全项目（OWASP）发布了大语言模型应用十大安全漏洞①，包括提示注入、输出处理不安全、训练数据投毒、拒绝服务攻击、供应链漏洞、敏感信息披露、插件设计不安全、过多权限、过度依赖、模型窃取。防控安全漏洞，是保障人工

① See OWASP, Top 10 for Large Language Model Applications, published on April 11, 2024, https: //owasp. org/www-project-top-10-for-large-language-model-applications/, lasted visited on May 23, 2024。

智能安全的重要义务之一。因此，本条强调了防控安全漏洞在人工智能治理中的重要性，同时也衔接了我国关于安全漏洞的管理规定，提供了有效的安全漏洞管理机制。

【域外比较】

一 美国企业在自愿承诺中对 AI 安全漏洞提出的管控

美国七家人工智能头部企业，对安全性作出了如下自愿承诺，提出了对安全漏洞的管控："二、构建安全为首的人工智能系统。公司承诺投资建立网络安全和内部威胁保护措施，以保护专有的和未发布的人工智能模型权重。这些模型权重是人工智能系统最重要的部分。公司承诺，在公司有意发布模型并且模型存在安全风险时，其会公布相关模型权重。公司承诺敦促第三方检查并报告他们人工智能系统中的漏洞。因为即使在人工智能系统发布后，相关问题仍然可能存在，而强大的报告机制则让这些问题能够被快速找到并修复。"

二 七国集团关于 AI 安全漏洞的指导原则与行为指导

《G7 广岛进程：开发高级人工智能系统的组织的国际指导原则》规定，开发高级人工智能的整个过程应采取适当措施识别、评估和降低风险，同时规定"在部署（包括投放市场）后识别和减少漏洞，并酌情识别和减少滥用事件和模式"。配套的国际守则具体规定，"各组织应根据风险程度酌情使用人工智能系统，并在部署后监测漏洞、事件、新出现的风险和滥用情况，并采取适当行动解决这些问题。例如，鼓励各组织考虑在部署后促进第三方和用户发现并报告问题和漏洞，如通过奖赏系统、竞赛或奖品来激励负责任地披露脆弱点。进一步鼓励各组织与其他利益相关方合作，对报告的事件保存适当的文档，并降低已发现的风险和漏洞。在适当的情况下，报告漏洞的机制应便于不同的利益相关者使用。"

第三十六条　审计义务　人工智能研发者、提供者应当按照国家有关规定及国家人工智能主管机关的要求进行审计，核验输入数据、算法模型、输出数据等的合规性，对人工智能产品、服务活动是否遵守法律、行政法规的情况进行审查和评价。

【起草参考】

《个人信息保护法》第五十四条

【相关规定】

《互联网信息服务算法推荐管理规定》第八条；《互联网信息服务深度合成管理规定》第十五条第一款

【条文释义】

本条是关于人工智能研发者、提供者的定期审计义务。

一　定期审计的意义和价值

（一）本条衔接现行法律规定的定期核验算法义务

我国现行法律规定了定期对算法进行核验的义务。《互联网信息服务算法推荐管理规定》第八条规定，算法推荐服务提供者应当定期审核、评估、验证算法机制机理、模型、数据和应用结果等。《互联网信息服务深度合成管理规定》第十五条第一款规定，深度合成服务提供者和技术支持者定期审核、评估、验证生成合成类算法机制机理。人工智能具有不断迭代的特性，可能在部署后进行再训练迭代，也可能在部署后使用中通过反馈回路来自我优化，人工智能的安全与合规风险不能完全依赖于在投入使用或投放市场前的安全评估，应当设立定期核验机制。本条在衔接现行法律规定的定期核验义务的基础上，进一步明确为定期审计义务。

（二）突出审计的独立性价值

人工智能审计是一个独立的、系统性的评估过程，旨在验证人工智能系统是否符合既定的政策、标准和法规要求。审计过程检查人工智能系统的治理结构、数据处理实践、算法透明度、伦理合规性以及系统性能。

从安全评估与人工智能审计之间的区别和关系来看：（1）安全评估更侧重于预测和预防，它关注识别和评估未来可能发生的风险；审计则侧重于验证和确认，它关注评估人工智能系统当前的状态和操作是否符合既定的标准和要求；（2）相比于安全评估作为内部治理结构而言，基于审计的特性，无论是内部审计还是外部审计，人工智能审计会更具有独立性，对于证明人工智能的安全性和合规性具有更有效的验证作用，可以提升用户和监管机构对人工智能的信心；（3）从二者的关系来说，安全评估和审计在人工智能治理中是互补的。风险评估提供了审计的输入，帮助审计师了解应该关注的关键领域。同时，审计结果可以为风险评估提供反馈，帮助组织更新其风险管理策略。

二　定期审计的范围和框架

本条首先明确定期审计的范围是输入数据、算法模型、输出数据、人工智能产品和服务；其次明确定期审计的标准，即合规性，应当依据《示范法》以及相关法律法规对人工智能的开发、应用应尽的合规性要求进行梳理，作为审计的标准。

审计的框架和方法应基于审计的工作流程，以保证审计的独立性和专业性。根据国际信息系统审计协会（ISACA）发布的《人工智能审计指南》①，应当采取如下步骤：首先，应定义审计的范围和目标，考虑

① see ISACA：Auditing Guidelines for Artificial Intelligence，published on December 21，2020，https：//www. isaca. org/resources/news－and－trends/newsletters/atisaca/2020/volume－26/auditing－guidelines－for－artificial－intelligence，lasted visited on May 22，2024

人工智能对组织所产生的风险；其次，审计的范围应考虑合规性与技术两个方面，合规性是指对用户造成的风险等，技术是指评估机器学习、数据科学和网络安全相关的风险等；再次，采取风险和控制矩阵来记录和评估风险，以及相关控制措施的有效性。

【域外比较】

英国信息专员办公室（ICO）于2020年发布的《人工智能审计框架指南（公开征求意见稿）》①，是人工智能在数据保护方面的合规审计框架指南，旨在帮助组织理解和管理AI系统在数据处理方面的合规性。框架的结构分为四个主要部分，每个部分都包含了一系列的关键要素和指导原则。

1. 问责与治理

该部分包括如下内容：（1）数据保护影响评估：组织在设计和部署人工智能系统前，应进行数据保护影响评估，以识别和评估潜在的风险；（2）控制者/处理者关系：明确在人工智能系统中，哪些组织或个人是控制者，哪些是处理者，以及他们各自的责任；（3）权衡管理：在设计和使用人工智能系统时，需要考虑隐私、准确性、公平性等不同利益之间的权衡；（4）统计准确性：确保人工智能系统的输出在统计上是准确的，同时避免歧视和偏见；（5）风险管理：组织应建立风险管理策略，以识别、评估和减轻AI系统可能带来的风险。

2. 合法、公平和透明处理

该部分包括如下内容：（1）合法基础：在处理个人数据时，必须有一个合法的基础，如用户同意、合同履行或法律义务；（2）性能评估：定期评估AI系统的性能，确保其输出的准确性和公正性；（3）歧视缓解：采取措施防止AI系统产生歧视性结果，确保数据处理的公

① ICO：Guidance on the AI audit framework（Draft guidance for consultation），see https：//ico. org. uk/media/about-the-ico/consultations/2617219/guidance-on-the-ai-auditing-framework-draft-for-consultation. pdf.

平性。

3. 数据最小化与安全

该部分包括如下内容：（1）安全风险：识别和评估 AI 系统可能引入的安全风险，如数据泄露、软件漏洞等；（2）数据最小化技术：采用数据扰动、差分隐私等技术，以减少对个人数据的依赖，同时保持人工智能系统的有效性；（3）隐私保护技术：实施技术措施，如加密和匿名化，以保护个人数据的隐私。

4. 促进用户权利的行使

该部分包括如下内容：（1）用户权利：确保个人能够行使其在 AI 系统中的权利，如访问、更正、删除和反对自动化决策；（2）人类监督：在 AI 决策过程中保持适当的人类监督，以确保决策的合法性和透明度；（3）解释性：提供关于 AI 系统决策逻辑的解释，帮助个人理解并挑战自动化决策。

每个部分都强调了在人工智能系统的设计、开发、部署和运营过程中，组织需要考虑的关键问题。框架旨在帮助组织建立一个全面的风险管理策略，确保人工智能的合规性，并保护个人数据的安全和隐私。

虽然该指南是在大模型浪潮之前发布的，不能涵盖新技术所带来的新风险，范围也只限定于个人信息保护领域，但其有关人工智能审计标准的框架值得借鉴。

此外，2023 年，英国政府发布《促进创新的人工智能监管路径》白皮书，提出运用可信人工智能的工具来支持实施人工智能治理，即人工智能保障技术与标准。该白皮书明确提出需要有一个人工智能保障技术集合，以衡量、评估和沟通人工智能系统在整个开发和部署生命周期中的可信度。《人工智能保障机制介绍》明确提出，保障措施包含了偏见审计、合规审计等审计措施，还提出了通过市场化的运作以第三方主体来进行审计的方式，来提升人工智能的可信度。

第三十七条　补救和通知义务　人工智能研发者、提供者应当加强风险监测，发现安全缺陷、漏洞等风险时，应当立即采取补救措施。

人工智能研发者发现所研发的人工智能发生安全事件时，应当立即采取处置措施，并通知人工智能提供者，人工智能提供者按照本条第三款规定履行通知义务。人工智能提供者发现所提供的人工智能发生安全事件时，应立即采取措施，按照本条第三款规定履行通知义务，并及时通知人工智能研发者。

人工智能提供者应当立即采取处置措施，按照国家有关规定及时告知使用者并向主管机关报告以下事项：

（一）安全事件的发生过程、影响范围；

（二）人工智能提供者已采取的补救措施和使用者可以采取的减轻危害的措施；

（三）人工智能提供者的联系方式。

人工智能提供者采取措施可以有效避免对使用者造成实质损害的，可以不通知使用者；国家人工智能主管机关认为可能造成危害的，有权要求其通知受影响的使用者。

人工智能研发者在发现安全事件或收到提供者通知发生安全事件后应当立即进行评估。如果评估发现研发阶段存在问题风险的，应当立即通知其他人工智能提供者，在问题风险解决前，暂停或下架人工智能产品、服务。其他人工智能提供者收到通知的，应当立即采取处置措施，管控产品、服务风险。

【起草参考】

《个人信息保护法》第五十七条；《网络安全法》第二十五条；《数据安全法》第二十九条

【相关规定】

《互联网信息服务算法推荐管理规定》第七条；《互联网信息服务深度合成管理规定》第七条；《个人信息保护法》第五十七条；《网络安全法》第二十五条；《数据安全法》第二十九条

【条文释义】

本条是关于人工智能研发者、提供者在发生安全事件后的补救与通知义务。

《互联网信息服务算法推荐管理规定》规定，应当落实算法安全主体责任，包括安全评估监测、安全事件应急处置等管理制度和技术措施。《互联网信息服务深度合成管理规定》也落实了相应的义务。

人工智能服务如果是基于网络，并充分利用了数据，应遵守《网络安全法》《数据安全法》《个人信息保护法》等法律有关安全事件的明确规定。《网络安全法》第四十二条第二款规定，网络运营者应当采取技术措施和其他必要措施，确保其收集的个人信息安全，防止信息泄露、毁损、丢失。在发生或者可能发生个人信息泄露、毁损、丢失的情况时，应当立即采取补救措施，按照规定及时告知用户并向有关主管部门报告。《数据安全法》第二十九条规定，开展数据处理活动应当加强风险监测，发现数据安全缺陷、漏洞等风险时，应当立即采取补救措施；发生数据安全事件时，应当立即采取处置措施，按照规定及时告知用户并向有关主管部门报告。《个人信息保护法》第五十七条规定，发生或者可能发生个人信息泄露、篡改、丢失的，个人信息处理者应当立即采取补救措施，并通知履行个人信息保护职责的部门和个人。通知应当包括下列事项：（一）发生或者可能发生个人信息泄露、篡改、丢失的信息种类、原因和可能造成的危害；（二）个人信息处理者采取的补救措施和个人可以采取的减轻危害的措施；（三）个人信息处理者的联系方式。个人信息处理者采取措施能够有效避免信息泄露、篡改、丢失造成危害的，个人信息处理者可以不通知个人；履行个人信息保护职责的部门认为可能造成危害的，有权要求个人信息处理者通知个人。

本条是基于人工智能产业链的特殊性作出的规定。人工智能有其特殊的产业链，存在多种行为，包括模型开发、数据标注、模型微调、模型与应用结合开发、人工智能部署、人工智能分发等。为了简化治理架构，本法将行为主体分为了人工智能研发者、提供者和使用者，而提供者是将人工智能向公众提供的行为主体，是面对使用者和公众的第一责任主体，但对于研发过程中的问题所导致的风险，提供者可能也无法准确获知和进行调整。因此，本条款基于人工智能产业链的特殊性作出规定，对补救和通知义务做出具体化，也便于人工智能研发者和提供者明确各自的义务，对法律义务有稳定的预期。

人工智能研发者发现安全事件时，应当立即采取补救措施并通知人工智能提供者，由人工智能提供者履行向主管机关和使用者（若造成实质损害的）的通知义务。同时，人工智能研发者在评估后认为研发阶段存在风险，应当立即通知其他的人工智能提供者，采取相应的暂停、下架等措施，避免风险扩散。

若人工智能提供者发现安全事件，应当立即采取措施，并履行向主管机关和使用者（若造成实质损害的）的通知义务，且及时通知人工智能研发者进行评估，若是在研发阶段产生的风险，需要及时处置，并在处置之前由人工智能研发者通知其他人工智能服务者及时采取暂停、下架等措施，避免风险扩散。

【域外比较】

欧盟《人工智能法》对纠正措施和通知义务有明确的规定，这些规定考虑到了人工智能产业链的特性。

该法第 20 条“纠正和提供信息的义务”规定，高风险人工智能系统的提供者如认为或有理由认为其投放市场或投入使用的高风险人工智能系统不符合本条例的规定，应立即采取必要的纠正措施，使该系统符合规定，酌情予以撤回、禁用或召回。他们应通知有关高风险人工智能系统的分销者，并酌情通知部署者、授权代表和进口者。

如果高风险人工智能系统存在第20条“纠正行动和提供信息的义务”意义上的风险，且提供者意识到该风险，则应立即与报告风险的部署者合作调查原因，并通知其提供高风险人工智能系统所在成员国的市场监督管理机关，以及根据第44条为高风险人工智能系统颁发认证的通知机关，通知内容包括不合规的性质和采取的任何相关纠正措施。

第三十八条 公开透明性义务 人工智能提供者提供与自然人互动的人工智能服务，应当在使用者使用人工智能前，以简洁、清晰、易于理解的方式，告知与人工智能产品、服务进行交互的自然人，其正在与人工智能服务进行交互。但是，自然人从使用的场景中可以判断的除外。

提供深度合成服务的人工智能提供者还应当根据国家有关规定，对合成内容进行合理标识，向公众提示深度合成情况。

人工智能提供者应当在使用者使用人工智能前，以适当的方式告知使用者以下信息：

（一）产品、服务的基本原理、目的意图和主要运行机制；

（二）产品、服务的许可或备案公示信息；

（三）使用者享有的权利和救济渠道；

（四）法律、行政法规规定的其他信息。

人工智能研发者应当配合提供者履行上述义务。

【起草参考】

《互联网信息服务算法推荐管理规定》第十六条；《互联网信息服务深度合成管理规定》第十六条、第十七条；《生成式人工智能服务管

理暂行办法》第十条、第十二条

【相关规定】

《互联网信息服务算法推荐管理规定》第十六条；《互联网信息服务深度合成管理规定》第十六条、第十七条；《生成式人工智能服务管理暂行办法》第十条、第十二条

【条文释义】

本条是关于人工智能研发者、提供者的公开透明性义务。

一　公开透明性在人工智能治理中的价值与意义

透明度被视为人工智能治理的关键要素，有助于确保人工智能系统的决策过程是可理解、可追溯和可问责的。通过提高透明度，可以增强用户对人工智能系统的信任，促进公平性，支持内部治理，改善人机协作，并解决法律责任问题。

经济合作与发展组织发布的《关于人工智能的建议》（*Recommendation of the Council on Artificial Intelligence*）提出的负责任、可信人工智能的基本原则之一"透明和可解释"规定，人工智能行为主体应致力于人工智能系统的透明度和负责任的披露。为此，他们应该提供有意义的信息，与场景相适应，并与技术发展水平相一致：

i. 以促进对人工智能系统的普遍理解；

ii. 以使利益相关者了解他们与人工智能系统的互动，包括在工作场所；

iii. 使受人工智能系统影响的人能够理解结果；

iv. 使那些受到人工智能系统不利影响的人能够根据关于作为预测、建议或决定基础的因素和逻辑的简单易懂的信息来质疑其结果。

公开透明性描述了负责任的披露，以确保人们知道人工智能被用于预测、建议或决策，或用于互动（如聊天机器人）。人工智能应用的日益普遍可能会影响某些情况下披露的有效性或可行性。透明性也意味着

使人们能够了解人工智能系统是如何在应用领域中开发、训练、运行和部署的。

二　我国相关法律规定

我国相关法律对人工智能的公开透明性有明确规定。《互联网信息服务算法推荐管理规定》规定，算法推荐服务提供者应当以显著方式告知用户其提供算法推荐服务的情况，并以适当方式公示算法推荐服务的基本原理、目的意图和主要运行机制等。针对深度合成服务，《互联网信息服务深度合成管理规定》规定，"深度合成服务提供者对使用其服务生成或者编辑的信息内容，应当采取技术措施添加不影响用户使用的标识，并依照法律、行政法规和国家有关规定保存日志信息。深度合成服务提供者提供以下深度合成服务，可能导致公众混淆或者误认的，应当在生成或者编辑的信息内容的合理位置、区域进行显著标识，向公众提示深度合成情况：（一）智能对话、智能写作等模拟自然人进行文本的生成或者编辑服务；（二）合成人声、仿声等语音生成或者显著改变个人身份特征的编辑服务；（三）人脸生成、人脸替换、人脸操控、姿态操控等人物图像、视频生成或者显著改变个人身份特征的编辑服务；（四）沉浸式拟真场景等生成或者编辑服务；（五）其他具有生成或者显著改变信息内容功能的服务。深度合成服务提供者提供前款规定之外的深度合成服务的，应当提供显著标识功能，并提示深度合成服务使用者可以进行显著标识"。针对生成式人工智能服务，《生成式人工智能服务管理暂行办法》规定提供者应当按照《互联网信息服务深度合成管理规定》对图片、视频等生成内容进行标识。

三　本条是对现行法律要求的扩展

本条对于深度合成内容的要求采取了直接引用的方式，保持与现行法律规定一致。同时，对于告知义务方面进行了扩展和完善，具体体现在以下两个方面：

（一）告知内容的优化，除了已经规定的“基本原理、目的意图和主要运行机制”，以及备案公示信息外，考虑到本法规定的许可机制，本条的告知内容增加了许可公示信息。更进一步来说，正如，欧盟《人工智能法》与经济合作与发展组织《关于人工智能的建议》所提到的透明性要求，提供的信息应当使使用者理解，并有权提出质疑和获得救济，因此，本条的规定告知内容增加了使用者享有的权利和救济渠道两项。同时，公开透明性不要求披露源代码或其他专有代码或数据集，因为所有这些都可能在技术上过于复杂，而且源代码和数据集也可能受到知识产权、商业秘密等相关规定的限制。

（二）在产业实践中，人工智能的基本原理、目的意图和主要运行机制是在人工智能设计研发时确定的，也有在人工智能提供者部署到具体的应用场景中时独立或与研发者一起进行了调整和迭代，所以本条基于人工智能的产业链特性，明确划分义务边界，增加法律适用的稳定性。本条明确规定透明性义务的履行主体是人工智能提供者，但人工智能研发者应当配合提供者履行该义务。

【域外比较】

一　欧盟《人工智能法》中关于透明性的规定

欧盟《人工智能法》既规定了透明性的基本要求，又针对不同的适用对象分别作了对应的透明性要求。比如，对生成式内容要求进行标注。

该法第50条是有关特定人工智能系统和通用目的人工智能的提供者和部署者的透明性规定。

1. 提供者应确保意图与自然人直接互动的人工智能系统的设计和开发方式应使有关自然人知道他们正在与一个人工智能系统互动，除非从一个合理知情、善于观察和谨慎的自然人的角度来看，考虑到使用的情况和场景，这一点是显而易见的。

这一义务不适用于法律授权用于侦查、预防、调查和起诉刑事犯罪的人工智能系统，但第三方的权利和自由应得到适当保障，除非这些系统可供公众举报刑事犯罪。

2. 生成合成音频、图像、视频或文本内容的人工智能系统，包括通用目的人工智能系统的提供者应确保人工智能系统的输出以机器可读的格式进行标注，并且可检测其系人为生成或操纵。在技术可行的情况下，提供者应确保其技术解决方案是有效、可互操作、稳健和可靠的，同时考虑到不同类型内容的特殊性和局限性、实施成本以及相关技术标准中可能反映的公认的先进技术。

如果人工智能系统执行的是标准编辑的辅助功能，或没有实质性地改变部署者提供的输入数据或其语义，或经法律授权用于侦查、预防、调查和起诉刑事犯罪，则本义务不适用。

3. 情感识别系统或生物特征分类系统的部署者应将该系统的运行情况告知接触该系统的自然人，并根据适用的2016/679号条例、2016/1725号条例和2016/280号指令处理个人数据。这项义务不适用于用于生物特征分类和情感识别的人工智能系统，因为法律允许在遵守欧盟法律的前提下，在适当保障第三方权利和自由的情况下，检测、预防和调查刑事犯罪。

4. 人工智能系统的部署者在生成或操纵构成深度伪造的图像、音频或视频内容时，应披露该内容是人为生成或操纵的。本义务不适用于经法律授权用于侦查、预防、调查和起诉刑事犯罪的情况。如果内容构成明显具有艺术性、创造性、讽刺性、虚构类比的作品或节目的一部分，本款规定的透明度义务仅限于以不妨碍作品展示或欣赏的适当方式披露此类生成或篡改内容的存在。

如果人工智能系统生成或篡改的文本是为了向公众提供有关公共利益问题的信息而发布的，其部署者应披露该文本是人工生成或篡改的。这项义务不适用于以下情况：法律授权使用人工智能系统侦查、预防、调查和起诉刑事犯罪；人工智能生成的内容经过人工审核或编辑控制；自然人或法人对发布的内容负有编辑责任。

5. 第1—4款中所提及的信息最迟应在首次互动或接触时以清晰可辨的方式提供给相关自然人。信息应符合适用的无障碍要求。

6. 第1—4款不应影响本条例第三章规定的要求和义务，也不应影响欧盟或各国法律规定的人工智能系统用户的其他透明度义务。

7. 人工智能办公室应鼓励和促进在联盟一级起草行为守则，以促进有效履行有关检测和标注人工生成或篡改内容的义务。欧盟委员会有权根据第52e条第6—8款规定的程序，通过实施该法批准这些行为守则。如果委员会认为行为守则不够充分，则有权根据第73条第2款规定的审查程序，通过一项实施该法，明确规定履行这些义务的共同规则。

二　美国行政命令与法案草案：推动人工智能透明度与责任的措施

（一）《关于开发和使用安全、可靠和可信人工智能的行政命令》

美国《关于开发和使用安全、可靠和可信人工智能的行政命令》虽然没有明确提出公开透明性的原则，但是在各领域落实负责任地开发和部署安全、可靠、可信人工智能部分中都提到了公开透明要求。比如，命令第8节“保护消费者、患者、乘客和学生”提到“鼓励独立监管机构在其认为适当的情况下考虑利用其全部权力保护美国消费者免受欺诈、歧视和隐私，并解决使用人工智能可能产生的其他风险，并考虑制定规则，以及强调或澄清现有法律规定和指南适用于人工智能的情况，包括……强调或澄清与人工智能的透明度以及受监管实体解释其使用人工智能模型的能力相关的要求和期望”。

同时，该行政命令在保障人工智能安全原则方面提出减少合成内容带来的风险，对用于如下方面的技术和实践制定指南：（1）验证内容并追踪其来源；（2）标记合成内容，如使用水印；（3）检测合成成分；

（4）防止生成式人工智能制作儿童性虐待或制作未经同意的真实个人亲密图像；（5）测试用于上述目的的软件；（6）审核和维护合成内容。

（二）《人工智能基础模型透明度法案（草案）》

2023年12月22日，美国众议员Anna Eshoo和Don Beyer提交了《人工智能基础模型透明度法案》草案。该法案用于指示联邦贸易委员会（FTC）制定公开人工智能基础模型所使用的训练数据和算法信息的标准，也会用于其他目的。该法案对基础模型采取了技术参数定义，并提出了透明性的具体义务内容。

《人工智能基础模型透明度法案（草案）》规定，基础模型需要同时符合技术性要求以及技术安全的效果。从技术性要求上来说，应当符合：（1）使用广泛的数据进行训练；（2）一般采用自我监督；（3）一般包含至少1000000000参数；（4）广泛应用于各类场景；（5）在执行任务时，能展现出，或易于修改为能展现出高水平的表现，可能对安全、国家经济安全、国家公共健康或安全，或上述事项结合起来，造成风险。从技术安全的效果上来说，即使采取了技术安全措施，试图阻止用户使用不安全的能力，也会被认定为基础模型。

透明性义务分为形式要求与告知内容。形式要求包括应当在受控实体的网站上公示基础模型的信息，和应在联邦贸易委员会网站的集中位置上展示的基础模型的信息类型。告知内容包括如下信息：

（1）训练数据的来源（包括，个人数据收集以及协助版权人和数据许可持有人保护其版权或数据许可权相关信息），以及在推理过程中是否收集数据、如何收集保存数据。

（2）训练数据的规模和组成的描述，包括广泛的人口统计数据形成、语言信息和其他属性信息，同时兼顾隐私。

（3）数据治理流程的相关信息，包括这些训练数据是如何编辑或存档的。

（4）训练数据是如何标注的，以及标签有效性形成过程的评估。

（5）对预期目的的说明，以及可预见的基础模式的局限性或风险、该模型过去的编辑的概览、模型的版本以及该模型的发布日期。

（6）受控实体在使基础模型和透明性符合下述规定的行动：（A）NIST《人工智能风险管理框架》（及其后版本）；（B）类似的联邦政府所批准的一致性技术标准。

（7）在基于公共或行业标准的自我评估或审计评估中的表现，包括基础模型在回应提供不准确或有害信息可能造成较高风险的场景下的预防措施。可能包括如下场景：（A）医疗、健康或保健。（B）生物或化学合成。（C）网络安全。（D）选举。（E）治安，包括预测性治安。（F）金融贷款决定。（G）教育。（H）就业或雇用决定。（I）公共服务。（J）有关弱势群体的信息，包括儿童和受保护人群。

（8）用于训练和运行基础模型的算力信息

（9）其他 FTC 与 NIST 所长协商后确认的其他提升透明性的信息。

三　加拿大《人工智能与数据法（草案）》：提升高影响人工智能系统的透明度要求

加拿大拟议的《人工智能与数据法》（AIDA）提出了提高人工智能使用透明度的要求。透明度意味着向公众提供有关如何使用高影响人工智能系统的适当信息。该法案第 11 条规定，将高影响 AI 系统投入使用的主体，应当公布该系统的通俗易懂的说明，包括：该系统的预期使用用途、生成的内容类型或做出的决策、建议或预测类型，以及制定的风险缓解措施。所提供的信息应足以让公众了解系统的能力、局限性和潜在影响。

第三十九条　可解释性义务　人工智能产品、服务对个人权益有重大影响的，人工智能使用者有权要求提供者对产品、服务决策的过程、方式等作出解释，有权对不合理的解释进行投诉。

人工智能提供者应当综合考虑产品、服务的场景、性质和行业技术发展水平等因素，对使用者的要求及时作出反馈。

人工智能研发者应当配合提供者履行上述义务。

【起草参考】

《个人信息保护法》第二十四条第二款

【相关规定】

《个人信息保护法》第二十四条第二款；《互联网信息服务算法推荐管理规定》第十七条第三款

【条文释义】

本条是关于人工智能研发者、提供者的可解释性义务。

一　公开透明与可解释性的关系

正如《示范法》第三十八条所阐释的，公开透明性旨在负责任的披露，以确保人们知道人工智能被用于预测、建议或决策，或用于互动（如聊天机器人）。公开透明性是可解释性的前提。

可解释性意味着人工智能系统应该提供关于作为其预测、建议或决策基础的因素和决策过程的简单易懂的信息。可解释的人工智能系统的用户能够理解、挑战或质疑一个输出结果，寻求救济。可解释的人工智能系统的开发者和其他人工智能行为主体也能够识别问题，解除系统的故障，了解更多关于问题的信息，包括理解因果关系。考虑到适用的法律，可解释性要求可能因地点或使用场景而异。因此，同样的技术或方法可能并不适用于某个特定系统的所有情况。

二　本条在公开透明义务上明确了可解释义务的范畴

本条强调的是个体要求解释的权利，在公开透明性义务基础上进一步明确个体在什么情况下、对于什么可以提出可解释性的义务。正如《个人信息保护法》第二十四条第三款所规定的"通过自动化决策方式作出对个人权益有重大影响的决定，个人有权要求个人信息处理者予以说明"，《示范法》第三十八条已经明确规定了要求告知的义务，在此基础上若人工智能产品、服务对个人权益有重大影响的，则使用者有权要求就产品、服务决策的过程、方式等作出解释，比如决策过程中是否仅依据人工智能、是否有人类干涉等。正如《示范法》作为基本原则的公开透明可解释原则所要求的，要保障对人工智能的目的、原理和效果予以说明。

因人工智能所使用的场景、产品性质、受众等是不一致的，所以无法对可解释性义务的履行采取"一刀切"的要求。透明性的核心在于使公众信任人工智能，因此受众能理解告知的内容才是透明性履行的最终标准。因此本条明确要求应当综合考虑产品、服务的场景、性质、受众和行业技术发展水平等因素，充分保障未成年人、老年人、残障人士等特殊群体可以理解。

此外，因本条规定在"人工智能提供者、研发者义务"一章，本条明确了提供者对个体要求解释的情况的反馈义务，同样考虑到人工智能的产业链特性，本条也同时明确规定研发者需要履行配合的义务。

三　可解释性的相关工具

有多种方法来生成和提供对人工智能系统输出的解释和说明。可解释性和可解释性工具和技术既可以是针对模型的，也可以是与模型无关的，既可以是局部的，也可以是全局的。

特定模型与模型诊断工具。特定模型技术可应用于单一类别或类型的算法（如线性模型中的 P 值）；模型诊断技术则适用于多种类型的算法（如局部可解释模型诊断工具"LIME"）。

局部技术与全局技术。局部可解释性技术详细说明了模型是如何得出特定预测的，如显示对图像分类影响最大的像素子集（如使用“Shapley 值”等技术）；全局技术详细说明了哪些特征对模型整体而言是重要的（如使用评估特征或变量重要性的技术）。

【域外比较】

欧盟《人工智能法》第 86 条获得个体决策的解释的权利规定：1. 任何受部署者根据附件三所列高风险人工智能系统（第 2 款所列系统除外）的输出结果所做决定影响的人，如果认为该决定对其健康、安全和基本权利产生了不利影响，并产生了法律效力或类似的重大影响，应有权要求部署者就人工智能系统在决策程序中的作用和所做决定的主要内容做出明确而有意义的解释。

第四十条　公平性义务　人工智能研发者应当在训练数据处理和标注、算法模型设计研发和验证测试过程中，采取必要措施，有效防范有害的偏见和歧视。

人工智能提供者应当在提供产品、服务过程中，加强对输入数据、输出数据的管理，有效防范有害的偏见和歧视。

【起草参考】

《个人信息保护法》第二十四条第一款

【相关规定】

《互联网信息服务算法推荐管理规定》第二十一条；《个人信息保护法》第二十四条第一款

【条文释义】

本条是关于人工智能研发者、提供者公平性义务的规定。

一　公平性在人工智能治理中的价值

人工智能系统决策与行为模式深受其训练数据的影响，当人工智能系统所依赖的训练数据集中存在显著的不均衡现象，比如在一些训练数据集中妇女或其他边缘化群体的代表性不足时，这种数据偏差便会被算法放大并固化，进而在系统的输出结果中反映出有偏见的倾向，更甚可能引发社会不满和冲突。因此，对于人工智能系统的开发与提供活动，必须重视公平性原则，尽可能确保人工智能系统的训练数据的全面性和代表性。

二　公平性义务的范围

在算法治理中，我国相关法律法规都把公平性作为一个重要的要求。《互联网信息服务算法推荐管理规定》第二十一条规定，算法推荐服务提供者向消费者销售商品或者提供服务的，应当保护消费者公平交易的权利，不得根据消费者的偏好、交易习惯等特征，利用算法在交易价格等交易条件上实施不合理的差别待遇等违法行为。《个人信息保护法》规定，个人信息处理者应当保证自动化决策的透明度和结果公平、公正，不得对个人在交易价格等交易条件上实行不合理的差别待遇。

随着技术的提升和应用场景的广泛化，人工智能已进入求职就业、公共福利、房屋购买、金融等领域，因此，各应用场景应当准确和全面地纳入公平性的义务。对于人工智能的公平性来说，很难给出标准定义。人工智能治理要求的公平性，更多应当是避免有害的偏见和歧视，避免因此而产生不公平的结果，本条将公平性义务明确限定于防范有害的偏见和因此导致的歧视或排斥的后果。

偏见的来源包括以下几个方面：

1. 历史偏见：训练数据中预先存在的模式，例如，社会偏见。

2. 代表性偏差（和有限的特征）：由于属性缺失、样本量不足，或完全或部分没有子人群的数据，导致信息不完整。

3. 测量偏差：遗漏（或纳入）应该（或不应该）在模型中的变量，包括受保护属性或群体的代理（如邻里作为种族的代替）。

4. 方法和评价的偏差：衡量标准的定义（如对目标人群的错误假设）、模型验证和校准以及结果评估方面的错误。

5. 监测偏见和倾斜的样本：在监测过程中对系统结果的不恰当解释，最初的偏差随着时间的推移而加重，使训练数据出现偏差，或者数据采集方式的临时变化。

6. 反馈环路和大众偏向（popularity bias）：推荐算法受到大众偏见的影响，少数受欢迎的信息经常被推荐给用户。频繁的推荐会得到更多的反应，从而被更频繁地推荐，这就形成了一个反馈循环。①

因此，结合偏见的来源，本条根据人工智能的研发、部署的工作的差异，分别规定了人工智能研发者应当在研发过程中对训练数据处理和标注、算法模型设计研发和验证测试，人工智能提供者应当在提供产品、服务过程中对输入数据、输出数据的管理，采取必要措施，有效防范有害的偏见和歧视。

【域外比较】

一 欧盟人工智能数据治理的公平原则

欧盟《人工智能法》“鉴于部分”第27条规定，多样性、非歧视和公平性是指人工智能系统的开发和使用方式应包括不同的参与者，并促进机会平等、性别平等和文化多样性，同时避免欧盟或各国法律禁止的歧视性影响和不公平的偏见。

在此基础上，欧盟《人工智能法》第10条“数据和数据治理”规定，训练、验证和测试数据集应受到适合人工智能系统预期目的的

① See OECD：Advancing Accountability in AI：Governing and Managing Risks Through the Lifecycle for trustworthy AI，published on February 23，2023，https：//www.oecd.org/sti/advancing-accountability-in-ai-2448f04b-en.htm，lasted visited on May 23，2024.

数据治理，特别包括：（f）审查可能存在的偏差，这些偏差可能影响人员的健康和安全，对基本权利产生负面影响，或导致欧盟法律所禁止的歧视，特别是在数据输出影响未来的运营投入的情况下；（g）采取适当措施，发现、防止和减少根据第f点确定的可能的偏见；（h）确定妨碍遵守本条例的相关的数据差距或缺陷，以及如何解决这些差距和缺陷。

3. 训练、验证和测试数据集应具有相关性和充分的代表性，并在尽最大可能的范围内没有错误，并且从预期目的来看是完整的。数据集应具有适当的统计特性，包括在适用的情况下，与意图使用高风险人工智能系统的个人或群体有关的统计特性。数据集的这些特性可以在单个数据集或数据集组合的层面上得到满足。

5. 在确保根据第二段第f项和第g项对高风险人工智能系统进行偏差检测和纠正的严格必要范围内，此类系统的提供者可例外处理2016/679号条例第9条第1款、2016/680号指令第10条和2018/1725号条例第10条第1款中提及的特殊类别个人数据，但须适当保障自然人的基本权利和自由。除2016/679号条例、2016/680号指令和2018/1725号条例的规定外，以下所有条件均应适用，以便开展此类处理。

二　英国在公平性原则下的人工智能监管策略

英国《支持创新的人工智能监管路径》提出公平性原则作为基本原则之一。公平性原则指人工智能系统不应损害个人或组织的合法权利，对个人进行不公平的歧视或创造不公平的市场结果，参与人工智能生命周期所有阶段的行为主体应考虑适合系统使用、结果和相关法律应用的公平定义。为了确保相称的和针对具体情况的方法，监管机构应该能够描述和说明公平在其部门和领域内的含义，并在特定用例涉及多个职权范围时与其他监管机构协商，监管机构对公平性的解释应考虑对相关法律和法规的遵守，包括：（1）人工智能系统不应产生歧视性的结果，如违反2010年《平等法》或1998年《人权法》的结果。公共当局使用人工智能应遵守立法赋予它们的额外义务（如公共部门平等义务）；（2）对人工智能系统的设计、训练和使用所涉及的个人数据的处理应符合英国《通用数据保护条例》（GDPR）、《2018年数据保护法》的要求，特别是围绕公平处理的自动决策；（3）消费者和竞争法，包括保护弱势消费者和个人的规则；（4）相关部门的公平要求，如金融行为管理局（FCA）。

三 美国关于人工智能的公平性原则与公民权利保护

美国《关于开发和使用安全、可靠和可信人工智能的行政命令》明确了“促进公平和公民权利”原则，分为：加强刑事司法系统中的人工智能和公平权利、保护与政府福利和计划相关的公民权利、在更广泛的经济领域加强人工智能和公民权利，即招聘、住房、残疾人利益。该行政命令从原则性的角度进行了阐述，比如在公共福利的管理中，使用自动化技术或算法系统的，应确保评估合格接受者获得福利的情况、通知相关公民该系统的存在、定期评估以发现不公平的拒绝、保留专家机构工作人员适当程度的自由裁量权、向人工审查员上诉被拒绝的程序、分析福利计划使用是否实现了公平公正的结果。

美国平等就业机会委员会发起了全机构范围的人工智能和算法公平倡议，以确保人工智能的使用符合美国的反歧视法律。该倡议有几个目标：一是，就算法公平性和人工智能在就业决策中的使用提供技术指导；二是，确定有效的做法；三是，与重要的利益相关者就算法工具及其对就业的影响举行听证会；四是，收集有关招聘和其他基于就业的技术的采用、发展和影响的数据。此外，2023年《关于通过联邦政府进一步促进种族平等和支持服务不足社区的行政命令》包括一项人工智能条款，为部署人工智能系统的联邦机构规定了新的公平义务。它指示各机构“防止和纠正歧视，包括保护公众免受算法歧视”。

2021年，美国联邦贸易委员会（FTC）提出执法和监管行动的八个重点领域，其中之一直接涉及对与算法和生物识别相关的不公平、欺骗性、反竞争、串通、胁迫性、掠夺性、剥削性和排他性行为或做法的调查。对上述行为，美国联邦贸易委员会将采取恰当的行动或补救措施，如禁令、和解金等。

四　加拿大规制高影响人工智能系统损害与系统性偏见

加拿大《人工智能与数据法》（草案）主要规制与高影响人工智能系统相关的两类不利影响。首先，它涉及对个人的一系列损害。其次，这是加拿大首个在商业背景下解决人工智能系统中系统性偏见所造成的不利影响的法律框架。当基于《加拿大人权法》禁止的任何歧视理由而产生不合理的、不利的差别影响时，就会出现有偏见的输出。这包括直接或间接产生的差异，例如，通过作为禁止理由替代物的变量产生的差异。如果不利的区别对待在影响决定或建议的现实因素背景下不可避免，则可被视为合理的区别对待。例如，个人收入往往与种族和性别等被禁止区别对待的理由相关，但收入也与信贷有关的决定或建议相关。在这种情况下，所面临的挑战是确保系统不会使用种族或性别的替代品作为信用度的指标。例如，如果系统基于被禁止的理由放大了潜在的相关性或对特定个人产生了不公平的结果，这将被认为是不合理的。

第四十一条　风险管理　人工智能提供者综合考虑产品、服务的场景、性质、受众和行业技术发展水平等因素，建立健全和实施全生命周期风险管理制度。在产品、服务投入使用前以及使用过程中，人工智能提供者应当对人工智能的风险进行识别，采取必要管控措施。人工智能提供者应当保留风险识别和采取措施的记录不少于两年。

人工智能研发者应当对设计、数据收集训练、模型选择、测试验证等研发过程，建立并运行风险管理制度，对人工智能的风险进行识别，采取必要管控措施。人工智能研发者应当在保障商业秘密的前提下，配合提供安全评估报告、风险识别和管控措施记录，支持人工智能提供者完成人工智能服务的风险管理义务。人工智能提供者应当保留风险评估和采取措施的记录不少于两年。

【起草参考】

《个人信息保护法》第五十五条、第五十六条

【相关规定】

《关于加强互联网信息服务算法综合治理的指导意见》基本原则规定，坚持风险防控，推进算法分级分类安全管理，有效识别高风险类算法，实施精准治理。

【条文释义】

本条是关于人工智能研发者、提供者的风险管理义务。

一 建立全生命周期的风险管理制度

各国都认为人工智能可能对人类社会发展起到重要的促进作用，包括医疗、气候等重要领域。比如，一个计算机视觉模型结合来自世界各地 8 个望远镜的图像，首次拼凑出 5500 万光年外的黑洞图像。再比如，一家位于英国的人工智能公司训练神经网络来预测蛋白质的结构，解决了这一长期以来困扰科学家的问题，这些预测正在推动结构生物学领域的发展。科学家已经用它们来预防抗生素的抗药性、推进疾病研究，并加速了对塑料污染的治理。然而，人工智能也会产生风险，比如人工智能用于简历筛选，可能会产生歧视，导致女性的简历通过筛选的比例较低。人工智能也可能被用于生成虚假的照片、视频，被用于网络诈骗。因此，我们应该正确地对待人工智能技术，有效防控风险，释放其潜

能。正如《关于加强互联网信息服务算法综合治理的指导意见》中的基本原则所规定的，应当坚持风险防控，推进算法分级分类安全管理，有效识别高风险类算法，实施精准治理。因此，本条规定了基于场景的风险评估机制，明确在人工智能提供者综合考虑产品服务的场景、性质、受众和行业技术发展水平的前提下建立和实施风险管理制度，有效地识别和防控风险。

同时该风险管理制度是针对全生命周期的，在投入使用前和使用过程中，均要对风险进行风险识别、评估与防控。

人工智能的生命周期可以分为如下几个阶段：

1. 设计和规划阶段

考虑到人工智能普遍依赖于数据以及基于数据进行训练的模型，并且相互之间可以形成有效的互动效果，为了更合理的展示机器学习的这个特征，将（1）（2）（3）三个阶段形成一个循环来显示。人工智能的规划和设计包括阐明系统的概念和目标、基本假设、背景和要求，并可能建立一个原型。

（1）数据收集和处理

数据收集和处理包括收集和清理数据、检查数据的完整性和质量，以及记录数据集的特征。数据集特征包括数据集的创建方式、组成、预期用途以及长期维护方式等信息。

（2）模型开发和使用

模型开发和使用包括创建或选择模型/算法、校准和/或训练。

（3）验证和确认

验证和确认包括执行和调整模型，通过测试来评估不同维度或考虑因素的指标。

2. 部署

部署是指将人工智能系统投入使用或投放到市场中，在实际生产中涉及试点、检查与遗留系统的兼容性、确保符合法规要求、管理风险变化以及评估用户体验。

3. 运营和监测

人工智能系统的运营和监测，包括运营人工智能系统，并根据预期用途、可信人工智能考虑因素不断评估其影响（包括预期的和非预期的）。在这一阶段，应当发现问题并作出调整，重新回到其他阶段，或在必要时决定让人工智能系统退出生产。

风险管理机制应当基于人工智能生命周期的不同阶段，进行风险评估与防控，比如数据收集阶段应当评估数据收集来源的合法性、数据的代表性和多样性，比如部署阶段应当评估部署安全性等。

二　本条结合不同角色定义风险管理的义务

经济合作与发展组织提出的人工智能基本原则之一“可问责原则”，指出“人工智能行为者应根据其角色、场景，以及现有技术水平，对人工智能系统的正常运作和尊重‘前四项’原则负责”。这意味着人工智能行为主体应该设计、实施和监测各种流程，包括记录人工智能系统的决定，进行或允许审计，并在合理的情况下治理风险和采取必要措施。因此，本条将风险管理义务主体明确为人工智能研发者和提供者，更进一步地考虑到人工智能产业链的特殊性，明确人工智能研发者与提供者风险管理制度义务间的衔接，有效保障风险管理制度的落地与可实施性，研发者应对其人工智能研发活动（即设计、数据收集、训练、模型选择、测试验证）建立风险管理制度，在保障商业秘密的前提下支持人工智能提供者履行相关义务。

其次，明确要求记录义务，要求保留风险评估和管理的记录，保存时间不少于两年，便于后续在监管调查或争议纠纷时可以将此作为履行义务的证据。

【域外比较】

一　欧盟《人工智能法》中的风险管理体系

欧盟《人工智能法》第九条风险管理体系规定：

1. 应建立、实施、记录和维护与高风险人工智能系统有关的风险管理系统。

2. 风险管理系统应被理解为在高风险人工智能系统的整个生命周期内规划和运行的一个持续迭代过程，需要定期进行系统审查和更新。其应包括以下步骤：

（a）识别和分析高风险人工智能系统在按照其预期用途使用时可能对健康、安全或基本权利造成的已知和可合理预见的风险；

（b）估计和评估高风险人工智能系统在按照其预期目的和在可合理预见的滥用条件下使用时可能出现的风险；

（c）根据对从第 72 条提及的后市场监测系统中收集到的数据的分析，评估其他可能出现的风险；

（d）根据以下各段的规定，采取适当的、有针对性的风险管理措施，以应对本段第 a 点所确定的风险。

3. 本段所指的风险只涉及那些通过开发或设计高风险人工智能系统或提供充分的技术信息可以合理减轻或消除的风险。

4. 第 2 款第 d 点提及的风险管理措施应适当考虑第二章规定的各项要求的综合应用所产生的影响和可能的相互作用，以便更有效地将风险降至最低，同时在执行措施以满足这些要求时实现适当的平衡。

5. 第 2 款第 d 点所述的风险管理措施应使与每种危险相关的残余风险以及高风险人工智能系统的总体残余风险被判定为可以接受。

在确定最合适的风险管理措施时，应确保以下几点：

（a）通过充分设计和开发高风险人工智能系统，在技术上可行的情况下，消除或减少根据第 2 款确定和评估的风险；

（b）酌情实施适当的缓解和控制措施，以应对无法消除的风险；

（c）根据本条第 2 款第 b 点所述第 13 条的规定提供必要的信息，并酌情对部署者进行培训。

为了消除或减少与使用高风险人工智能系统有关的风险，应适当考虑部署者的技术知识、经验、教育、预期培训以及意图使用该系统的假定环境。

6. 应测试高风险人工智能系统，以确定最适当和最有针对性的风险管理措施。测试应确保高风险人工智能系统能始终如一地达到预期目的，并符合本章规定的要求。

7. 测试程序可包括根据第 54a 条在真实世界条件下进行的测试。

8. 对高风险人工智能系统的测试应酌情在整个开发过程的任何时候进行，无论如何应在投放市场或投入使用之前进行。应根据事先确定的指标和概率阈值进行测试，这些指标和阈值应适合高风险人工智能系统的预期目的。

9. 在实施第 1—7 款所述风险管理系统时，提供者应考虑高风险人工智能系统的预期目的是否可能对 18 岁以下的个人产生不利影响，并酌情减少对其他弱势群体产生不利影响。

10. 对于高风险人工智能系统的提供者而言，如果其内部风险管理流程须符合相关部门联盟法律的要求，则第 1 至第 8 款所述方面可作为根据该法律制定的风险管理程序的一部分或与之相结合。

二 美国风险管理的自愿性框架

美国国家标准与技术研究院（NIST）发布的《人工智能风险管理框架》，是一个自愿性框架，旨在为组织提供一个流程，帮助其在整个人工智能生命周期内应对风险，目的是推广可信和负责任的人工智能系统。NIST《人工智能风险管理框架》将其风险管理流程称为“核心”。核心由四项功能（GOVERN、MAP、MEASURE 和 MANAGE）组成，并进一步细分为类别和子类别。GOVERN 功能侧重于制度、计划、组织、责任和问责结构，所有这些都侧重于将人工智能风险管理嵌入组织的所有职能中。MAP 部分侧重于信息收集，以建立对人工智能系统生命周期、人工智能能力、风险、收益、影响和利益相关者的可见性。MEAS-

URE 部分包括跟踪可信特征、社会影响和人类—人工智能配置的指标。MANAGE 部分需要为映射和测量的风险分配资源。NIST《人工智能风险管理框架》涵盖三类影响：对人的损害、对组织的损害和对生态系统的损害。

美国《关于开发和使用安全、可靠和可信人工智能的行政命令》在多处强调 NIST《人工智能风险管理框架》，并要求 NIST 制定相关配套文件，如制定生成式人工智能的风险管理框架，酌情将关键基础设施纳入该框架下，联邦政府使用人工智能也应当在此框架下进行风险管理，乃至于作为全球领导所制定的人工智能标准计划里也包含了人工智能风险管理。

三　加拿大算法影响评估框架与风险管理

加拿大《自动化决策指令》（Directive on Automated Decision-Making）要求计划使用自动化系统（包括依靠人工智能做出或支持行政决策的系统）的联邦机构在系统启动前完成并发布算法影响评估。算法影响评估为识别和降低风险提供了一个框架，有助于在人工智能系统实施前及其整个生命周期内评估和预测其潜在的社会、经济、伦理和法律影响。算法影响评估是在与学术界、民间社会和其他公共机构协商后制定的，旨在帮助各部门和机构了解和管理与自动决策系统相关的风险。算法影响评估包括 80 多个不同格式的问题，旨在评估六个方面的风险，即与项目、系统、算法、决策、影响和数据有关的风险，并评估为管理已识别风险而采取的缓解措施。算法影响评估根据对问题的回答对自动化项目的影响进行评估，并分配权重，用于计算原始影响和缓解措施得分。根据这些分数得出最终分数，用于将自动化决策系统划分为四个可能的影响级别（几乎无影响、中等影响、高影响和极高影响）之一。影响程度决定了指令的适用要求。

第四十二条 人工智能伦理审查义务 人工智能研发者、提供者从事人工智能研发、提供活动，涉及国家人工智能主管机关确定的敏感领域的，应设立人工智能伦理审查委员会，并按照国家有关规定开展人工智能伦理审查。

国家机关及其他依法具有管理公共事务职能的组织，在政务服务、公共管理等领域使用人工智能的，应按照国家有关规定开展人工智能伦理审查。

鼓励其他人工智能研发者、提供者和使用者根据实际情况设立人工智能伦理审查委员会。

【起草参考】

《科技伦理审查办法（试行）》第四条

【相关规定】

《互联网信息服务算法推荐管理规定》第七条；《科技伦理审查办法（试行）》

【条文释义】

本条是关于人工智能研发者、提供者的科技伦理审查义务。

在人工智能治理方面，我国一直强调将伦理治理作为人工智能治理的路径之一。2017 年 7 月 8 日，国务院印发了《新一代人工智能发展规划》，要求初步建立人工智能法律法规、伦理规范和政策体系，形成人工智能安全评估和管控能力。2021 年 9 月 26 日，《新一代人工智能伦理规范》发布，提出增进人类福祉、促进公平公正、保护隐私安全、确保可控可信、强化责任担当、提升伦理素养等 6 项基本伦理要求，并提出了人工智能管理、研发、供应、使用等特定活动的 18 项具体伦理要求。

《互联网信息服务算法推荐管理规定》第七条规定，落实算法安全主体责任，包括建立健全科技伦理审查，并明确规定科技伦理审查的法定义务。2023 年 12 月 1 日正式实施的《科技伦理审查办法（试行）》规定，开展涉及以人为研究者的科技活动，包括利用个人信息数据的科技活动，应按照该办法进行科技伦理审查。根据该办法第十五条规定，科技伦理审查按照以下重点内容和标准开展审查：

1. 拟开展的科技活动应符合该办法第三条规定的科技伦理原则，参与科技活动的科技人员资质、研究基础及设施条件等符合相关要求。

2. 拟开展的科技活动具有科学价值和社会价值，其研究目标的实现对增进人类福祉、实现社会可持续发展等具有积极作用。科技活动的风险受益合理，伦理风险控制方案及应急预案科学恰当、具有可操作性。

3. 涉及以人为研究参与者的科技活动，所制定的招募方案公平合理，生物样本的收集、储存、使用及处置合法合规，个人隐私数据、生物特征信息等信息处理符合个人信息保护的有关规定，对研究参与者的补偿、损伤治疗或赔偿等合法权益的保障方案合理，对脆弱人群给予特殊保护；所提供的知情同意书内容完整、风险告知客观充分、表述清晰易懂，获取个人知情同意的方式和过程合规恰当。

4. 涉及数据和算法的科技活动，数据的收集、存储、加工、使用等处理活动以及研究开发数据新技术等符合国家数据安全和个人信息保护等有关规定，数据安全风险监测及应急处理方案得当；算法、模型和系统的设计、实现、应用等遵守公平、公正、透明、可靠、可控等原则，符合国家有关要求，伦理风险评估审核和应急处置方案合理，用户权益保护措施全面得当。

5. 所制定的利益冲突申明和管理方案合理。

《科技伦理审查办法（试行）》进一步在附件《需要开展伦理审查复核的科技活动清单》中列出“6. 具有舆论社会动员能力和社会意识引导能力的算法模型、应用程序及系统的研发。7. 面向存在安全、人身健康风险等场景的具有高度自主能力的自动化决策系统的研发”，清单内的科技活动应当申请开展专家复核。

本条是为了实现与国内法中关于科技伦理审查义务的衔接。并且本法明确了国家机关及其他依法具有管理公共事务职能的组织研发和提供人工智能产品或服务时，也应当履行相关义务，包括科技伦理审查义务。更进一步来说，国家机关及其他依法具有管理公共事务职能的组织在政务服务、公共管理等领域使用人工智能可能会对公民的自由和权利造成影响时，更应当进行科技伦理审查。

【域外比较】

目前，域外并没有其他国家针对人工智能产品和服务立法强制要求进行科技伦理审查，其强制伦理审查制度主要是针对涉及人的临床研究和生物医学研究。法国制定了医疗保健领域的道德行为守则，“将伦理纳入医疗保健领域人工智能解决方案开发的良好实践建议”，提供了医疗保健领域人工智能解决方案所需的全面伦理准则清单。准则采用了双层“设计伦理”方法，首先，需要在设计阶段将伦理价值观最大限度地融入系统的硬件和软件架构中；其次，在开发过程的最后阶段，对提出的解决方案进行验证，并防止因当今人工智能以归纳为主的性质而产生的风险。

第四十三条　国家机关提供、研发义务　国家机关及其他依法具有管理公共事务职能的组织，在政务服务、公共管理等领域研发、提供人工智能的，应当遵守本法规定的人工智能研发者、提供者的义务，尤其应当保障人工智能用于公共事务管理中的安全性、透明性、公平性。

【起草参考】

《个人信息保护法》第三十三条

【相关规定】

无

【条文释义】

本条是关于国家机关及其他依法具有管理公共事务职能的组织研发、提供人工智能的义务。

国家机关及其他依法具有管理公共事务职能的组织研发、提供人工智能，应当从两个方面去考虑：一方面，国家机关及相关公共事务管理职能组织的使用，有助于鼓励人工智能的使用，提升人民对人工智能的信任，并实现了人工智能对社会重要领域的促进作用，因此《示范法》第二十三条鼓励政府机关、事业单位、国有企业及其他依法具有管理公共事务职能的组织，在政务服务、公共管理等领域依法开展人工智能技术应用先行先试，优先采购和使用安全可靠的人工智能产品和服务。另一方面，国家机关及其他具有管理公共事务职能的组织所实施的行为通常与人民的基本权利等有重要的关联，比如公共福利、医疗、司法等，对人工智能的安全稳健、公平性、透明性等均有明确的要求。因此，将本条放在人工智能研发者、提供者义务一章，说明国家机关及其他依法具有公共事务管理职能的组织应当遵守本法规定的研发和提供的义务，进一步说明国家机关及依法具有管理公共事务职能的组织在安全性、透明性和公平性的要求。从安全性的角度上来说，应当保证所使用的人工智能系统用于政务服务、公共管理等时应当具备稳健性，能抵御安全风险等，保证能持续安全可靠地实现其功能，比如身份验证的准确性。从透明性的角度来说，国家机关以及相关组织应当明示在政务服务、公共管理中使用人工智能的情况，提供简洁、清晰、易于理解的解释，尤其是人工智能与政务和公共管理中决策的相关性。从公平性的角度来说，国家机关及相关机构应当能充分保证人工智能的公平性，比如在公共福利相关决定中的公平性，不得产生歧视。

【域外比较】

一 加拿大受“服务与数字政策”管辖机构的影响评估

2019年4月1日生效的《自动化决策指令》(*Directive on Automated Decision-Making*)规定，受“服务与数字政策”管辖的机构在部署自动化决策系统前应当进行算法影响评估，根据影响程度确定应当履行的义务。从影响评估的方法框架来说，影响评估围绕着人工智能的核心组成部分，即算法模型、应用环境（系统）、数据、决定（输出），将已经采取的缓解措施纳入其中，以准确量化风险级别。影响评估分为四个等级，从Ⅰ（1）到Ⅳ（4），每个等级描述了决策可能对个人或社区权利、平等、尊严、隐私、自主性、健康或福祉、经济利益以及生态系统可持续性的影响程度。根据影响评估的等级，《自动化决策指令》提出不同的要求，包括同行评审、性别平等分析、通知、人类干预决策、解释、培训以及IT和业务连续性管理等，同时要求受“服务与数字政策”管辖的机构满足如下的透明性要求。

（1）通知。在使用自动化决策系统（ADS）进行决策之前，必须通过所有正在使用的服务交付渠道（如互联网、面对面、邮件或电话）提供通知。通知应以简单明了的语言编写，并遵循加拿大政府网站内容风格指南。

（2）解释。提供有意义的解释，说明决策是如何以及为什么被做出的。这里应包括系统在决策过程中的作用、输入数据及其来源和收集方法、用于评估输入数据的标准和处理操作、系统产生的输出以及解释决策所需的相关信息。如果决策导致拒绝提供福利或服务，或者涉及监管行动，应向受影响的个人提供解释，并告知他们相关的申诉选项。

（3）访问组件。确定软件组件的适当许可，包括根据加拿大政府企业架构框架考虑开源软件。如果使用专有许可，确保所有用于自动化决策系统的专有软件组件的发布版本都交付给相关部门，并得到妥善保护。在必要时，加拿大政府保留访问和测试自动化决策系统的权利，包括所有专有软件组件的发布版本，以便进行特定审计、调查、检查、审查、执法行动或司法程序，同时确保防止未经授权的披露。

（4）发布源代码。根据加拿大政府企业架构框架的规定，发布加拿大政府拥有的定制源代码，除非源代码处理的数据被分类为秘密、最高机密或受保护的 C 级，或者披露在《信息获取法》下将被豁免或排除。

（5）记录决策。记录自动化决策系统的决策。

二　美国保障人工智能在关键领域中的公平性和公民权利

美国《关于安全、可靠和可信地开发和使用人工智能的行政命令》第七节"促进公平和公民权利"明确，在刑事司法机构、与政府福利相关机构以及劳动、住房、金融等机构使用人工智能时，应当保障公平性与公民权利。

1. 加强刑事司法系统中的人工智能使用和公民权利保障

司法部长应协调和支持各机构实施和执行现有联邦法律，以解决与人工智能相关的公民权利被侵犯和歧视问题。司法部民权司应召开会议，讨论如何预防和解决自动化系统中的歧视问题，包括算法歧视，并改善公众对人工智能潜在歧视性用途的认识。

2. 保护与政府福利和计划相关的公民权利

各机构应利用各自的公民权利和公民自由办公室，防止和解决因在联邦政府计划和福利管理中使用人工智能而造成的非法歧视和其他伤害。卫生与公众服务部部长应发布计划，解决公共福利和服务中的自动化技术或算法系统，包括评估合格接受者获得福利的情况、通知接收者系统的存在、定期评估以发现不公正的拒绝使用问题等。农业部长应发布指南，确保使用自动化或算法系统的福利计划最大限度地提高受益人的计划参与度，并符合相关法律要求。

3. 在更广泛的经济领域加强人工智能使用和公民权利保障

劳工部长应发布关于涉及人工智能和其他基于技术的招聘系统在招聘中的非歧视性指南。联邦住房金融局局长和消费者金融保护局局长应考虑使用人工智能工具，确保遵守联邦法律，评估承保模式是否存在偏见或差异。住房和城市发展部长应鼓励消费者金融保护局局长发布额外指导，解决租户筛选系统的使用可能违反联邦法律的问题。

第四十四条　授权代表　本法第二条第二款规定的中华人民共和国境外的人工智能研发者、提供者，应当在中华人民共和国境内设立专门机构或者指定代表，负责处理人工智能相关事务，并将有关机构的名称或者代表的姓名、联系方式等报送国家人工智能主管机关。

【起草参考】

《个人信息保护法》第五十三条

【相关规定】

《个人信息保护法》第五十三条

【条文释义】

本条是关于人工智能的研发者、提供者设立授权代表的义务。

考虑到目前人工智能的全球化，以及保障国内相关法律的实施和保护国内公民权利，《个人信息保护法》等相关法律规定均规定了设立授权代表的规定。

《示范法》规定适用于在中华人民共和国境内从事人工智能的研发、提供和使用活动及其监管，如果人工智能研发者、服务者为境外的主体，则应当在境内设立专门机构或指定代表，并将有关机构的名称或代表的姓名、联系方式等报送国家人工智能主管机关，以保障本法所规定义务的落实以及对用户的保障。

【域外比较】

欧盟《人工智能法》设立了授权代表制度，并明确授权代表制度的适用范围以及具体任务范围。第 22 条“授权代表”规定：

1. 在联盟外设立的提供者在联盟市场上提供其系统之前，应通过书面授权，指定一名在联盟内设立的授权代表。

2. 提供者应使其授权代表能够执行本条例规定的任务。

3. 授权代表应执行提供者授权中规定的任务。授权代表应根据请求，以国家主管机关确定的联盟机构官方语言之一，向市场监督管理机关提供一份授权副本。就本条例而言，授权受权代表执行以下任务：

（a）核实欧盟合格性声明和技术文件是否已经拟定，以及提供者是否已经执行了适当的合格性评估程序；

（b）在高风险人工智能系统投放市场或投入使用后 10 年内，向国家主管机关和第 63 条第 7 款所指的国家机关提供指定授权代表的提供者的详细联系信息、欧盟合格性声明副本、技术文件以及（如适用）通知机关签发的认证；

（c）在国家主管机关提出合理要求时，向其提供证明高风险人工智能系统符合本编第 2 章规定的要求所需的所有信息和文件，包括根据第 b 点保存的信息和文件，包括查阅第 12 条第 1 款所述的由高风险人工智能系统自动生成的日志，只要这些日志在提供者的控制之下；

（d）应主管机关的合理要求，就后者对高风险人工智能系统采取的任何行动与主管机关合作，特别是减少和降低高风险人工智能系统带来的风险；

（e）在适用的情况下，遵守第 51 条第 1 款所述的登记义务，或者，如果登记由提供者自己进行，则确保附件八第 3 点所述的信息正确无误。

授权书应授权其授权代表，在与确保遵守本条例有关的所有问题上，除提供者外，或代替提供者，接受主管机关的问询。

4. 如果授权代表认为或有理由认为提供者的行为违反了本条例规定的义务，则应终止授权。在这种情况下，授权代表还应立即向其所在成员国的国家监管机关，并在适用情况下向相关通知机关通报任务终止情况及其原因。

第二节 人工智能研发者义务

第四十五条 负面清单内人工智能研发者增强义务 负面清单内人工智能研发者应当履行以下义务：

（一）制定并保存符合本法要求的技术文件；

（二）在研发过程，制定并运行符合本法要求的质量管理体系，并配合提供者履行相关义务；

（三）配合提供者履行相关义务；

（四）法律、行政法规规定的其他义务。

【起草参考】

欧盟《人工智能法》第 11 条、第 17 条

【条文释义】

本条是关于负面清单内的人工智能研发者的增强义务，即针对负面清单内风险更高的人工智能研发者在遵守本章第一节的义务基础上仍需履行的义务类型。

负面清单内的人工智能在经济社会发展中至关重要，一旦遭到攻击、篡改、破坏或者非法获取、非法利用，对国家安全、公共利益、社会稳定、环境保护，或者个人、组织合法权益、经济秩序将造成较高的

风险，因此人工智能研发者应当承担更多的义务，以充分控制在研发过程中的风险，包括通过技术文件充分地记录研发过程中的数据和模型等相关信息，保证透明度和可追溯性；通过建立良好的质量管理体系，将风险管控纳入到全生命周期的质量管控中，降低风险产生的可能性。

一　技术文件

根据责任原则，人工智能参与者应结合其角色和场景，并在符合技术发展水平的背景下，对人工智能是否已遵守了相关义务负责，并予以证明。对技术文件的要求可以理解为是落实责任原则的义务之一。技术文件建议覆盖如下内容。

（1）详细记录开发过程。确保所有开发阶段的详细信息都被记录，包括设计决策、测试结果、配置管理和版本控制。这有助于监管机构理解系统的工作原理和性能。

（2）数据治理。妥善管理用于训练和测试人工智能系统的数据集，包括数据的来源、处理方式、存储和安全性。确保数据集的质量和代表性，以及对潜在偏见的检测和纠正。

（3）风险评估。进行系统的风险评估，识别可能对健康、安全和基本权利造成影响的风险，并制定相应的缓解措施。

（4）透明度和可解释性。确保人工智能系统的决策过程是可追溯的，并且能够向用户和监管机构提供清晰的解释。这可能包括提供模型的输入输出关系、决策逻辑和性能指标。

（5）文档化和维护。定期更新技术文件，确保所有变更都被记录和维护。这包括系统升级、修复和任何其他可能影响系统合规性的变化。

（6）合规性测试。进行定期的合规性测试，以验证系统是否符合相关的法律和技术标准。这可能包括内部测试或第三方认证。

（7）用户支持和培训。为用户提供必要的支持和培训，帮助他们理解系统的使用和限制，以及如何正确地操作和维护系统。

（8）应急计划。制定应急计划，以便在发现系统存在严重问题时能够迅速响应，包括撤回产品、通知用户和监管机构，以及采取必要的纠正措施。

（9）持续监控和评估。在产品投放市场后，持续监控其性能和安全性，收集用户反馈，并根据需要进行评估和改进。

二 质量管理体系

《示范法》提出使用质量管理体系规制人工智能。质量管理体系是产品领域最重要的产品安全风险和质量保证的管理体系，覆盖产品生产和使用的全生命周期，具有标准化的实施操作流程，可以充分保证如下要求：

（1）标准化。像其他任何产品一样，人工智能系统应满足一定的标准，以确保它们的安全性、有效性和可靠性。质量管理体系有助于标准化开发过程，确保人工智能系统的设计和实施符合公认的质量标准。

（2）安全性和可靠性。人工智能系统可能对用户和环境产生重大影响。以质量管理体系确保安全性和可靠性是人工智能系统设计和运营的重要组成部分，目的是降低故障或不当行为的可能性。

（3）可追溯性和责任。当人工智能被视为产品时，更容易追踪其开发、部署和影响。这种可追溯性对于责任至关重要，特别是在出现与性能、伦理或法律合规相关的问题时。

（4）持续改进。质量管理体系促进持续改进的文化，鼓励组织定期审查和增强他们的人工智能系统，以跟上技术进步和不断变化的用户需求。

（5）市场接受度。质量管理体系可以通过提供保证，证明人工智能产品是以质量和用户需求为中心开发的，从而增强市场接受度。这可以促进对人工智能技术的更大信任和采纳。

本条规定的质量管理体系义务，明确将质量管理体系的管理机制引入到负面清单内的人工智能系统的研发过程中，以标准化的质量管理体系来管理研发中所产生的法律风险。同时，考虑到人工智能产业链的特殊性，结合《示范法》第五十二条的规定，规定了配合人工智能提供者的质量管理体系义务的履行。

【域外比较】

一　关于技术文件

拟议中的《美国算法问责法案》包括对自动决策系统文档的要求。第 4（7）条要求操作员“维护和更新用于开发、测试、维护或更新自动决策系统或增强关键决策过程的任何数据或其他输入信息的文档”。

欧盟《人工智能法》第 11 条“技术文件”规定：高风险人工智能系统的技术文件应在该系统投放市场或投入使用之前编制，并应不断更新。技术文件的编制应能证明高风险人工智能系统符合本章规定的要求，并以清晰和全面的形式向国家主管机关和通知机关提供必要的信息，以评估人工智能系统是否符合这些要求。它至少应包含附件四所列的要件。附录四中规定的技术文件包括如下信息。

（1）人工智能系统的总体描述，包括系统的预期目的、提供者的名称、系统的版本、与硬件或软件的交互方式、相关软件或固件的版本、系统投放市场的形式、运行硬件的说明、产品外部特征和内部布局（如适用）、用户界面的基本描述、使用说明和用户界面的基本说明（如适用）。

（2）详细描述人工智能系统的要素及其开发过程，包括开发方法和步骤、设计规格、系统结构说明、数据要求、人工监督措施、预先确定的更改、验证和测试程序、网络安全措施等。

（3）关于人工智能系统的监测、运作和控制的详细资料，包括性能方面的能力和局限性、可预见的意外结果、对健康和安全、基本权利和歧视的风险来源、人为监督措施、输入数据的规格等。

（4）说明性指标是否符合特定的人工智能；

（5）根据第 9 条对风险管理系统的详细说明。

（6）描述提供者在系统生命周期内对系统所做的相关更改。

（7）全部或部分采用的统一标准清单，以及未采用此类统一标准时的解决方案说明。

（8）欧盟合格性声明副本。

（9）详细说明根据第 72 条为评估人工智能系统在后市场阶段的性能而建立的系统，包括后市场监测计划。

二　关于质量管理体系的义务

欧盟《人工智能法》第 17 条质量管理体系规定：

1. 高风险人工智能系统的提供者应建立质量管理体系，确保遵守本条例。该系统应以书面政策、程序和指令的形式系统有序地加以记录，并至少应包括以下方面：

（a）合规策略，包括遵守合格性评估程序和管理修改高风险人工智能系统的程序；

（b）用于高风险人工智能系统的设计、设计控制和设计验证的技术、程序和系统行动；

（c）用于高风险人工智能系统的开发、质量控制和质量保证的技术、程序和系统行动；

（d）在开发高风险人工智能系统之前、期间和之后要进行的检查、测试和验证程序，以及进行这些程序的频率；

（e）应采用的技术规格，包括标准，如果没有完全采用相关的统一标准，或没有涵盖本编第二节所列的所有相关要求，应采用何种手段确保高风险人工智能系统符合这些要求；

（f）数据管理的系统和程序，包括数据获取、数据收集、数据分析、数据标注、数据存储、数据过滤、数据挖掘、数据汇总、数据保留，以及在高风险人工智能系统投放市场或投入使用前和为投放市场或投入使用而进行的与数据有关的任何其他操作；

（g）第 9 条提及的风险管理系统；

（h）根据第 72 条的规定，建立、实施和维护市场后监测系统；

（i）根据第 73 条报告严重事件的相关程序；

（j）处理与国家主管机关、其他相关机构（包括提供或支持数据访问的机构）、通知机关、其他运营商、客户或其他相关方的沟通；

（k）所有相关文件和信息的记录保存系统和程序；

（l）资源管理，包括与供应安全有关的措施；

（m）问责框架，规定管理层和其他工作人员在本段所列各方面的责任。

2. 第 1 款所述各方面的实施应与提供者组织的规模成比例。在任何情况下，提供者都应尊重为确保其人工智能系统符合本条例所要求的严格程度和保护水平。

第四十六条　基础模型研发者特殊义务　基础模型研发者应遵守以下规定：

（一）按照国家规定建立健全安全风险管理制度，及时有效预防、监测、处置对国家安全、公共利益或者个人、组织合法权益、经济秩序造成的风险；

（二）按照国家规定建立健全基础模型的模型管理和数据管理制度；

（三）遵循公开、公平、公正的原则，制定基础模型的使用规则，明确使用基础模型的研发者、提供者应当履行的义务，不得滥用市场支配地位；

（四）应当确保安全风险管理所必需的算力资源投入；

（五）协助其他研发者、提供者履行本法规定的相关义务；

（六）对严重违反本法规定的研发者、提供者，应当采取停止提供服务等必要措施；

（七）成立主要由外部成员组成的独立机构对基础模型的研发情况进行监督，每年发布社会责任报告，接受社会监督。

【起草参考】

《个人信息保护法》第五十八条

【相关规定】

《生成式人工智能服务管理暂行办法》第七条；《互联网信息服务算法推荐管理规定》第七条至第十条

【条文释义】

本条是关于基础模型研发者的特殊义务。

本法所规定的基础模型是指投入 10 的 26 次方以上次浮点运算（FLOPs）进行训练，服务于通用的目的，能够为广泛的下游服务提供技术支持的人工智能模型。正如《布莱切利人工智能安全宣言》所指出的“特定的安全风险出现在人工智能的‘前沿’，即那些能力强大的通用人工智能模型，包括基础模型，可以执行各种各样的任务……潜在的故意滥用或与人类意图不相一致的意外控制问题可能会带来巨大风险。出现这些问题的部分原因在于人们对这些能力尚不完全了解，因此难以预测。我们尤其关注网络安全和生物技术等领域的此类风险，以及前沿人工智能系统可能放大虚假信息等风险的情况。这些人工智能模型最重要的能力有可能造成严重甚至灾难性的伤害，无论是蓄意的还是无意的。鉴于人工智能变化速度之快和不确定性，以及在技术投资加速的背景下，我们申明，加深对这些潜在风险以及应对这些风险的行动的理解尤为迫切”，基础模型具有强大的能力，同时因为其通用性可能被运用于各类场景，若基础模型包含了风险，则风险可能会被扩展到很多应用场景，因此本条对基础模型提出了特殊的义务要求。

一 安全性要求

本条第（一）项规定，按照国家规定建立健全安全风险管理制度，及时有效预防、监测、处置对国家安全、公共利益或者个人、组织合法权益、经济秩序造成的风险。如七国集团《开发高级人工智能系统的组织的国际行为守则》规定，“在开发高级人工智能系统的整个过程中，包括在部署和投放市场之前和整个过程中，采取适当措施，以识别、评估和降低整个人工智能生命周期的风险”。具体而言，这包括采用多样化的内部和独立的外部测试措施，通过组合评估方法，如红队（Red Team）测试，并实施适当的缓解措施，以解决已发现的安全风险和漏洞。测试和缓解措施应力求确保系统在整个生命周期内的可信、安全和可靠，使其不会构成不合理的风险。为支持此类测试，开发人员应努力实现与系统开发过程中的数据集、流程和决策有关的可追溯性。这些措施应有相应的记录，并得到定期更新的技术文件的支持。这种测试应在安全的环境中进行，并在整个人工智能生命周期中的几个检查点进行，特别是在部署和投放市场之前，以识别风险和漏洞，并为采取行动应对已确定的人工智能在安全、可靠和社会方面的风险以及其他风险（无论是意外的还是故意的）提供信息。

本条第（二）项规定了按照国家规定建立健全基础模型的模型管理和数据管理制度，承接了现行法律规定，包括《生成式人工智能服务管理暂行办法》第七条和《互联网信息服务算法推荐管理规定》第七至第十条对数据管理和模型管理的要求。同时强调了基础模型作为其他人工智能模型的基座，更应该进行良好的数据管理和模型管理。比如，采取安全保障措施，包括基础模型的权重等信息，避免因此被攻击后移除了安全保障措施，或遭受攻击夺取了人工智能模型的可用性等。

本条第（四）项规定，应当确保安全风险管理所必需的算力资源投入。该条规定有其特殊的价值与意义。三位图灵奖获得者、一位诺贝尔奖获得者以及来自美国、中国、欧盟、英国等国的十多位顶尖的人工智能技术和治理领域的学者共同撰文《人工智能飞速进步时代的风险管理》，呼吁各国政府和领先人工智能企业及时采取具体行动，以减轻这一飞速发展的技术带来的伤害和风险，文章提出分配至少三分之一的人工智能研发资金用于确保人工智能系统的安全性和合伦理使用。OpenAI也曾宣布将为超级对齐持续四年投入20%的计算资源。以上代表了行业的共识，人工智能在飞速发展，而人工智能的安全治理远远落后其发展，如果任其发展，可以导致人工智能超出人类的控制，因此对于具有较强能力以及较广范围影响的基础模型，本条规定要保证对安全风险管理方面的算力资源投入。

二　平台性义务

英国发布的《人工智能基础模型：初次报告》描述了人工智能的产业链情况。从部署应用来说，基础模型可以以闭源模式和开源模式开发和发布。闭源模式下的市场途径，除了将基础模型纳入到基础模型提供者的产品和服务以外，还将提供人工智能即服务的方式，使第三方能够将基础模型集成到自己的产品或服务中，用于商业目的或个人目的，包括API访问方式和模型访问方式。开源模式下的市场途径是人工智能开发服务，即使用开源模型进行开发、训练和微调进而提供所生成模型的权重等，或提供模型平台，即第三方可在此利用开源模型开发、训练、微调自己的模型。

因此，我们需要以平台性义务的角度去明确基础模型提供者的义务。首先，基础模型作为平台的情况下，平台应当保证基础模型的公开、公平、公正，制定基础模型的使用规则，明确使用基础模型的研发者、提供者应当履行的义务，避免被用于不正当竞争的行为。其次，平台对利用其基础模型进一步开发或使用的研发者、提供者严重违反本法规定的研发、提供活动，应当及时采取熔断措施。再次，基础模型作为整个产业链中的特殊一环，应当尽到协助人工智能研发者、提供者履行本法所规定要求的义务。

三 外部监督

正由于基础模型在人工智能产业链中具有特殊地位和作用，《示范法》参考《个人信息保护法》的规定，要求成立主要由外部成员组成的独立机构对基础模型的研发情况进行监督，每年发布社会责任报告，接受社会监督。通过独立的外部成员监督，来保障基础模型提供者履行相应的义务，充分保障人工智能产业链的安全性。

【域外比较】

一 欧盟《人工智能法》设立的通用人工智能模型义务

欧盟《人工智能法》将基础模型修订为通用人工智能模型。首先，该法规定通用人工智能对产业链的透明性义务。通用人工智能模型的提供者应：

（a）编制并不断更新模型的技术文件，包括其培训和测试过程及其评估结果，其中至少应包含附件十一所列要素，以便应要求向人工智能办公室和国家主管机关提供；

（b）编制、不断更新并向意图将通用人工智能模型纳入其人工智能系统的人工智能系统提供者提供信息和文件。在不影响根据欧盟和国家法律尊重和保护知识产权和商业机密信息或商业秘密的情况下，信息和文件应：

（i）使人工智能系统的提供者能够很好地了解通用人工智能模型的能力和局限性，并遵守本条例规定的义务；以及

（ii）至少包含附件十一所列内容；

（c）制定一项尊重欧盟版权法的政策，特别是通过先进技术等手

段，确定和尊重根据2019/790号指令第4条第3款表达的权利保留。

其次，基于风险水平，对具有系统风险的通用人工智能模型规定如下义务：

（a）根据反映先进技术水平的标准化协议和工具进行模型评估，包括对模型进行对抗测试并记录在案，以识别和降低系统性风险；

（b）评估和减轻联盟层面可能存在的系统性风险，包括因开发、投放市场或使用具有系统性风险的通用人工智能模型而产生的系统性风险的来源；

（c）跟踪、记录并及时向人工智能办公室报告，并酌情向国家主管机关报告严重事件的相关信息以及为解决这些问题可能采取的纠正措施；

（d）确保对具有系统风险的通用人工智能模型和模型的物理基础设施提供足够水平的网络安全保护。

二 七国集团（G7）《开发高级人工智能系统的组织的国际行为守则》

该国际行为守则明确规定了对安全的资源投入。如第8条规定优先考虑研究以减轻社会、安全和保障风险，并优先投资有效的缓解措施。这包括开展、合作和投资支持人工智能安全和发展的研究，并解决关键风险，以及投资开发适当的缓解工具。

组织承诺开展、合作和投资支持人工智能安全性、可靠性、可信度的提升以及解决关键风险的研究，例如优先考虑维护民主价值观、尊重人权、保护儿童和弱势群体、保护知识产权和隐私、避免有害偏见、错误和虚假信息以及信息操纵的研究。组织还承诺投资开发适当的缓解工具，并积极管理高级人工智能系统的风险，包括环境和气候影响，以便实现其利益。

鼓励组织分享有关风险缓解的研究和最佳实践。

第三节　人工智能提供者义务

第四十七条　备案义务　人工智能提供者提供的产品、服务不在负面清单内，注册用户数超过100万的，应当在满足条件之日起十个工作日内，向国家人工智能主管机关备案以下信息：

（一）人工智能提供者的姓名或名称、联系方式；

（二）人工智能产品、服务的商标或名称、提供形式、应用领域、算法类型、安全自评估报告；

（三）备案拟公示内容；

（四）法律、行政法规规定的其他信息。

注册用户数超过1万、不足100万的，应当在满足条件之日起十个工作日内，向省级人工智能主管机关备案前款信息。

备案信息发生变更的，应当在变更之日起十个工作日内办理变更手续。

完成备案的人工智能提供者应当在其对外提供服务的网站、应用程序等的显著位置注明其备案编号。

【起草参考】

《互联网信息服务算法推荐管理规定》第二十四条

【相关规定】

《互联网信息服务深度合成管理规定》第十九条；《生成式人工智能服务管理暂行办法》第十七条

【条文释义】

本条规定不在负面清单内的人工智能提供者的备案义务。

一 备案的性质

备案是指向主管机关报告事由，存案以备考查。在政府对市场和社会管理的“监管备案”中，根据“备案”的实际效力，其可细分为行政许可式备案（如《电影管理条例》第26条的电影剧本备案）和非许可式备案（如《互联网信息服务算法推荐管理规定》的算法备案），算法备案是我国算法治理的重要监管机制，但备案不是准入或恢复权利或自由的前提，不属于行政许可式备案。实践中，算法备案制度也不是依据《行政许可法》建立和实施的，因此无论在理论还是实务层面，算法备案本质上不属于行政许可。

《示范法》设置人工智能备案制度的主要考虑是，不在负面清单内的人工智能产品或服务所产生风险较小，不需要通过行政许可的手段进行前置性的风险控制，通过备案制度以披露信息和预示风险更为合理。《行政许可法》第十三条规定：“本法第十二条所列事项，通过下列方式能够予以规范的，可以不设行政许可：（一）公民、法人或者其他组织能够自主决定的；（二）市场竞争机制能够有效调节的；（三）行业组织或者中介机构能够自律管理的；（四）行政机关采用事后监督等其他行政管理方式能够解决的。”本条规定体现了《行政许可法》第十三条的要求。如果人工智能产品或服务所引起的风险能够通过事中履行算法治理义务及行政机关的事后监督得到有效控制，就不需要采取前置性的许可方式。在《示范法》中，履行人工智能备案义务并不意味着人工智能提供者需要行政机关的审批或许可才能开展相关业务。只要备案材料形式齐全，行政机关即应完成备案登记，不能以“备案”的名义设立和实施实质意义上的行政许可，也不宜要求过度精细的备案信息，尽可能避免对企业和市场增加过度的负担，保障人工智能顺利发展。

不采取行政许可手段进行风险控制的情形下，设置对人工智能提供者的人工智能备案义务，既能起到风险治理的作用，也可以与我国已建立和运行的算法治理机制实现良好衔接。算法备案的主要作用就是收集和公示信息，包括提供者的姓名或名称、联系方式、产品或服务名称、商标、提供形式、应用领域等基础信息，也包括算法类型和安全风险等对于算法治理而言有重要参考价值的信息。

二 人工智能产品、服务的算法类型和安全风险

算法类型是指人工智能算法按照技术原理和核心算法构件划分的类型，例如随机森林、支持向量机、神经网络、多头注意力机制等。由于每一类算法都有很多具体分支，备案时应标明算法类型的具体分支，如“长短期记忆网络”（“神经网络”大类的具体分支）。若大型算法模型应用多种人工智能算法，则应逐一列出主要应用的算法类型。人工智能提供者应当对报备的算法类型提供简要说明，便于主管机关理解算法的原理和用途。

报备安全风险的简要情况，旨在要求人工智能提供者说明人工智能产品或服务可能造成什么样的风险，以及为应对此种风险采取了何种防范和保护措施。本条不要求人工智能提供者事无巨细地分析可能的风险并详细说明应对措施的细节，否则反而可能造成安全隐患，只需要人工智能提供者对潜在风险与应对措施提供简明扼要的阐述，针对主要风险点，如实报告其所采取的各种应对措施名称与功能即可。

三 人工智能备案拟公示内容

人工智能备案的内容分为不公示和公示内容两部分，不公示内容仅主管机关可见，公示内容向全社会公开。人工智能备案的拟公示内容可由主管机关具体规定，备案人在备案时也可以在合法范围内自主填写拟公开的其他信息。根据已有算法备案实践，算法备案公示内容包括算法名称、角色、主体名称、应用产品、主要用途、备案编号等，主管机关要求填报的拟公示内容应与实际公示内容在范围上一致。

四　法律、行政法规规定的其他备案信息

本法所规定的备案信息指基础性的备案信息，法律、行政法规可以根据算法治理的实际需求，要求符合一定条件的人工智能提供者在备案时提供特定的备案信息。以“法律、行政法规规定”为前提条件，旨在限制算法备案义务内容的设置权限，不能无限制地要求提供备案信息乃至新设实质性的备案义务，甚至变备案为许可，对负面清单以外的人工智能产品或服务实行前置性控制。

五　备案信息发生变更

备案信息发生变更，是指人工智能产品或服务的基础信息发生变化，或者相关信息产生了显著的实质性变化。基础信息发生的变化，包括提供者的姓名或名称、联系方式、产品或服务名称、商标、提供形式、应用领域等内容的改变，只要有改变即属于“备案信息发生变更”。这里不要求有任何变化都需要办理变更手续，因为算法模型的代码、参数及其风险状况是处于不断动态变化的过程中，只有当人工智能产品或服务所应用的算法类型产生大的变化，或者人工智能产品或服务所面临的风险形势发生实质性的显著变化、足以导致主管部门监管措施失效或社会公众的原有防范措施难以充分防御风险时，才需要进行变更登记。

六　注册用户

用户利用人工智能提供的应用和服务并不必然需要注册。例如，镶嵌于电子游戏中的人工智能角色控制程序、生产线皮带运输机的智能校正装置、空调的智能模式等也包含人工智能（不一定是机器学习形式的人工智能），但并不需要注册用户，对人工智能嵌入的相关产品和服务的监管已有比较成熟的机制。此种情形下，人工智能提供者自然不需要

履行专门的备案义务。

【域外比较】

欧盟《人工智能法》第49条的登记制度与我国的算法备案制度类似。《人工智能法》第49条规定部分人工智能系统投放市场或投入使用之前由其提供者或授权点在第71条所指的欧盟数据库中登记自己及其系统的义务。该法“附件八”规定了相当繁复的登记制度，根据第49条第1款、第49条第2款和第49条第3款进行登记时分别需要提供多项信息，其中以根据第49条第1款登记的高风险人工智能系统需要提供的信息最为丰富，共计13项信息，包括：

1. 提供者的名称、地址和联系方式；

2. 由他人代表提供者提交信息时，应提供该人的姓名、地址和联系方式；

3. 授权代表的姓名、地址和联系方式（如适用）；

4. 人工智能系统的商品名称和任何其他可识别和追溯人工智能系统的明确参考文件；

5. 说明人工智能系统的预期目的以及通过该人工智能系统支持的组件和功能；

6. 系统使用的信息（数据、输入）及其运行逻辑的基本简明描述。

7. 人工智能系统的状态（投放市场或投入使用；不再投放市场/投入使用；召回）；

8. 通知机关颁发的认证的类型、编号和有效期，以及该通知机关的名称或识别号（如适用）；

9. 第7点所述认证的扫描件（如适用）；

10. 人工智能系统正在或已经投放市场、投入使用或在欧盟提供的成员国；

11. 第47条提及的欧盟合格性声明副本；

12. 电子使用说明；附件三第1、6和7点所述执法和移民、庇护和边境管制管理领域的高风险人工智能系统不得提供此类信息。

13. 其他信息的 URL（可选）。

欧盟《人工智能法》所规定的登记制度十分繁复，注重安全保障目标，理论上不利于人工智能企业的成长和人工智能系统的发展。目前欧盟范围内没有头部人工智能企业和代表性的人工智能系统，也没有追赶美国人工智能产业的迫切需求，因此选择了侧重于风险治理的制度设计。相比之下，《示范法》本条的规定相对简单，规制负担相对较高的仅有自评估报告，且自评估报告的具体详略要求可以由监管部门根据平衡发展与安全的需要随时调节。

第四十八条　备案流程　主管机关收到备案材料后，材料齐全的，应当在三十个工作日内予以备案，发放备案编号并进行公示；材料不齐全的，应当在十个工作日内通知备案人补充材料。

【起草参考】

《互联网信息服务算法推荐管理规定》第二十五条

【相关规定】

《行政许可法》第三十二条

【条文释义】

本条规定主管机关的备案流程和基本要求。

备案并非行政许可，仅要求形式审查，不需要进行实质性的审查，因此关键需要核对材料是否齐全、完整，只要人工智能提供者提供的材料完整，符合形式性要求，主管机关即应予以备案。在实践中各种以“备案”为名的制度中，存在一些“许可型备案”，即行政机关事先对备案材料进行实质性审查，如果行为人未完成备案将无法获得从事某项活动的资格或资质。《示范法》已规定了对负面清单范围内人工智能产品和服务的行政许可制度，负面清单以外的人工智能产品和服务不宜再采取实质上的行政许可立场，而应采取本原和严格意义上的备案制度。

因此，《示范法》规定的备案审查时限和通知时限都采取了短时限的设计，保障人工智能的正常发展。

主管机关应当一次性通知备案人应补充的材料。如果通知后备案人仍未补充完整的，应该继续通知其补充完整。

【域外比较】

欧盟《人工智能法》第49条及第71条仅要求人工智能提供者或授权代表将相关信息登记于特定数据库，并不包含审查和通过等规定，更接近于算法备案的本质。不过，这并不意味着欧盟对真实、准确登记相关信息不作要求，仅仅是不作前置性的限制而已。《人工智能法》"鉴于部分"第131条对此种数据库的程序和控制者提出了总体要求，并对登记义务的履行作出了一般性规定；第八章进一步对数据库的运行提出了具体要求，这些要求也能够对登记义务的履行起到监督作用。第26条第8款要求"使用或部署高风险人工智能系统的公共机关，或欧盟机构、机关、办公室应遵守第49条所述的登记义务。上述机构发现他们意图使用的系统尚未在第71条提及的欧盟数据库中登记时，他们不得使用该系统，并应通知提供者或经销商。"第6条在规定高风险系统接受前置性评估义务的同时，第4款还规定"认为附件三所述人工智能系统不属于高风险系统的提供者应在该系统投放市场或投入使用之前将其评估结果记录在案。该提供者应履行第49条第2款规定的登记义务。应国家主管机关的要求，提供者应提供评估文件。"不过，总体上，欧盟《人工智能法》对于非高风险人工智能系统仍未设置包含审查和批准环节的备案程序，而是采取"登记+监督"的规制模式。

第四十九条　管理制度　人工智能提供者应当采取下列措施确保人工智能符合法律、行政法规的规定：

（一）制定内部数据安全、风险控制、质量管理等制度和相应的操作规程；

（二）保存提供人工智能产品、服务自动生成的日志；

（三）定期对从业人员进行教育和培训；

（四）采取保障鲁棒性、抗攻击性等合规技术措施；

（五）至少每两年进行一次人工智能审计；

（六）法律、行政法规规定的其他措施。

【起草参考】

《个人信息保护法》第五十一条

【相关规定】

《互联网信息服务算法推荐管理规定》第七条

【条文释义】

本条是关于人工智能提供者的合规措施义务。

《个人信息保护法》有关个人信息处理者应当采取合理必要的措施保护个人信息的规定为参考，本条对人工智能提供者采取合理必要措施进行了规定。人工智能提供者在识别风险后，考虑到风险的可能性和影响，应采取预防、减轻或停止风险的技术。风险处理策略可以归纳为两种互补的方法：（1）与流程有关：人工智能行为主体如何在流程、管理和治理机制的基础上合作、设计和开发人工智能系统；（2）技术性：与系统的技术规格有关（例如，与人工智能模型开发和使用有关的问题）。对这种类型的风险的处理可能需要对人工智能模型进行重新训练和随后的重新评估。

一　流程性组织措施

（一）制定相关的制度与操作规程

本条结合本法第三十四条、第三十六条、第四十一条、第四十六条的规定，明确要求人工智能提供者制定相关的制度、操作规程，以管理体系的方式落地数据安全、风险管理、质量管理等相关要求。

（二）定期培训

对从业人员的培训可以提高员工对人工智能技术潜在风险的认识，包括对数据隐私、算法偏见和透明度等问题的认识。通过培训，员工能够识别和减轻这些风险，从而保护组织免受潜在的法律和声誉损害。

员工培训应涵盖一系列主题，以确保对人工智能风险的全面理解。以下是一些关键的培训内容：

（1）人工智能基础知识：员工应了解人工智能的基本原理、不同类型的人工智能技术（如机器学习和深度学习）以及它们的应用场景。

（2）隐私和数据保护：培训应包括个人信息保护法的要求，以及如何在人工智能项目中处理个人信息的实践。

（3）算法偏见和公平性：员工应认识到算法偏见的来源和影响，并学习如何设计和实施无偏见的人工智能系统。

（4）透明度和可解释性：培训应强调人工智能决策过程的透明度，以及如何向利益相关者解释人工智能系统的输出。

（5）伦理和合规性：员工应了解人工智能治理的伦理原则，以及组织内部和外部的合规要求。

（6）风险管理和安全：培训应包括人工智能系统可能带来的安全风险，以及如何实施风险缓解措施。

（7）持续学习和适应：员工应被鼓励参与持续的学习和专业发展，以保持与人工智能技术的最新发展同步。

（三）定期审计

如前所述，定期审计对于维持人工智能的合规状态具有重要的作用，因此本条按照《示范法》第三十六条的规定，明确应当至少进行两年一次的人工智能合规审计。

二　技术措施

（一）保存日志

结合《示范法》第三十四条保障人工智能的安全稳健性，通过日志的方式以保障人工智能服务的可追溯性，同时兼容《互联网算法推荐服务管理规定》第二十八条第二款要求留存网络日志，配合网信部门和电信、公安、市场监管等有关部门开展安全评估和监督检查工作，并提供必要的技术、数据等支持和协助。

日志允许监管机构、审计员和利益相关者审查人工智能系统的决策过程，从而确保这些系统的行为符合既定的伦理和法律标准。在出现争议或法律问题时，日志可以作为关键证据，帮助确定责任归属。此外，日志还支持持续的系统改进，通过分析日志数据，组织可以识别和修正人工智能系统的潜在缺陷，从而提高其性能和可靠性。

为了保证日志能满足可追溯性的要求，日志应当包括如下内容：人工智能系统的版本和配置信息，以确保可以追溯到特定的系统状态；输入数据的详细信息；人工智能系统的决策过程，包括算法使用的参数和逻辑；输出结果，包括人工智能系统生成的预测、推荐或决策；任何异常或错误事件的记录，以及采取的纠正措施；安全事件，包括任何潜在的数据泄露或未授权访问尝试。

（二）人工智能合规技术措施

针对人工智能的安全风险、歧视和偏见、透明性等风险，目前行业中有可用的技术措施，结合组织措施可以更好地实施人工智能的合规要求。以下是常见的人工智能合规技术措施：

1. 增强鲁棒性的技术措施，包括采取标签平滑的方式使用软目标来减少过拟合，通过使用标签平滑，将正确类别的概率降低到一个小于1的值（通常是一个较小的正数），并将错误类别的概率平摊到其他类别上。这样一来，模型在训练过程中会更加谨慎地对待每个类别，并且对于未见样本的预测也不会过于自信；“Propagate bounds”（传递边界），通过模型中的推理和计算，对输入数据所做的边界限制被传递到模型的输出，从而提供输出值的范围估计，传递边界的目的是通过考虑输入的不确定性和噪声，提供对模型预测结果的保守估计，可以用于增加模型的鲁棒性，提供对输入的扰动和变化的稳健性评估。

2. 抗攻击性，包括逃避攻击，生成对抗实例，并量化模型的鲁棒性，如 Fast Gradient Sign Method（FGSM）是一种基于梯度的攻击方法，通过在输入数据点上加上梯度的符号来生成对抗性扰动，FGSM 的基本思想是利用目标模型的梯度信息来计算输入样本的梯度。并利用该梯度的符号（正负号）来构造对抗样本；针对提示词注入等攻击，采取提示词指令及格式化方法。可以通过提示词指令提示模型谨慎对待用户输入。比如，通过在提示词中加入特定指令的方式，预先就可能导致越狱发生的内容对模型进行提示。

【域外比较】

欧盟《人工智能法》第 12 条“记录义务”明确了日志需要覆盖的内容，具体包括：

1. 高风险人工智能系统应在技术上允许自动记录系统生命周期内的事件，即日志。

2. 为了确保人工智能系统功能的可追溯程度与系统的预期目的相适应，日志记录功能应能够记录与以下方面相关的事件：

2a.（i）确定可能导致人工智能系统产生第 65 条第 1 款意义上的风险或进行实质性修改的情况；

（ii）促进第 61 条所述的后市场监测；以及

(iii) 监督第 29 条第 4 款所述高风险人工智能系统的运行。

4. 对于附件三第 1 款第 a 节所述的高风险人工智能系统，日志记录能力至少应具备以下功能：

(a) 记录每次使用系统的时间，每次使用的开始日期和时间以及结束日期和时间；

(b) 系统对输入数据进行核对的参考数据库；

(c) 搜索结果匹配的输入数据；

(d) 第 14 条第 5 款所述参与核查结果的自然人的身份。

第五十条 终止机制 人工智能提供者终止提供产品、服务的，应当采取以下妥善安排措施：

（一）提前三十个工作日公示终止方案、使用者权利等；

（二）自终止之日起三十个工作日内，删除使用者的个人信息；根据国家有关规定，对人工智能产品、服务提供过程中产生的数据、训练数据、算法模型作出必要处理；

（三）法律、行政法规规定的其他措施。

【起草参考】

《个人信息保护法》第四十七条、《中华人民共和国电子商务法》（以下简称《电子商务法》）第十六条、《网络游戏管理办法（草案征求意见稿）》第三十六条

【相关规定】

《个人信息保护法》第四十七条、《电子商务法》第十六条

【条文释义】

本条是关于人工智能提供者终止服务后的处置义务。

国内相关法律规定中对于终止提供服务时有相关的法律规定以保护用户的相关权益。比如，《电子商务法》第十六条规定，电子商务经营者自行终止从事电子商务的，应当提前三十日在首页显著位置持续公示有关信息。比如《网络游戏管理办法（草案征求意见稿）》第三十六条规定，网络游戏出版经营单位终止出版、运营网络游戏的，应提前至少 60 日予以公告，并向所在地省级出版主管部门办理注销手续，省级出版主管部门报国家出版主管部门备案；网络游戏用户尚未使用的网络游戏币及尚未失效的游戏服务，网络游戏运营单位应当按用户购买时的比例，以法定货币退还用户或者用户接受的其他方式进行退换。人工智能产品和服务终止运营也应当履行相关义务。人工智能包含了大量的数据，包括但不限于训练数据、测试数据、使用者的个人信息等，也包含了算法模型等，如果未经妥善处理，可能导致数据泄漏、算法模型被滥用等情况，因此本条对终止服务的义务做了明确的规定，具体包括：

1. 为了保障用户的权利，应当提前三十日公布终止方案，并在终止方案中明确使用者的权利，包括对数据、资产等的处理。如虾米音乐在终止运营的公告中明确说明了关停的具体方案：2021 年 1 月 5 日停止账号注册、充值，开启用户个人资料与资产处理通道；2021 年 2 月 5 日停止所有歌曲试听、下载、评论等，停止个人资料导出或下载，仅保留账号资产处理、网页端音乐人提现服务；2021 年 3 月 5 日，关闭服务器，运营基本停止。

2. 终止之日起的三十日内删除使用者的个人信息，履行《个人信息保护法》第四十七条的义务。同时，也提出了相应的对训练数据、算法模型等的处理，以避免数据泄漏和安全风险。

第五十一条　许可注销　负面清单内人工智能提供者应当提前三十个工作日通知主管机关，说明有关情况，并在终止服务后将许可证交回

原许可机关。

不在负面清单内人工智能提供者应当在终止服务之日起二十个工作日内办理注销备案手续。

【起草参考】

《互联网信息服务算法推荐管理规定》第二十四条

【相关规定】

《互联网信息服务算法推荐管理规定》第二十四条

【条文释义】

本条是人工智能提供者在第五十条的终止机制基础上对许可和备案处理的义务。

《示范法》第二十五条规定，“国家建立人工智能负面清单制度，对负面清单内的产品、服务实施许可管理，对负面清单外的产品、服务确有需要的实施备案管理”。基于国家有效管理的目的，本条规定，人工智能提供者在终止提供人工智能产品和服务时，应当根据负面清单内和负面清单外的不同要求，分别采取注销许可和注销备案的措施。

第五十二条　负面清单内人工智能提供者增强义务　负面清单内人工智能提供者，还应当履行如下义务：

（一）按照本法要求进行安全评估，确保安全、稳健；

（二）制定并保存符合本法要求的技术文件，以证明所提供的人工智能符合本法对负面清单内人工智能的要求；

（三）建立并运行符合本法要求的全生命周期质量管理体系；

（四）在人工智能产品、服务自主运行过程中，确保人类可以随时采取介入、接管等措施；

（五）法律、行政法规规定的其他义务。

【起草参考】

欧盟《人工智能法》第 11 条、第 17 条

【条文释义】

依据《示范法》规定，人工智能研发者是指仅从事算法设计、训练数据标注、特征提取、模型训练和优化、测试部署、免费且开源提供等人工智能研究和开发活动的个人、组织；人工智能提供者，是指出于商业目的提供人工智能或者为其提供相关技术支持的个人、组织，或者无论是否出于商业目的，面向公众提供人工智能或者为其提供相关技术支持的个人、组织，但仅免费且开源提供人工智能的个人、组织除外。人工智能的风险可能产生于人工智能研发者负责的研发活动中，也可能产生于人工智能提供者的提供活动中，比如在运营过程中人工智能的输出数据泄漏了训练数据中的敏感个人数据。因此为了有效控制人工智能的风险，应当由人工智能研发者和提供者根据其各自的活动范围和责任边界，采取合理必要的措施防控风险。对应于负面清单内的人工智能研发者的增强性义务，负面清单内的人工智能提供者应当承担如下增强性义务。

一　技术文件

人工智能提供者的活动，包括部署于产品应用场景、运营人工智能产品和服务，而此阶段也可能产生相应的风险，需要通过技术文件来记录，保证可追溯性。如前所述，技术文件建议覆盖如下内容：

（1）数据治理。妥善管理用于人工智能系统输入的数据治理。如果包括再训练、微调等，也应当记录相应的数据处理和开发过程。

（2）风险评估。进行系统的风险评估，识别可能对健康、安全和基本权利造成影响的风险，并制定相应的缓解措施。

（3）透明度和可解释性。确保人工智能系统的决策过程是可追溯的，并且能够向用户和监管机构提供清晰的解释。这可能包括提供模型的输入输出关系、决策逻辑和性能指标。

（4）用户支持和培训。为用户提供必要的支持和培训，帮助他们理解系统的使用和限制，以及如何正确地操作和维护系统。

（5）持续监控和评估。在产品投放市场后，持续监控其性能和安全性，收集用户反馈，并根据需要进行评估和改进。

（6）应急计划。制定应急计划，以便在发现系统存在严重问题时能够迅速响应，包括撤回产品、通知用户和监管机构，以及采取必要的纠正措施。

（7）文档化和维护。定期更新技术文件，确保所有变更都被记录和维护。变更包括系统升级、修复和任何其他可能影响系统合规性的变化。

人工智能提供者应当在人工智能研发者提供的内容基础上，增加其活动范围内相应的内容，提供完整的技术文件。

二　质量管理体系

如前所述，质量管理体系是产品领域最重要的产品安全风险和质量保证的管理体系，覆盖产品生产和使用的全生命周期，具有标准化的实施操作流程，可以充分保证标准性、安全性和可靠性、可追溯性和责任、持续改进以及提升市场接受度。考虑到人工智能提供者的活动范围，无论是将人工智能作为独立产品还是作为已有产品的组件，均应当遵守已有的质量管理体系，并结合人工智能的特性，提供人工智能产品全生命周期内的质量保障。

三 人类监督

正如欧盟《人工智能法》所指出的"人类监督应旨在防止或最大限度地减少高风险人工智能系统在按其预期目的使用时或在可合理预见的滥用条件下使用时可能对健康、安全或基本权利造成的风险，特别是在尽管适用了本章规定的其他要求但这种风险依然存在的情况下"，负面清单内的人工智能可能对国家、社会、个人造成较大的影响，因此应当采取人类监督的方式以控制风险。具体而言，人类监督应当可以实现：（1）监督确保人工智能系统的设计和应用遵循伦理原则，尊重人类尊严和权利，避免歧视和偏见；（2）通过监督，可以识别和减轻人工智能技术可能带来的安全风险，包括隐私泄露、数据滥用和自动化决策的不公平性；（3）人类有效的监督能够增强公众对人工智能技术的信任，促进技术的广泛接受和社会融合。

因此，本条明确规定，在人工智能产品、服务自主运行过程中，确保人类可以随时采取介入、接管等措施，以确保人类监督措施到位。人类监督在人工智能模型开发和使用的不同阶段对其进行监控，包括测试和验证输出、在部署过程中对系统警报作出反应，并在适当的时候从市场中召回模型。人类监督的实施方式建议采取如下措施：

1. 基于风险选择不同的人类监督方式。人类监督方式包括如下三种：HIL（Human-in-the-Loop）、HOTL（Human-on-the-Loop）和 HIC（Human-in-Charge）。HIL 指的是人类直接参与到人工智能系统的决策循环中，人工智能系统提供建议或初步决策，但最终决策权在人类手中。这种模式确保了人类对人工智能输出的最终控制，防止了完全自动化可能导致的错误或偏见。HOTL 模式中，人类监督者不直接参与人工智能的决策过程，而是在决策后进行审查。这种模式允许人工智能系统在没有人类直接干预的情况下运行，但要求人类监督者定期检查人工智能的决策和行为，以确保其符合既定的伦理和法律标准。HIC 强调人类在人工智能系统中的主导地位，即使在自动化程度较高的系统中，人类仍然是最终决策者。在这种模式下，人工智能系统的设计和操作都旨在支持人类的决策，而不是取代人类。三种监督方式中人类决策的影响性不同，可以基于人工智能的风险大小来选择相应的人类监督方式。

2. 培训和支持。为监督人员提供全面的培训，使他们能够理解人工智能系统的工作原理、潜在的偏见和局限性。培训应包括如何识别和处理人工智能系统可能产生的不准确或有偏见的决策，以及如何在决策过程中考虑伦理和法律因素。

3. 监督流程。建立明确的监督流程，包括何时和如何进行人类审查，以及在发现问题时应采取的行动。设立一个反馈机制，允许监督人员报告问题，并确保这些问题得到及时处理。

4. 监督的权威和能力。确保监督人员具有足够的权威和能力来挑战人工智能系统的输出。这可能意味着他们有权要求重新审查决策，或者在必要时完全推翻人工智能的建议。监督人员应具备必要的技能和知识，以便他们能够有效地评估人工智能系统的输出，并在必要时提出替代方案。

5. 记录。记录所有人工智能系统的决策过程，包括人类监督者的参与情况。这包括他们是否请求干预、提出异议或要求解释。这些记录不仅有助于满足合规要求，还可以用于持续改进人工智能系统的性能和监督流程。

6. 监控和评估。定期监控和评估监督活动的有效性。这包括分析人类监督者接受或拒绝人工智能系统输出的频率和原因。如果发现监督者经常性地接受人工智能系统的输出，可能需要重新评估监督流程，确保人类监督者能够进行有意义的审查。

7. 持续改进。根据监控和评估的结果，不断改进监督流程和人工智能系统。这可能包括更新培训材料、改进用户界面或调整人工智能模型。

【域外比较】

一　技术文件

拟议中的《美国算法责任法》就包括对自动决策系统文档的要求。第 4（7）条要求操作员“维护和更新用于开发、测试、维护或更新自动决策系统或增强关键决策过程的任何数据或其他输入信息的文档”。

欧盟《人工智能法》第 11 条“技术文件”规定：高风险人工智能系统的技术文件应在该系统投放市场或投入使用之前编制，并应不断更新。技术文件的编制应能证明高风险人工智能系统符合本章规定的要求，并以清晰和全面的形式向国家主管机关和通知机关提供必要的信息，以评估人工智能系统是否符合这些要求。它至少应包含附件四所列的要件。

附录四中规定的技术文件包括如下信息：

（1）人工智能系统的总体描述，包括系统的预期目的、提供者的名称、系统的版本、与硬件或软件的交互方式、相关软件或固件的版本、系统投放市场的形式、运行硬件的说明、产品外部特征和内部布局（如适用）、用户界面的基本描述、使用说明和用户界面的基本说明（如适用）。

（2）详细描述人工智能系统的要素及其开发过程，包括开发方法和步骤、设计规格、系统结构说明、数据要求、人工监督措施、预先确定的更改、验证和测试程序、网络安全措施等。

（3）关于人工智能系统的监测、运作和控制的详细资料，包括性能方面的能力和局限性、可预见的意外结果、对健康和安全、基本权利和歧视的风险来源、人为监督措施、输入数据的规格等。

（4）说明性指标是否符合特定的人工智能；

（5）根据第 9 条对风险管理系统的详细说明。

（6）描述提供者在系统生命周期内对系统所做的相关更改。

（7）全部或部分采用的统一标准清单，以及未采用此类统一标准时的解决方案说明。

（8）欧盟合格性声明副本。

（9）详细说明根据第 72 条为评估人工智能系统在后市场阶段的性能而建立的系统，包括后市场监测计划。

二　关于质量管理体系的义务

欧盟《人工智能法》明确规定了高风险人工智能系统应当建立质量管理体系以及相应的范围。第 17 条质量管理体系规定：

1. 高风险人工智能系统的提供者应建立质量管理体系，确保遵守本条例。该系统应以书面政策、程序和指令的形式系统有序地加以记录，并至少应包括以下方面：

（a）合规策略，包括遵守合格性评估程序和管理修改高风险人工智能系统的程序；

（b）用于高风险人工智能系统的设计、设计控制和设计验证的技术、程序和系统行动；

（c）用于高风险人工智能系统的开发、质量控制和质量保证的技术、程序和系统行动；

（d）在开发高风险人工智能系统之前、期间和之后要进行的检查、测试和验证程序，以及进行这些程序的频率；

（e）应采用的技术规格，包括标准，如果没有完全采用相关的统一标准，或没有涵盖本编第二节所列的所有相关要求，应采用何种手段确保高风险人工智能系统符合这些要求；

（f）数据管理的系统和程序，包括数据获取、数据收集、数据分析、数据标注、数据存储、数据过滤、数据挖掘、数据汇总、数据保留，以及在高风险人工智能系统投放市场或投入使用前和为投放市场或投入使用而进行的与数据有关的任何其他操作；

（g）第 9 条提及的风险管理系统；

（h）根据第72条的规定，建立、实施和维护市场后监测系统；

（i）根据第73条报告严重事件的相关程序；

（j）处理与国家主管机关、其他相关机构（包括提供或支持数据访问的机构）、通知机关、其他运营商、客户或其他相关方的沟通；

（k）所有相关文件和信息的记录保存系统和程序；

（l）资源管理，包括与供应安全有关的措施；

（m）问责框架，规定管理层和其他工作人员在本段所列各方面的责任。

2. 第1款所述各方面的实施应与提供者组织的规模成比例。在任何情况下，提供者都应尊重为确保其人工智能系统符合本条例所要求的严格程度和保护水平。

三　人类监督

加拿大《人工智能与数据法（草案）》要求在高影响人工智能系统投入使用之前，采取适当的措施来识别、评估和降低损害或偏见的输出的风险。这种做法是通过对生命周期每个阶段的要求设定明确的预期，促进合规性。高影响人工智能系统的义务所依据的原则之一即人类监督和监测。人类监督是指，高影响人工智能系统的设计和开发方式必须能够让管理该系统运行的人类进行有意义的监督。这包括与环境相适应的可解释性。

欧盟《人工智能法》明确规定，高风险人工智能系统应当满足人类监督的要求，提出人类监督所实现的目的以及监督措施应当与人工智能的风险、自主程度和使用环境成正比。该法第14条人类监督规定：

1. 高风险人工智能系统的设计和开发方式，包括适当的人机交互接口工具，应能在人工智能系统使用期间由自然人进行有效监督。

2. 人类监督应旨在防止或最大限度地减少高风险人工智能系统在按其预期目的使用时或在可合理预见的滥用条件下使用时可能对健康、

安全或基本权利造成的风险，特别是在尽管适用了本章规定的其他要求但这种风险依然存在的情况下。

3. 监督措施应与人工智能系统的风险、自主程度和使用环境成比例，并应通过以下一种或所有类型的措施加以确保：

（a）提供者在高风险人工智能系统投放市场或投入使用之前，在技术上可行的情况下，在该系统中确定和建立的措施；

（b）提供者在将高风险人工智能系统投放市场或投入使用之前确定的、适合由用户实施的措施。

4. 为执行第1—3款，向用户提供高风险人工智能系统时，应酌情并根据具体情况，使被指派进行人工监督的自然人能够使用该系统：

（a）适当了解高风险人工智能系统的相关能力和局限性，并能适当监测其运行情况，以及发现和处理异常情况、功能失调和意外表现；

（b）始终意识到自动依赖或过度依赖高风险人工智能系统产生的输出结果（“自动化偏差”）的可能趋势，特别是对于用于为自然人决策提供信息或建议的高风险人工智能系统；

（c）正确解释高风险人工智能系统的输出结果，同时考虑现有的解释工具和方法；

（d）在任何特定情况下决定不使用高风险人工智能系统，或以其他方式忽略、推翻或逆转高风险人工智能系统的输出；

（e）通过“停止”按钮或类似程序，干预高风险人工智能系统的运行或中断系统，使系统停止在安全状态。

此外，2023年11月1日，包括中国和美国在内的28个国家和欧盟达成《布莱切利宣言》，旨在推动全球在人工智能安全方面的合作。该宣言提出，“为此，我们欢迎国际社会在现有论坛和其他相关倡议中为审查和应对人工智能系统的潜在影响所做的相关努力，并认识到需要解决保护人权、透明度和可解释性、公平、问责、监管、安全、适当的人类监督、道德、减少偏见、隐私和数据保护等问题”，将适当的人类监督作为需要考虑的问题。

第五十三条　平台经营者义务　网络平台经营者知道或应当知道平台内产品或者服务提供者通过平台从事人工智能提供活动的，应依法制定或修改其平台服务协议和交易规则，明确平台内产品或者服务提供者提供人工智能的规范和应履行的义务。

【起草参考】

《电子商务法》第三十二条

【相关规定】

无

【条文释义】

本条参考网络交易平台与网络交易经营者的关系，如《电子商务法》第三十二条规定，电子商务平台经营者应当遵循公开、公平、公正的原则，制定平台服务协议和交易规则，明确进入和退出平台、商品和服务质量保障、消费者权益保护、个人信息保护等方面的权利和义务，网络平台经营者对平台上提供人工智能活动的提供者具有管理义务，因此设定了网络平台经营者的相关义务，应当依法制定或修改其平台服务协议和交易规则，明确平台内产品或者服务提供者提供人工智能的规范和应履行的义务，以充分发挥平台的管理作用。

通过平台方式提供人工智能的运营模式仍在探索中，目前尚未形成如电子商务交易平台那样明确的运营模式和行为边界，因此该条将义务的门槛设为知道或应当知道人工智能提供者通过平台从事人工智能的提供活动。

第五章　人工智能综合治理机制

第五十四条　国家人工智能主管机关职责　国家人工智能主管机关依法履行以下人工智能监管职责：

（一）每年3月31日前向国务院报送人工智能发展和治理情况专项报告；

（二）开展人工智能伦理、安全教育与宣传，指导、监督人工智能开发、提供和使用；

（三）制定人工智能监管规则、指引，组织制定人工智能伦理、安全、管理等方面标准；

（四）推进人工智能治理社会化服务体系建设，指导、支持专业机构开展人工智能安全监测、评估、审计、认证等服务；

（五）指导、支持开源人工智能基金会开展活动；

（六）建立人工智能风险监测预警机制，组织人工智能领域风险信息的获取、分析、研判、预警工作；

（七）建立人工智能安全事件应急处置机制；

（八）接受、处理与人工智能技术及产品开发、提供和使用有关的投诉、举报；

（九）调查、处理人工智能开发、提供和使用违法活动；

（十）法律、行政法规规定的其他职责。

【起草参考】

《个人信息保护法》第六十一条；《中华人民共和国节约能源法》（以下简称《节约能源法》）第六条

【相关规定】

《网络安全法》；《科技伦理审查办法（试行）》

【条文释义】

本条是关于国家人工智能主管机关职责的规定。《示范法》要求设立国家人工智能主管机关和地方各级人工智能主管机关，履行人工智能治理职责。在此基础上，有必要对国家人工智能主管机关职责作出细化规定。地方各级人工智能主管机关接受国家人工智能主管机关的领导，在辖区范围内履行人工智能治理职责。国家人工智能主管机关职责主要分为以下几方面：

一　定期报送人工智能发展和治理情况

国务院组成部门、地方政府就其部分职责履行情况向国务院作定期报告，在我国已有较成熟的制度和实践。例如，《预算法》第二十五条要求国务院财政部门定期向国务院报告中央和地方预算的执行情况；《节约能源法》第六条第二款规定，省、自治区、直辖市人民政府每年向国务院报告节能目标责任的履行情况。人工智能治理需要监管部门在制定配套规则等方面持续发力，以明确监管要求并根据人工智能发展需要灵活调整。为强调政府责任，加强对人工智能主管机关在人工智能治理方面履职的监督，本条第（一）项提出建立人工智能发展和治理情况专项报告机制，通过定期汇报工作开展情况检查本法规定的国家人工智能主管机关各项职责是否履行到位。

二　开展人工智能伦理、安全教育与宣传，指导、监督人工智能开发、提供和使用

人工智能主管机关对人工智能进行治理，除建立各项机制和依法执

法外，还主要通过宣传教育、指导、监督等行为发挥作用。

普及人工智能相关知识是开展人工智能治理活动的重要基础。人工智能领域的宣传教育有利于培养公众技术素养，使公众更好地参与到人工智能发展中，并有利于对人工智能研发、提供和使用活动实施必要的舆论监督。实践中，国家人工智能主管机关及地方各级人工智能主管机关可以根据具体的宣传需求，采取多样化的宣传形式，通过网络、电视、广播、报纸杂志、自媒体等多种媒介，广泛开展人工智能伦理及人工智能安全方面的宣传教育活动，特别是要针对新技术架构、新应用模式和其他社会公众较为关注的问题加大宣传教育、解释说明力度；同时，也要普及人工智能相关法律知识，说明技术研发、提供和使用过程中可能出现的违法行为及识别、防范手段，推动公众不断提高依法使用人工智能的意识和能力，营造全社会共同参与的人工智能治理氛围。

人工智能法治还在不断演进完善之中，有关人工智能研发者、提供者在实践中可能遇到尚未明确规定、尚未形成一致结论的问题。因此，人工智能主管机关需加强对人工智能研发者、提供者的指导和监督，加强沟通，及时吸收有益的意见和建议，并对人工智能研发应用过程进行监督，防范违法侵权行为。

三　制定人工智能监管规则、指引，组织制定人工智能伦理、安全、管理等方面标准

人工智能治理需保持一定的敏捷性、针对性。对实践中产生的人工智能新问题新需求，国家人工智能主管机关应在充分研究论证的基础上尽快作出必要规定；对本法中未予直接规定，但需要细化的技术标准、合规指南及其他程序性、技术性问题，应出台配套制度，做好衔接。对于已有规定但随技术发展不再适应的，也需及时根据情势变化作出修改、调整。

因此，本条授权国家人工智能主管机关根据本法和有关法律、行政

法规的规定，制定人工智能监管规则、指引，组织制定人工智能伦理、安全、管理等方面标准。

四　推进人工智能治理社会化服务体系建设，指导、支持专业机构开展人工智能安全监测、评估、审计、认证等服务

人工智能治理需要社会多方参与。除人工智能主管机关和人工智能研发者、提供者及使用者之外，也需要第三方机构在技术评估、认证、监测、审计等方面积极参与，补足政府提供对应服务可能存在的供应不足、效率较低等问题。第三方机构也有助于发现和纠正潜在的偏见、滥用、安全风险等问题，并督促人工智能研发者、提供者充分履行本法规定的义务。目前，我国在人工智能等新兴领域还缺少各类专业服务机构，不能满足研发者、提供者需要。在建设人工智能治理社会化服务体系、发展第三方机构的基础上，国家人工智能主管机关需指导、支持第三方专业机构对人工智能技术进行测评、评估和审计，并可结合第三方机构出具的意见、建议或结论进行监督执法工作，如要求特定人工智能研发者、提供者就安全监测、评估中发现的问题进行整改完善。

五　指导、支持开源人工智能基金会开展活动

本法提出鼓励建立开源人工智能基金会。若基金会得以建立，则国家人工智能主管机关依据《基金会管理条例》应是基金会的业务主管单位，需依法负责基金会年检初审，并配合登记管理机关、其他执法部门查处基金会违法行为。同时，国家人工智能主管机关还需要指导和支持开源人工智能基金会在组织学术研讨、促进技术交流、扶持开源人工智能研发工作、支持开源人工智能平台和开源社区建设等方面开展工作。

六 建立人工智能风险监测预警机制，组织人工智能领域风险信息的获取、分析、研判、预警工作

建立风险监测预警机制，将治理压力由事后执法追责为主转向兼顾事前、事中和事后全过程，是我国网络安全、数据安全等领域的重要立法及实践经验之一。建立人工智能风险监测预警机制，有利于保障人工智能技术的安全性，有助于提升公众对人工智能的信任度并促进人工智能技术的可持续发展。国家人工智能主管机关应当会同有关部门、企业、研究机构等建立必要的工作机制，牵头组织风险监测、风险信息共享、风险通报等工作。

七 建立人工智能安全事件应急处置机制

人工智能安全事件若涉及国防、金融、交通等领域，对国家和人民的安全和利益造成严重影响。即使是一般的人工智能安全事件，仍可能沿技术链条进行传导。因此，国家人工智能主管机关应牵头建立应急处置机制，在遇到自然灾害、突发事件等情况时，快速、有效地恢复人工智能系统的正常运行，最大限度地减少潜在的损失和危害。

八 接受、处理与人工智能技术及产品开发、提供和使用有关的投诉、举报

实践中，仅凭人工智能开发、提供主体间的合作协议，或提供者与使用者间的服务协议，不能解决与人工智能技术、产品有关的全部纠纷。各主体亦有权就所发现的违法侵权行为或其他不当行为，向国家人工智能主管机关投诉、举报。因此，国家人工智能主管机关及地方人工智能主管机关应当建立必要的投诉、举报信息接收处置机制，例如设立并公开接受投诉、举报的方式，明确投诉、举报处理程序，指定专人或专门内设机构对投诉举报依法进行处理等。

九 调查、处理违法人工智能开发、提供和使用活动

前文所提及的投诉、举报机制，往往涉及违法线索；通过日常监督等其他途径，人工智能主管机关和其他有关部门也可能发现一些违法线索。上述线索应向人工智能主管机关汇总，并应当依照法定程序对违法的人工智能研发、提供和使用活动进行调查，并根据调查结果及时作出处理。

十 法律、行政法规规定的其他职责

除本条所规定的国家人工智能主管机关职责外，本法及其他法律、行政法规还可能对国家人工智能主管机关的职责作出规定。国家人工智能主管机关应当依法履职，对人工智能实施有效治理，维护人工智能研发、提供和使用的良好秩序，保护国家利益及公民、组织的合法权益。

【域外比较】

欧盟《人工智能法》第七章“治理”规定欧洲人工智能委员会的职责。按照该法第 65 条、第 66 条的规定，欧洲人工智能委员会可以通过建立咨询论坛和科学专家小组、促进国家主管机关之间的协调、对实施后的该法进行评估和审查并提出建议和书面意见、促进共同准则制定、与其他机构开展合作等方式促进《人工智能法》在未来得到一致和有效实施。

《人工智能法》第 70 条则对国家主管机关履行职责提出了要求。国家主管机关应独立、公正和不带偏见地行使权力，以维护其活动和任务的客观性原则，并确保《人工智能法》的适用和实施。当联盟机构、机关和团体属于该法的适用范围时，则由欧洲数据保护监督员作为主管机关。此外，欧盟委员会还于 2024 年 1 月宣布在其内部成立人工智能办公室，为《人工智能法》的实施和欧洲人工智能委员会等机构、组织的运作提供支持，例如，开发用于评估通用人工智能模型能力的工具、方法和基准，调查可能违反通用人工智能模型和系统规则的行为，协助欧盟委员会编制指南和准则等。

第五十五条 人工智能伦理专家委员会 国家人工智能主管机关成立国家人工智能伦理专家委员会，地方人工智能主管机关成立本级人工智能伦理专家委员会。

国家人工智能伦理专家委员会对人工智能研发、提供和使用中的重大伦理问题进行研究，为国家人工智能主管机关提供咨询意见，指导全国范围内的伦理审查相关工作。

地方人工智能伦理专家委员会对本行政区域人工智能研发、提供和使用中的伦理问题进行研究，为本级地方人工智能主管机关提供咨询意见，指导本行政区域人工智能研发者、提供者和使用者人工智能伦理审查委员会的工作，并直接负责本行政区域内政务服务、公共管理等领域研发、提供和使用人工智能活动等伦理审查工作。

【起草参考】

《深圳经济特区人工智能产业促进条例》第六十五条；《上海市促进人工智能产业发展条例》第六十六条

【相关规定】

《科技伦理审查办法（试行）》

【条文释义】

本条是关于人工智能伦理专家委员会的规定，明确了人工智能伦理专家委员会的设立及其具体职责。

一　成立人工智能伦理专家委员会

设立专门咨询（专家）机构推进人工智能治理，这不仅是人工智能发展的现实需求，也是国际组织和人工智能发展领先国家和地区的普遍共识与有效做法。例如，2023 年 10 月，联合国宣布成立了人工智能高级别咨询机构（High-level Advisory Body on Artificial Intelligence），为国际社会加强对人工智能的治理提供支持；欧盟在人工智能立法中设立人工智能咨询论坛、独立专家科学小组等机构。我国也于 2019 年成立了国家新一代人工智能治理专业委员会，2023 年发布的《科技伦理审查办法（试行）》进一步规定，从事生命科学、医学、人工智能等科技活动的单位，研究内容涉及科技伦理敏感领域的，应设立科技伦理（审查）委员会。与此同时，《深圳经济特区人工智能产业促进条例》《上海市促进人工智能产业发展条例》等地方法规也明确规定了设立本级人工智能伦理委员会的要求。从理论和实践来看，设立人工智能伦理专家委员会不仅顺应 AI 技术产业发展的需求，也已经具备了良好的实践基础。因此，《示范法》第五十五条在结合当前发展实践和地方立法经验基础上规定，“国家人工智能主管机关成立国家人工智能伦理专家委员会，地方人工智能主管机关成立本级人工智能伦理专家委员会”，从中央和地方两个维度对设立人工智能伦理专家委员会作出原则性的规定，为各级政府人工智能主管机关开展相关工作提供明确的上位法依据。

二　人工智能伦理专家委员会的具体职责

人工智能伦理专家委员会的定位主要是一个提供咨询和建议的机构，因此在职责上与行政监管部门不同，核心目的是发挥其专业特长推动解决人工智能发展中的治理、安全、伦理规范等问题。例如《科技伦理审查办法（试行）》中规定，科技伦理（审查）委员会的主要职责是提供科技伦理咨询、开展科技伦理审查等；《深圳经济特区人工智能产业促进条例》第六十五条也将市人工智能伦理委员会的职责明确为研究制定人工智能领域的伦理安全规范、发布人工智能伦理安全实践指南等方面。考虑到国家层面和地方层面情况不同，以及各级人工智能伦理委员会设立的主体不同，《示范法》在立法技术上从中央和地方两个维度，分别对国家人工智能伦理专家委员会和地方人工智能伦理专家委员会的职责作了规定，明确国家人工智能伦理专家委员会对人工智能研发、提供和使用中的重大伦理问题进行研究，为国家人工智能主管机关提供咨询意见，指导全国范围内的伦理审查相关工作；地方人工智能伦理专家委员会对本行政区域人工智能研发、提供和使用中的伦理问题进行研究，为本级地方人工智能主管机关提供咨询意见，指导本行政区域人工智能研发者、提供者人工智能伦理审查委员会的工作。

政务服务或者公共管理过程中使用人工智能活动，与社会公平、人权保护高度关涉，甚至会对政治生态造成深远的影响。因此，《个人信息保护法》第二十四条规定："个人信息处理者利用个人信息进行自动化决策，应当保证决策的透明度和结果公平、公正，不得对个人在交易价格等交易条件上实行不合理的差别待遇。"我国《科技伦理审查办法（试行）》附件将"面向存在安全、人身健康风险等场景的具有高度自主能力的自动化决策系统的研发"列入到需要开展伦理审查复核的科技活动清单之中，但并未例举"自动化决策系统的使用"活动，这在人工智能伦理审查的启动要件方面可能会形成一个严重的法律漏洞，需要尽快通过立法或者法律解释方法予以填补。为防止叠床架屋以及提升伦理审查的法律效力，《示范法》在立法技术上直接规定：对于本级党政机关政务服务或者公共管理过程中使用人工智能活动的伦理审查，由本级人工智能委员会直接负责审查。

【域外比较】

欧盟《人工智能法》第七章"治理"规定设立人工智能咨询论坛、

独立专家科学小组等机构，并明确了其相关职责。从定位上来看，与《示范法》上的专家委员会类似。欧盟《人工智能法》第65条和第68条规定，欧洲人工智能委员会可以通过建立咨询论坛和科学专家小组、促进国家主管机关之间的协调、对实施后的该法进行评估和审查并提出建议和书面意见、促进共同准则制定、与其他机构开展合作等方式促进《人工智能法》在未来得到一致和有效实施。

关于政务服务或者公共服务中使用人工智能活动的伦理审查要求，欧盟在2018年生效的《通用数据保护条例》便针对算法自动化决策的问题提出了相应的规制要求，将透明度及算法问责原则列入该法的核心原则之一。欧盟《人工智能法》附录3例举的需要伦理审查的八种高风险人工智能系统，其中四种就主要是政务服务或者公共服务中人工智能的使用场景（获得和享用基本的私人服务和公共服务及福利、可能影响人的基本权利的执法活动、移民、庇护和边境管理、司法和民主程序），而另外的四种场景也往往与公共服务相关，比如，生物识别、决定受教育机会等。

第五十六条　安全审查制度　从事人工智能研发、提供和使用活动，影响或可能影响国家安全的，应当按照国家有关规定通过安全审查。

依法作出的安全审查决定为最终决定。

【起草参考】

《数据安全法》第二十四条

【相关规定】

《国家安全法》第五十九条；《网络安全法》第三十五条；《网络安

全审查办法》

【条文释义】

本条是关于人工智能安全审查的规定。

人工智能是人类发展的新领域。当前，全球人工智能技术快速发展，对经济社会发展产生深远影响，也给国家安全带来各种风险和复杂挑战，各国将发展人工智能放在影响国家安全的高度予以关注。《示范法》确立的人工智能安全审查制度是落实总体国家安全观的重要举措，也是我国国家安全审查和网络安全审查制度、数据安全审查制度等在人工智能领域的体现。

我国《国家安全法》第五十九条规定，国家建立国家安全审查和监管的制度和机制，对影响或者可能影响国家安全的网络信息技术产品和服务，以及其他重大事项和活动，进行国家安全审查。《网络安全法》第三十五条规定，关键信息基础设施的运营者采购网络产品和服务，可能影响国家安全的，应当通过国家网信部门会同国务院有关部门组织的国家安全审查。《数据安全法》则规定了国家建立数据安全审查制度，要求对影响或者可能影响国家安全的数据处理活动进行国家安全审查。落实相关上位法的要求，国家网信部门会同国家发展和改革委员会、工业和信息化部等部门制定了《网络安全审查办法》，明确要求关键信息基础设施运营者采购网络产品和服务，网络平台运营者开展数据处理活动，影响或者可能影响国家安全的，应当进行网络安全审查。

贯彻落实总体国家安全观的要求和国家安全审查原则，同时与网络安全审查、数据安全审查等制度相衔接，《示范法》规定从事人工智能研发、提供活动，影响或可能影响国家安全的，应当按照国家有关规定通过安全审查。与此同时，参考《数据安全法》中关于数据安全审查制度的要求，《示范法》明确“依法作出的安全审查决定为最终决定”。

第五十七条　前置程序期限　人工智能研发者、提供者、使用者依照本法及国家有关规定，就人工智能新技术新应用申报安全审查、备案或申请行政许可的，国家人工智能主管机关应当在规定的工作期限内及时处理、作出答复。

【起草参考】

《个人信息保护法》第六十五条

【相关规定】

《行政复议法》第三十二条

【条文释义】

本条是要求国家人工智能主管机关依法及时处理申请、申报的规定。

在《行政复议法》《个人信息保护法》等多部立法中，均有强调国家行政机关需依法及时处理投诉、举报、申请等工作并及时给予相对人答复的规定。本法第二十九条、第四十七条分别对申请负面清单人工智能许可和依法进行备案工作的答复、处置期限进行了规定；为尽可能减轻前置程序给人工智能研发者、提供者造成的负担，本条特别强调，即使未超出法定的工作期限，国家人工智能主管机关也应在自身能力允许的情况下尽快处理并给予申请人答复。同时，本条也要求对申报安全审查的情形，也应在法定期限内尽快予以处理，不应拖延。

【域外比较】

欧盟《人工智能法》设定各类前置程序的条款，在已经规定了相应工作时限的前提下，一般不会对履职效率再作强调。但其第34条“通知机构的业务义务”要求，负责制定和实施评估程序的通知机构在开展活动时应避免给提供者造成不必要的负担，并适当考虑到企业的规模、所处行业、结构和有关高风险人工智能系统的复杂程度，并应特别注意尽量减少微型和小型企业的行政负担和合规成本。此条包含对行政效率的规定，通知机构在条件允许的前提下需要积极主动推进评估等活动，不应要求企业额外投入过多资源以应对评估。

第五十八条　约谈　国家人工智能主管机关和地方各级人工智能主管机关在履行职责中，发现人工智能研发、提供活动存在较大风险或者发生安全事件的，可以按照规定的权限和程序对该人工智能研发者、提供者进行约谈，要求其采取下列措施：

（一）按照要求进行整改，消除隐患；

（二）对其研发、提供活动作出适当的解释，说明人工智能服务的开发、管理和运行的责任，为保障公平性、安全性和稳定性采取的措施，以及对利益相关方的影响等；

（三）委托专业机构对其人工智能研发、提供活动进行合规审计。

人工智能研发者、提供者承诺限期整改合规，且能够有效避免人工智能研发、提供或使用活动造成危害的，可以不暂停相关活动。国家人工智能主管机关认为可能造成危害的，可以责令暂停相关活动。

【起草参考】

《个人信息保护法》第六十四条

【相关规定】

《互联网新闻信息服务单位约谈工作规定》

【条文释义】

本条是关于人工智能监管约谈的规定。

行政约谈是在行政执法体制改革过程中产生的新制度。2015 年，国家网信办发布《互联网新闻信息服务单位约谈工作规定》，将约谈明确为一种由监管机关依法约见有关单位负责人，进行警示谈话、指出问题、责令整改纠正的行政行为。行政约谈兼有警示、告诫和指导的功能，体现出了柔性执法理念，在我国食品、药品、个人信息保护等领域的监管执法中已得到广泛运用。

本条第一款明确约谈的条件，包括两类：（1）人工智能研发、提供活动存在较大风险；（2）发生安全事件。约谈能够增进人工智能主管机关和被约谈对象之间的交流，分析风险产生或发生事件的具体原因，以便于采取更合理的整改处置措施，也有利于人工智能主管机关指导、协助被约谈对象更好地履行合规义务。对人工智能研发者、提供者约谈与否，不影响人工智能主管机关依据本法其他条款或其他法律法规要求人工智能研发者、提供者采取处置措施，也不影响在发生安全事件、损害他人合法权益的情况下追究人工智能研发者、提供者责任。

在约谈的基础上，人工智能主管机关可以向人工智能研发者、提供者提出采取措施消除风险或处置人工智能安全事件的要求，包括以下内容：进行整改，消除隐患；对人工智能研发、提供活动作出适当的解释，例如说明人工智能服务的开发、管理和运行的责任，为保障公平性、安全性和稳定性采取的措施，以及对利益相关方的影响等；委托专业机构对人工智能研发、提供活动进行合规审计。上述各项要求可以视情况择其一提出，也可以同时提出。

本条还规定了约谈的后续处置措施。对于人工智能主管机关在约谈中提出的要求，人工智能研发者、提供者需积极响应，作出整改承诺并着手实施。考虑到前沿技术发展应用过程中应有必要的容错试错空间，且技术风险客观上难以完全消除，人工智能主管机关应当综合考量风险严重程度、可能造成的危害、相关主体防范风险或避免危害的技术能力等因素，考虑是否责令人工智能研发者、提供者暂停相关活动，待风险消除后或事件处置完毕后再继续开展。

【域外比较】

欧盟《人工智能法》未明确约谈等行政指导形式，但对各成员国市场监督管理机关在发现风险时要求人工智能提供者整改及其后果的程序作出了相应规定。按照第79条，对于在国家层面构成风险的人工智能系统，市场监督管理机关除立刻要求其采取纠正措施外，还可同步要求其在规定的期限内撤回或召回人工智能系统。按照第80条，对于经评估发现具有高风险但未按要求进行申报和评估的人工智能系统，市场监督管理机构应要求其立刻按照高风险人工智能相关要求进行整改合规。对于以上两种情况，若期限内未能消除风险、依法整改合规或召回人工智能系统，市场监督管理机关有权进一步进行罚款等处罚，并可以禁止或限制在国家层面构成风险的人工智能活动。若市场监督管理机关发现高风险人工智能系统虽符合规定，但在其他方面构成风险，则应立刻要求相关经营者采取措施，在规定期限内消除风险。相较于欧盟立法，《示范法》不明确要求国家人工智能主管机关根据人工智能是否属于负面清单范围而采取措施；在约谈后，国家人工智能主管机关应根据具体风险情况、整改情况要求其采取相应措施，并视情况决定后续行动。

第五十九条 创新监管 国家人工智能主管机关就人工智能产业研发、提供和使用活动中的轻微违法行为等情形，依法决定不予行政处罚的，应当通过批评教育、指导约谈、组织会商研讨等措施促进当事人依法合规开展人工智能产业研发、提供和使用活动。

国家人工智能主管机关针对开源人工智能研发者制订专门的合规指引，推动开源人工智能创新发展。

【起草参考】

《行政处罚法》第三十三条

【相关规定】

《行政处罚法》第三十三条；《国务院关于进一步规范和监督罚款设定与实施的指导意见》第（五）项、第（十）项

【条文释义】

本条是有关人工智能创新监管方式的规定。行政法上的比例原则要求处罚措施与违法的严重程度相适应，不宜以过度限制行政相对人权利的方式惩戒轻微违法行为。考虑到人工智能技术发展过程中可能存在大量初次、情节轻微或无主观过错的违法情形，对此类行为可依法决定不予行政处罚。《行政处罚法》第三十三条对依法不予行政处罚的情形作出了规定，同时明确“对当事人的违法行为依法不予行政处罚的，行政机关应当对当事人进行教育”。因此，本条规定，国家人工智能主管机关在依法适用不予行政处罚制度时，应搭配批评教育、指导约谈、组织会商研讨等措施，以使当事人认识到自己行为的违法性并且予以悔改，督促违法当事人整改合规，达到促进当事人依法开展相关活动和预防再次违法的目的。为更好适用不予行政处罚制度，国家人工智能主管机关也需制定和定期更新不予处罚、可以不予处罚清单或典型案例，细化不予、可以不予处罚情形，更好指导行政执法工作。

【域外比较】

欧盟《人工智能法》第99条授权欧盟各成员国制定适用于经营者违法行为的处罚规则和其他执行措施，其中包括警告和非罚款措施。对于开源人工智能，《人工智能法》仅在特定情况下对其排除适用，如为科学研究和发展而专门开发并投入使用、不具备高风险且不进行商业化使用等。考虑到《示范法》其他条款对鼓励开源人工智能发展、合规

义务与责任减免等均进行了专门规定，《示范法》采取了要求国家人工智能主管机关制定专门合规指引的方式，明确各种情形下的责任减免标准、限度，而非笼统地附以有条件的合规义务豁免，以此更有针对性地推动对开源人工智能的创新监管。

第六十条 监管试验 国家人工智能主管机关建立人工智能监管试验机制，就以下事项出台具体规定、指引：

（一）参与监管试验的条件；

（二）监管试验的运行机制；

（三）监管试验的风险监测与防控措施；

（四）参与监管试验的人工智能研发者、提供者的义务、责任减免机制。

【起草参考】

欧盟《人工智能法》第 58 条

【相关规定】

《全面对接国际高标准经贸规则推进中国（上海）自由贸易试验区高水平制度型开放总体方案》第 77 点；《国务院关于支持北京城市副中心高质量发展的意见》第（四）项

【条文释义】

本条是有关人工智能监管试验机制的规定。本条所称监管试验，一般也被称作监管沙盒，是一种创新的监管工具，允许公司在受控环境中测试新技术、商业模式或解决方案，而无需完全遵守所有监管要求。这一概念起源于金融服务领域，于 2015 年由英国金融市场行为监管局首次提出，旨在促进金融科技创新的同时保护消费者权益。过度包容的监管策略可能积重难返且引发系统性风险，过于审慎苛刻的执法政策又可能损害新业态经济的宏观前景。因此，针对新经济业态的规制采取“监管沙盒”等试验主义策略，能够给予规制部门和新经济企业一定的缓冲空间，在观察与过渡期内试验探索更为适配的监管工具，防止过度包容或者过于严苛的监管失衡。[①]《国务院关于支持北京城市副中心高质量发展的意见》等政策文件提出，支持开展各类场景沙盒试点；我国汽车安全、金融等领域监管中均已开始尝试探索建立监管试验机制。

考虑到目前人工智能技术可解释性仍然有限，存在“技术黑箱”，可以将类似监管试验机制应用于人工智能领域，构建受控的人工智能技术测试与应用环境，以加速人工智能创新发展，同时确保其风险可控。此外，监管试验机制可以为人工智能研发者、提供者、主管机关和其他利益相关者提供沟通协作的平台。因此，本条对国家人工智能主管机关建立人工智能监管试验机制进行规定。国家人工智能主管机关应承担出台具体规定、指引的职责，说明监管试验的参与条件、运行机制、风险监测与防控措施、试验参与方义务和责任减免机制等。

【域外比较】

欧盟在《人工智能法》明确采用了监管沙盒的概念，第57—63条对沙盒机制的建立和运行作出了规定。该法要求欧盟各成员国须在国家一级单独或联合建立至少一个监管沙盒，并鼓励在地方层面建立更多沙盒；要求欧洲人工智能委员会在未来出台法案以详细规定沙盒的运作细节，包括参与资格、申请程序和退出程序等；国家主管机关则负责各沙盒的具体运作，并指导参与沙盒的人工智能提供者合规。参考欧盟立法，《示范法》授权国家人工智能主管机关建立人工智能试验机制，并由其制定相关机制的运行规则、指引。

欧盟还在《人工智能法》中对参与沙盒的义务变更和法律后果进

① 卢超：《包容审慎监管的行政法理与中国实践》，《中外法学》2024年第1期。

行了一些规定。沙盒参与方仍然不能免于承担人工智能造成损害时的责任，但可酌情免于承担该法所规定的一些义务，包括在沙盒中可以仅为开发、训练和测试沙盒中的特定人工智能系统，在符合一定条件情况下超过原有目的处理个人数据。应符合的条件包括：（1）人工智能系统是为维护公共安全、公共卫生、环境保护、可持续能源等领域的重大公共利益而开发；（2）处理个人数据为遵守高风险人工智能合规义务所必需；（3）具备有效的风险监测和处置机制；（4）个人数据处于隔离和受保护状态；（5）禁止个人数据向沙盒外共享；（6）处理个人数据不会影响个人作出决定，或侵犯其他权利；（7）沙盒参与终止后数据须删除；（8）保留个人数据处理日志；（9）保证处理过程的透明度和可解释性；（10）公开与人工智能项目有关的信息。

第六十一条　国家机关责任人　国家机关及其他依法具有管理公共事务职能的组织应当指定人工智能负责人，负责对人工智能使用活动以及采取的安全保护措施等进行监督。

【起草参考】

《个人信息保护法》第五十二条；《网络安全法》第二十五条

【相关规定】

《数据安全法》第二十七条

【条文释义】

本条是有关国家机关任命人工智能负责人的规定。《网络安全法》第二十一条规定，网络运营者应当按照网络安全等级保护制度的要求，确定网络安全负责人；《数据安全法》《个人信息保护法》等法律法规也对任命重要数据的数据安全负责人、个人信息保护负责人等作出了规定。从防范风险、便于内部监管的角度来看，宜对人工智能负责人任命作出要求。但是，本法第四章有关人工智能研发者、提供者义务的规定，已基本覆盖风险防范的各项要求，再专门任命专责负责人所取得的效益较低。因此，本条考虑人工智能使用这一场景，在本法已鼓励国家机关对人工智能产品和服务先行先试并对国家机关不履职规定责任的前提下，要求国家机关及其他依法具有管理公共事务职能的组织在使用人工智能时须指定负责人，监督人工智能使用过程是否符合现有规定、是否侵犯个人、企业和组织的合法权益、是否采取了安全措施等，以体现国家机关使用人工智能时应负的更高注意义务和风险防控义务。人工智能负责人可以兼任网络安全负责人、个人信息保护负责人等职务。

第六十二条　执法机制　国家人工智能主管机关应当加强专门队伍和专业技术建设，提升监管从业人员的专业能力，开展相关技术培训，不断提升人工智能监管能力和水平。

国家人工智能主管机关应当依法确定本系统行政执法程序，建立行政执法监督制度。

【起草参考】

《反电信网络诈骗法》第二十七条

【相关规定】

《国务院组织法》第十七条；《政府督查工作条例》第二十二条

【条文释义】

本条是有关人工智能执法工作机制的规定。执法工作专门队伍建设是提升执法公信力的重要途径。目前，反电信网络诈骗、个人信息保护监管等领域对执法人员的执法能力和专业素养提出更高要求，《反电信网络诈骗法》等法律法规也对建设更加专业化的执法队伍提出要求。国家人工智能主管机关应注重队伍的组织架构、人员结构、工作机制等方面的建设，完善队伍的规章制度和管理制度，并不断提高队伍的组织化、纪律化程度。专门队伍的业务素质和水平则是提升执法公信力的关键，国家人工智能主管机关应着力提高执法人员的法治水平、业务水平以及专业技术素养。

行政权力依法行使，需要执法机构通过正当法律程序呈现执法的事实和理由。依法确立行政执法程序和行政执法监督制度，有助于国家人工智能主管机关严格规范公正文明执法，是推动人工智能监管体系与治理能力发展的关键。本条要求国家人工智能主管机关确立人工智能监管执法机制，增强行政执法活动的公正性、有效性。

【域外比较】

欧盟《人工智能法》第70条在要求欧盟各成员国指定国家主管机关时，也对主管机关的能力提出了要求。按照该条，成员国应确保向国家主管机关提供充足的技术、财政和人力资源以及基础设施等方面的支持，以有效履行《人工智能法》规定的任务。国家主管机关应保证其长期、稳定拥有数量足够且具备相应能力和专业知识的工作人员，“相应能力和专业知识”指对人工智能技术、数据和数据计算、个人数据保护、网络安全、基本权利、健康和安全风险、现有标准和法律要求等领域的深入了解。同时，该条还要求各成员国每年评估和更新国家主管机关的监管能力与监管资源要求。

第六十三条　技术治理　国家支持企业、科研机构等研究开发有关人工智能监测预警、安全评估、应急处置等技术，鼓励在人工智能领域应用监管科技、合规科技。

【起草参考】

《反电信网络诈骗法》第三十二条

【相关规定】

《科学技术进步法》第五条

【条文释义】

本条是有关人工智能技术治理的规定。《科学技术进步法》提出，"支持国家安全领域科技创新，增强科技创新支撑国家安全的能力和水平"。合规科技和监管科技旨在分别为人工智能研发者、提供者和监管机构提供创新技术解决方案。应用监管技术可对人工智能系统进行监控和检测，并对系统处理的数据进行过滤，及时发现并预警可能存在的风险隐患。合规科技则有助于加速合规流程数字化和自动化，提高政策理解能力和风险监测能力，降低合规成本，提升合规管理能力。国家应当采取措施支持企业、科研机构等研究开发有关人工智能监管科技、合规科技，并积极加以推广应用。

【域外比较】

欧盟《人工智能法》第68条提出由欧洲人工智能委员会建立一个独立专家科学小组，该小组将协助欧洲人工智能办公室在实施和执行《人工智能法》方面提供专业建议，其中就包括"促进开发评估通用人工智能模型和系统能力的工具和方法"。各成员国亦可要求独立专家科学小组提供专业意见，以协助其提高执法能力。《示范法》参考《反电信网络诈骗法》和欧盟立法，在鼓励运用技术工具进行监管、合规等人工智能治理的同时，对技术工具的开发者、提供者不作硬性要求。

第六十四条　境外反制　境外的组织、个人从事侵害中华人民共和国公民的合法权益，或者危害中华人民共和国国家安全、公共利益的人

工智能研发、提供或使用活动的，国家人工智能主管机关可以依法采取限制或禁止其在中华人民共和国境内研发、提供或使用人工智能等措施，并予以公告。

【起草参考】

《个人信息保护法》第四十二条

【相关规定】

《国家安全法》第二十五条；《网络安全法》第六十三条、第六十四条、第七十五条

【条文释义】

本条是关于限制或禁止境外组织、个人在境内研发、提供或使用人工智能的规定。

人工智能作为一种能够有效提升生产力的技术工具，也有可能被境内外犯罪分子用于实施网络攻击、传播虚假信息等不法用途。《示范法》第二条第二款规定了在境外从事人工智能的研发、提供和使用活动适用本法的情形，如相关活动影响或可能影响中华人民共和国国家安全、公共利益或者个人、组织合法权益的，境外组织、个人应当严格遵守本法规定；违反本法规定的，应当依照本法有关规定追究其相应的法律责任。但是，由于国内立法客观上难以在境外形成足够威慑力和强制力，若境外人工智能研发者、提供者放任、默许甚至出于某些目的允许其使用者利用人工智能从事针对我国的违法活动，将可能对我国国家安全、公共利益或个人组织合法权益造成不利影响。

因此，本条针对境外组织、个人利用人工智能从事违法活动的事后追责作出专门规定，除依法追究境外违法者法律责任外，国家人工智能主管机关还应跟据境外组织、个人所从事的违法活动的性质、情节、后果等因素，经评估后根据实际情况确定应采取其他具体应对措施，例如

限制或禁止其在中华人民共和国境内研发、提供或使用人工智能。

【域外比较】

目前，许多境外国家和地区都对人工智能等新兴技术侵犯国家安全的风险持警惕态度。欧盟《人工智能法》在罚则方面未对欧盟领域内外的人工智能区别对待，但要求高风险人工智能、通用人工智能的域外提供者须指定一名设在欧盟领域内的授权代表全权代行各种义务。当域外提供者不能遵守合规义务、有可能侵犯欧盟内个人权益及公共利益时，授权代表须立刻终止授权并将相关情况向主管机关汇报。

第六十五条　对等措施　任何国家或者地区在与人工智能有关的研发、投资、贸易等方面对中华人民共和国采取歧视性的禁止、限制或者其他类似措施的，中华人民共和国可以根据实际情况对该国家或者地区对等采取措施。

【起草参考】

《个人信息保护法》第四十三条

【相关规定】

《中华人民共和国反外国制裁法》（以下简称《反外国制裁法》）第三条、第四条、第十条、第十一条、第十三条、第十五条

【条文释义】

本条是关于对有关国家或者地区，就人工智能研发、投资、贸易等方面采取对等限制措施的规定。

由于人工智能技术所具有的各方面重要价值，有的国家从本国利益出发，利用经济和技术优势，打着所谓“维护本国安全”的幌子，通

过歧视性的禁止或限制措施对其他国家进行打压，意图形成前沿技术领域“一家独大”的局面。近年来，我国人工智能技术发展迅速，但也面临着严峻的国际竞争形势甚至冲突摩擦，有的国家违反国际法和国际关系准则，对我国先进半导体制造、人工智能算法研发等领域的跨国合作采取歧视性的禁止、限制或者其他类似措施，例如将我国企业列入贸易限制清单、干预本国投资机构对我国人工智能企业投资合作、对我国企业海外机构和研究人员进行调查骚扰等。上述行为侵害我国国家利益以及我国公民、组织的合法权益，迫切需要完善相关法律制度，对有关国家的不合理做法依法予以反制，切实维护我国国家主权、安全和发展利益。

目前，我国法律根据国际法规则和惯例，已经在数据、个人信息等领域建立了对等反制制度，明确对其他国家或者地区违反国际法和国际关系基本准则，以各种借口或者依据其本国法律对我国进行遏制、打压，或者对我国公民、组织采取歧视性措施的，应当予以反制。例如，《数据安全法》第二十六条规定，任何国家或者地区在与数据和数据开发利用技术等有关的投资、贸易等方面对中华人民共和国采取歧视性的禁止、限制或者其他类似措施的，中华人民共和国可以根据实际情况对该国家或者地区对等采取措施。又如，《个人信息保护法》第四十三条规定，任何国家或者地区在个人信息保护方面对中华人民共和国采取歧视性的禁止、限制或者其他类似措施的，中华人民共和国可以根据实际情况对该国家或者地区对等采取措施。在参考上述已有制度基础上，本条针对人工智能领域专门规定了对其他国家和地区不合理措施的反制。

在实践中，反制措施以在先的他国不合理措施为触发条件，是针对他国已有措施的一种回应，不会主动在先使用。

第六章　法律责任

第六十六条　一般违法责任　违反本法规定开展研发、提供活动，由国家人工智能主管机关责令改正，给予警告，没收违法所得，责令暂停或终止相关业务；拒不改正的，处一百万元以下罚款；对直接负责的主管人员和其他直接责任人员处一万以上、十万以下罚款。

有前款规定的违法行为，情节严重的，由国家人工智能主管机关责令改正，没收违法所得，并处一千万元以下或者上一年度营业额百分之四以下罚款，并可以责令暂停相关业务或者停业整顿、通报有关主管机关吊销相关业务许可或者吊销营业执照；对直接负责的主管人员和其他直接责任人员处十万元以上一百万元以下罚款。

【起草参考】

《个人信息保护法》第六十六条

【相关规定】

《网络安全法》第五十九条；《数据安全法》第四十五条

【条文释义】

本条规定违法开展人工智能研发、提供活动的行政责任，以及行政执法的主体和行政处罚的类型。

一　违法行为

本条规定的违法行为应当有两种，第一种是“违反本法规定开展研发、提供活动”的行为，第二种是未履行本法规定的人工智能研发者、提供者义务的行为。虽然从法条字面含义来看，本条仅规定了“违反本法规定开展研发、提供活动”的行为，但在此基础上，还应将未履行本法规定义务的人工智能研发者、提供者的行为纳入其中。从“规范人工智能研发、提供和使用活动”的立法目的来看，“违反本法规定开展研发、提供活动”强调人工智能研发、提供活动本身具有违法性，主要指违反本法规定的人工智能研发、提供和使用的基本原则开展的研发、提供和使用行为，例如，没有采取必要措施保障研发、提供和使用的人工智能及相关网络数据的安全、没有采取必要措施对所研发、提供的人工智能的目的、原理和效果予以说明等。而“未履行本法规定的人工智能研发者、提供者义务”的行为是指人工智能研发和提供的行为本身不违法，但相关人工智能研发者或提供者没有履行本法规定的一般义务和特殊义务。具体包括违反本法人工智能研发者、提供者义务一般规定的研发、提供行为，例如未按规定在人工智能投入使用或投放市场前进行安全测试、发现安全漏洞风险时未立即采取补救措施、未采取必要措施防范有害偏见和歧视等；违反本法规定的人工智能研发者和提供者的特殊义务，例如基础模型研发者未按照国家规定建立基础模型管理和数据管理制度，人工智能提供者未按规定开展审计工作、未建立内部管理制度、未提供人工智能产品和服务的终止机制等。

二　行政处罚的种类

根据违法行为的严重程度，本条规定了不同的行政处罚措施。

（一）一般违法行为的行政处罚措施

对于一般的、情节不严重的违法行为，行政处罚措施包括：责令整改，给予警告，没收违法所得，责令暂停或终止相关业务。由国家人工智能主管机关作出上述处罚决定后，违法行为人拒不改正的，处一百万元以下罚款；对直接负责的主管人员和其他直接人员处一万元以上、十万元以下罚款。对于一般违法行为，行政处罚的目的在于让人工智能研发者和提供者通过自行整改使其研发、提供活动符合本法要求，只有在违法行为者拒不改正时才处以罚款。

（二）情节严重的违法行为的行政处罚措施

对于情节严重的违法行为，行政处罚措施包括：责令改正，没收违法所得，并处一千万元以下或者上一年度营业额百分之四以下罚款，并可以责令暂停相关业务或者停业整顿、通报有关主管机关吊销相关业务许可或者吊销营业执照；对直接负责的主管人员和其他直接责任人员处十万元以上一百万元以下罚款。本法中并未对情节严重作出明确规定，为执法部门留有裁量空间。

第一，《示范法》参考《通用数据保护条例》和我国《个人信息保护法》第六十六条，规定了以“上一年度营业额”为基准的罚款制度。虽然目前人工智能作为前沿技术引领科技发展，成为全球激烈讨论和重点关注的最热门话题，研发和提供人工智能产品和服务的企业若从事违法行为将会产生巨额非法收益，但考虑到促进人工智能产业创新发展，保护人工智能产品和服务创新的积极性，本法调整了罚款金额，一方面规定了“一千万元以下”的罚款，另一方面参考欧盟《人工智能法》第99条的规定，以人工智能研发者、提供者上一年度营业额作为罚款计算的基准，规定了可以处“上一年度营业额百分之四以下罚款”的制度，在考虑小微型企业和初创企业的利益及其经济活力的基础上，发挥高额罚款对研发、提供人工智能产品和服务企业的威慑作用。

第二，除了针对情节严重的违法行为的处罚行为，国家人工智能主管机关还可以责令暂停相关业务或者停业整顿、通报有关主管机关吊销相关业务许可或者吊销营业执照；对直接负责的主管人员和其他直接责任人员处十万元以上一百万元以下罚款。这些处罚措施对企业的正常经营、市场声誉等将会产生重大影响，在一定程度上可以决定人工智能企业的存亡，因此主管机关在作出相应决定时应当持审慎态度。同时，国家人工智能主管机关没有权力直接吊销相关业务许可或者吊销营业执照，因此需要通报有关主管机关作出相应决定。另一方面，直接负责的主管人员和其他责任人员也将因情节严重而受到更高的罚款。

（三）执法主体

本条的执法主体是国家人工智能主管机关，统一调整一般违法行为和情节严重的违法行为。根据《示范法》第十二条，国家人工智能办公室是人工智能发展和管理的主管机关。省、自治区、直辖市，省、自治区的人民政府所在地的市，经济特区所在地的市和国务院已经批准的较大的市人工智能主管机关和其他相关部门负责其辖区范围内的人工智能发展和管理工作。

【域外比较】

欧盟《人工智能法》以违规公司上一财政年度全球年营业额的一定百分比或预定金额确定违法行为的罚款额，以较高者为准。其中，违反被禁止的人工智能行为的规定将被处以3500万欧元或7%的罚款，违反该法义务的行为将被处以1500万欧元或3%的罚款，提供错误信息的行为将被处以750万欧元或1.5%的罚款。同时，对小微企业和初创企业违反《人工智能法》条款的行政罚款规定了更适度的上限。

第六十七条　负面清单许可的撤销　人工智能研发者、提供者在研发、提供活动中违反本法规定，发生重大安全事件、多次发生安全事件、多次受到行政处罚的，国家人工智能主管机关可以中止许可并责令限期改正；期限届满未改正，或中止许可后再次发生安全事件或受到行政处罚的，国家人工智能主管机关可以撤销许可。

【起草参考】

《消防法》第五十八条;《数据出境安全评估办法》第十七条

【相关规定】

《行政许可法》第六十九条

【条文释义】

本条是有关撤销已取得的负面清单许可的规定。我国《消防法》等法律法规规定了行政许可的撤销办法。若因后续情势变化,申请人不再满足许可条件、要求且不能及时完成整改时,有关主管部门应依法作出撤销许可的决定。人工智能领域技术迭代升级较快,即使特定主体在申请时合法合规取得了负面清单人工智能许可,也可能在后续经营中不再符合从事负面清单内人工智能研发、提供活动的各项安全标准、合规要求,如安全保障措施落后、人员疏于管理等。若持有许可的人工智能研发者、提供者在研发、提供活动中违反本法规定,致使重大安全事件发生,或多次发生安全事件,或因违法违规而受到行政处罚,国家人工智能主管机关可以根据具体违法违规情形、发生安全事件的原因及后续处置情况、未来再次发生安全事件或违法违规的可能性及潜在危害等因素,作出中止许可并责令限期改正的决定。

被中止许可的人工智能研发者、提供者应当在所要求的期限内进行整改。完成整改的,视为可继续凭许可开展相关活动;若期限届满未改正,或在整改后又发生安全事件、又受到行政处罚的,国家人工智能主管机关可以撤销对其的负面清单人工智能许可。是否撤销许可,仍需根据具体违法违规情形加以考量:如果所发生的安全事件与此前中止许可的事由不同,危害显著轻微、补救处置措施合理且及时,或事件发生是不可抗力、不能预见的因素导致的,可不撤销许可。但主管机关及人工智能研发者、提供者应对此类事件发生的原因进行分析,吸取经验教训,避免在后续活动中再发生同类情况。

【域外比较】

欧盟《人工智能法》第 44 条对高风险人工智能提供者所应取得的技术合格认证规定了撤回程序。如果通知机构发现特定人工智能系统不再符合该法第 2 节规定的要求，则应中止或撤回所颁发的认证或对其施加任何限制，除非该系统的提供者在通知机构规定的适当期限内采取了适当的纠正行动，以确保符合这些要求。作出中止或撤回认证时，通知机构应说明其决定的理由。相较欧盟“发现问题——要求合规整改——不整改则有权撤回认证”的形式，《示范法》关于许可中止和撤销的规定置于一般行政处罚之后作为补充，一般在已经受到其他行政处罚但仍未改正，或在多次发生安全事件、发生重大安全事件之后才实施。对于一般违法违规但未造成“多次发生安全事件、发生重大安全事件”的严重后果，或者在被处以行政处罚后及时整改合规的，《示范法》不要求撤销其许可。

第六十八条　行政罚款的裁量方式　本法规定的罚款可以作为责令整改等措施的补充或替代，国家人工智能主管部门决定行政罚款金额时，遵循合法原则、过罚相当原则、公平公正原则、处罚和教育相结合原则、综合裁量原则，应当充分考虑以下因素：

（一）违法行为及后果的性质、严重性和持续时间、受影响的范围和损害程度；

（二）违法行为是故意还是过失；

（三）对违法行为是否采取了补救措施并减轻可造成的损失；

（四）是否依照本法规定通知国家人工智能主管部门；

（五）是否依照本法规定采取了合理有效的组织和技术措施管理人工智能的风险；

（六）是否遵守了人工智能和安全等相关标准或获得了相关认证；

（七）此前的违法行为；

（八）其他法律法规规定的加重或减轻处罚的因素。

【起草参考】

《行政处罚法》第四条；《关于规范市场监督管理行政处罚裁量权的指导意见》第三条；《中共中央国务院关于促进民营经济发展壮大的意见》第十三条；欧盟《人工智能法》第99条第7款

【相关规定】

《行政处罚法》第四条、第十八条、第三十二条、第五十一条；《治安管理处罚法》第十九条、第二十条

【条文释义】

本条规定了行政罚款的实施原则和裁量基准。

一　提出“以罚代管”平衡安全与发展

本条明确提出本法规定的罚款可以作为责令整改等措施的补充或替代，即可在责令整改等措施的基础上并处罚金，或者以罚款替代责令整改等措施。责令整改等措施具体包括责令改正，给予警告，没收违法所得，责令暂停或终止相关业务，停业整顿，通报有关主管机关吊销相关业务许可或者吊销营业执照。责令整改一般不超过30天；根据违规情况严重程度，停业整顿的期限一般为三至六个月。由于人工智能技术更新迅速、产业领域不断扩张、资本竞逐激烈，相关企业不断追逐技术热点、行业热点，在这期限内，足以经历技术、产品和服务的更新换代。如果相关人工智能研发、提供企业被处责令整改、停业整顿等，将会对企业经营产生严重影响，阻滞其技术研发与产品服务销售，导致企业面临经济损失。对于初创企业和中小企业来说，这些措施甚至能决定其生死存亡。而以罚款作为补充或替代方式，一方面能够通过高额罚款发挥

威慑作用，使企业承担其违法行为带来的经济代价；另一方面能够为企业留存发展空间，与本法“坚持促进创新和依法治理相结合”的原则相呼应。

二　明确处罚机关及原则

《行政处罚法》第十八条第二款规定：“国务院或者省、自治区、直辖市人民政府可以决定一个行政机关行使有关行政机关的行政处罚权。”国家人工智能主管部门的行政处罚权由国务院或者省、自治区、直辖市人民政府决定。根据《示范法》第五十一条，国家人工智能主管机关具备“调查、处理违法人工智能开发、提供和使用活动”的监管职责，因此，国家人工智能主管部门对行政处罚的金额有决定权和裁量权。

本条规定的由国家人工智能主管部门决定罚款金额需遵守的原则参考借鉴了《行政处罚法》规定的行政处罚的基本原则，《关于规范市场监督管理行政处罚裁量权的指导意见》第三条中市场监管部门行使行政处罚裁量权应当坚持的“合法原则、过罚相当原则、公平公正原则、处罚和教育相结合原则、综合裁量原则”，以及《中共中央 国务院关于促进民营经济发展壮大的意见》第十三条规定的“按照教育与处罚相结合原则，推行告知、提醒、劝导等执法方式，对初次违法且危害后果轻微并及时改正的依法不予行政处罚。”

合法原则是指国家人工智能主管部门决定罚款金额时必须符合法律规定、必须依据法定权限，遵守法定程序进行，此处的“法”除了《行政处罚法》，还应包括其他关于行政处罚的法律、行政法规、地方性法规、规章。过罚相当原则要求国家人工智能主管部门作出的罚款及金额决定必须以事实为依据，综合考量违法行为的事实、性质、情节、社会危害程度，既不轻过重罚，也不重过轻罚，准确适用依法从轻、减轻处罚规定，避免畸轻畸重的不合理、不公正的情况。公平公正原则要求国家人工智能主管部门查明事实，对基本相同的违法行为处以幅度基本一致的罚款，对受罚者用同一尺度平等对待，考虑与案件相关的因素，与过罚相当原则紧密联系。处罚和教育相结合原则兼顾纠正违法行为和教育当事人的作用，引导当事人认识其行为的违法性和危害性，教育其自觉守法。综合裁量原则要求国家人工智能主管部门综合考虑个案情况，兼顾地区经济社会发展状况、当事人主客观情况等相关因素，实现政治效果、社会效果、法律效果的统一。

三　“列举加兜底条款”形式明确处罚考量因素

为具体落实“合法原则、过罚相当原则、公平公正原则、处罚和教育相结合原则和综合裁量原则”，《示范法》采取列举加兜底的立法技术规定了决定罚款金额的考量因素。

（一）客观结果

《示范法》规定了决定行政罚款金额应当充分考虑违法行为及后果的性质，严重性和持续时间、受影响的范围和损害程度。由于人工智能产品和服务应用领域的广泛性，违法行为不仅会影响到使用者，还可能对社会管理、社会秩序、社会公益，乃至国家安全和利益产生深远影响。因此需要综合考量违法行为本身及其产生的后果，从个人、社会、国家层面分别考量严重性、受影响对象、损害程度、损害持续时间等因素。

（二）主观过错

故意和过失是行为人主观恶性程度的两种基本形态，反映主观恶性程度的还有目的、动机、悔过态度等，是有关机关如何追究行政法律责任时应当考虑的要素，如从重、从轻或免除等。一般来说，故意违法的主观恶性大于过失违法，因此国家人工智能主管部门对故意违法应当依法处以相应罚款；而对过失违法一般可以从轻、减轻或免除责任。

（三）法定义务履行情况

根据《示范法》第三十三条和第三十七条，人工智能研发者和提供者负有发现安全缺陷、漏洞等风险立即采取补救措施，并通知主管机关，告知主管机关安全事件发生过程、影响范围、已采取的补救措施和使用者可以采取的减轻危害的措施、联系方式等事项。同时，在产品、服务投入使用前以及使用过程中，人工智能提供者应当对人工智能的风险进行识别、评估，并采取合理必要措施防控风险。根据法定义务履行情况，如果人工智能研发者和提供者及时主动消除或者减轻违法后果，降低了对社会的危害，就应当考虑从轻或者减轻行政处罚。①

（四）非法定要求和程序履行情况

本条规定的考量因素中，人工智能和安全等相关标准或相关认证属于非法定义务要求和程序履行要求。相关标准包括《信息安全技术　人工智能计算平台安全框架》《信息安全技术　机器学习算法安全评估规范》《信息安全技术　生物特征识别信息保护基本要求》等，以及《家用/商用服务机器人安全及 EMC 认证实施规则》《人工智能算法金融应用评价规范》等规定的认证实施规则。

（五）此前违法行为

根据《行政处罚法》第三十二条和《市场监管总局关于规范市场监督管理行政处罚裁量权的指导意见》，当事人积极配合调查，如实陈述违法事实，或在被行政机关调查后主动供述行政机关尚未掌握的其他违法行为，结合此前违法行为的性质和影响，可以衡量违法行为人是否有改恶向善的意愿，相对于负隅顽抗甚至故意编造谎言误导行政机关调查工作的违法行为人而言，更易于教育，使用较轻的行政处罚即可达到

① 江必新、夏道虎主编：《中华人民共和国行政处罚法条文解读与法律适用》，中国法制出版社 2021 年版，第 106 页。

处罚目的。[1]

（六）其他法律法规规定的加重或减轻处罚的因素

本项是兜底条款。值得注意的是，加重或减轻处罚的因素必须由法律、法规、规章规定，一般行政规范性文件不得设定此类规则。其他法定因素可参考《治安管理处罚法》第十九条和第二十条：违反治安管理有下列情形之一的，减轻处罚或者不予处罚：（一）情节特别轻微的；（二）主动消除或者减轻违法后果，并取得被侵害人谅解的；（三）出于他人胁迫或者诱骗的；（四）主动投案，向公安机关如实陈述自己的违法行为的；（五）有立功表现的。违反治安管理有下列情形之一的，从重处罚：（一）有较严重后果的；（二）教唆、胁迫、诱骗他人违反治安管理的；（三）对报案人、控告人、举报人、证人打击报复的；（四）六个月内曾受过治安管理处罚的。

【域外比较】

欧盟《人工智能法》第 99 条第 7 款规定，“在决定是否处以行政罚款以及每起个案的行政罚款数额时，应考虑具体情况的所有相关因素，并酌情考虑以下因素：（a）侵权行为及其后果的性质、严重程度和持续时间，同时考虑到人工智能系统的目的，并酌情考虑受影响者的人数及其所受损害的程度；（b）一个或多个成员国的其他市场监督管理机关是否已对同一经营者的同一违法行为处以行政罚款；（c）如果同一经营者因违反其他联盟或国家法律而被其他机关处以行政罚款，而这些违法行为是由构成违反本法相关行为的同一作为或不作为造成的；（d）侵权经营者的规模、年营业额和市场份额；（e）适用于案件情节的任何其他加重或减轻处罚的因素，如直接或间接地从侵权行为中获得的经济利益或从中避免的损失；（f）为纠正侵权行为和减轻侵权行为可

① 江必新、夏道虎主编：《中华人民共和国行政处罚法条文解读与法律适用》，中国法制出版社 2021 年版，第 107 页。

能造成的负面影响而与国家主管机关合作的程度；（g）考虑到经营者采取的技术和组织措施，经营者责任的程度；（h）国家主管机关知晓侵权行为的方式，特别是经营者是否通知了侵权行为，如果是，通知的程度如何；（i）侵权行为的故意或过失性质；（j）经营者为减轻受影响者所遭受的损害而采取的任何行动。”该条分别从违法行为的客观结果、主观过错、法定义务履行情况、非法定要求和程序履行情况等多角度衡量罚款金额的设定。

第六十九条　备案违规责任　人工智能提供者应备案而未履行备案义务的，由国家人工智能主管部门给予警告；经警告后仍未备案的，处一万元以上十万元以下罚款。

人工智能提供者通过隐瞒有关情况、提供虚假材料等不正当手段取得备案的，由国家人工智能主管部门予以撤销备案，给予警告、通报批评；情节严重的，并处十万元以上一百万元以下罚款。

人工智能提供者终止服务未办理注销备案手续，或者发生严重违法情形受到责令关闭网站、吊销相关业务许可证或者吊销营业执照等行政处罚的，由国家人工智能主管部门予以注销备案。

【起草参考】

《互联网信息服务算法推荐管理规定》第三十一条、第三十三条

【相关规定】

《互联网信息服务算法推荐管理规定》第三十一条、第三十三条；《互联网信息服务深度合成管理规定》第二十二条；《生成式人工智能服务管理暂行办法》第二十一条

【条文释义】

本条规定违规备案行为及其罚则。本条参考《互联网信息服务算法推荐管理规定》第三十一条和第三十三条规定，建立了人工智能备案制度的问责机制，要求人工智能提供者履行备案义务，否则承担相应法律责任。备案制度的设立有利于厘清人工智能提供者的主观过错认定，其对人工智能产品和服务的问责点进行固定，体现了监管与自律、源头治理与事后追责等利益衡量。

本条规定了三种追责情形，分别是：人工智能提供者应备案而未履行备案义务的、人工智能提供者通过隐瞒有关情况、提供虚假材料等不正当手段取得备案的、人工智能提供者终止服务未办理注销备案手续，或者发生严重违法情形受到责令关闭网站、吊销相关业务许可证或者吊销营业执照等行政处罚的。并规定了不同情形下相应的法律责任形式，包括警告、通报批评、罚款、撤销备案、注销备案等。情节严重时，还将处以大额罚款。其中情节严重备案违规责任构建了主体权责明确的备案问责体系，是实现我国人工智能治理安全与发展的重要抓手。

【域外比较】

欧盟《人工智能法》明确高风险人工智能系统提供者保障系统安全的义务，其中包括遵守备案义务，在欧盟数据库中备案该系统；还明确基础模型的提供者在向市场提供模型前，应确保模型满足“备案要求”，基础模型的提供者应在欧盟数据库中对该基础模型进行备案。

第七十条　民事侵权责任　研发、提供的人工智能侵害个人权益造成损害，应当承担损害赔偿等侵权责任，但研发者和提供者能证明自己没有过错的除外。

前款规定的损害赔偿责任按照使用者或受影响的个人、组织因此受到的损失或者研发者、提供者因此获得的利益确定；使用者或受影响的个人、组织因此受到的损失和提供者因此获得的利益难以确定的，根据实际情况确定赔偿数额。

提供者知道或者应当知道使用者利用其提供的产品或服务侵害他人知识产权，未采取必要措施的，与使用者承担连带责任。提供者有证据证明采取下列措施的，不与使用者承担连带责任：

（一）对人工智能生成内容进行必要的标识；

（二）以用户协议等方式提示用户不得侵犯他人知识产权；

（三）建立知识产权保护规则，发现使用者利用生成式人工智能服务侵害他人知识产权，依法依约采取警示、限制功能、暂停或者终止向其提供服务等处置措施；

（四）建立知识产权投诉机制。

【起草参考】

《民法典》第一千一百六十五条、第一千一百七十九条、第一千一百八十二条、第一千一百九十四条；第一千一百九十五条；第一千一百九十七条；《个人信息保护法》第六十九条；《电子商务法》第四十五条；《信息网络传播权保护条例》第二十二条；《生成式人工智能服务管理暂行办法》第四条、第十二条、第十四条、第十五条；《互联网信息服务深度合成管理规定》第十七条

【相关规定】

《中华人民共和国产品质量法》第四十四条；《中华人民共和国消费者权益保护法》（以下简称《消费者权益保护法》）第四十条；《生成式人工智能服务安全基本要求》第5.2条；《网络安全标准实践指南—生成式人工智能服务内容标识方法》第2.1条、第3.1条

【条文释义】

本条是关于人工智能研发者、提供者应承担的民事侵权责任及民事

损害赔偿范围的规定，以及知识产权侵权方面的新“避风港规则”的设计。本条第一款确立了人工智能研发者、提供者的过错推定原则，举证责任归于人工智能研发者和提供者，其需要证明自身无过错才可免责。本条第二款规定了人工智能侵权时，研发者和提供者应当承担损害赔偿的范围。本条第三款规定了提供者在知识产权方面的新“避风港规则”，包括知道或者应当知道侵权时的连带责任，以及履行义务后的赔偿责任豁免。

人工智能侵权是其发展迅猛、迭代频繁的必然结果。在价值取向方面，面对人工智能带来的新问题，民法应首先秉持鼓励创新、预防风险的价值取向，强调侵权责任制度的预防功能而非制裁功能。[①] 但是，保障人工智能使用者的民事救济途径，同样不可或缺。在当前的人工智能时代，超级人工智能还未普及，《示范法》将人工智能研发者、提供者作为与人工智能交互的民事法律主体，要求其在违反民事义务时承担相应责任。这种责任目前被认为是属于传统民法中的产品责任或者替代责任，[②] 也基本上契合法经济学上的效率分析。[③] 本条实际上是在《民法典》侵权责任编的基础上，对人工智能研发者、提供者的民事责任及损害赔偿范围进行的特别规定。

一　过错推定原则

私法能够调整市民社会中的民事法律关系，在适用上有其优先性。面对人工智能带来的风险和可能造成的损害，民法在事前预防和事后救济中均有重要作用。[④] 通过现行民法的基本制度对目前的人工智能技术

① 参见王利明《生成式人工智能侵权的法律应对》，《中国应用法学》2023 年第 5 期。

② 参见吴汉东《人工智能时代的制度安排与法律规制》，《法律科学（西北政法大学学报）》2017 年第 5 期。

③ 参见吴维锭、张潇剑《人工智能致第三方损害的责任承担：法经济学的视角》，《广东财经大学学报》2019 年第 3 期。

④ 参见杨立新《民事责任在人工智能发展风险管控中的作用》，《法学杂志》2019 年第 2 期。

进行调整，可以管控一定的风险，并不需要改变民法的基本理念和规则。其中，民事责任制度是民法对人工智能进行管控的主要方法。与一般侵权行为相同，人工智能侵权仍然满足侵权行为的基本要件，即侵权行为、对被侵权人造成的损害结果、侵权行为与损害结果间的因果关系以及侵权行为人的过错，这与一般侵权没有本质性差异。不同的是，本条规定对人工智能研发者、提供者适用过错推定原则，这是由于相较于人工智能产品的使用者，其研发者和提供者具有更高的专业能力和更丰富的知识水平，例如，“以大语言模型为代表的生成式人工智能系统非常复杂，若由接受其服务的普通社会公众来证明其在设计上有缺陷或证明其提供者有过失，将非常困难”。[①] 因此，在研发和提供人工智能服务的过程中，相关主体理应尽到更大的注意义务。这样的规定是与《个人信息保护法》第六十九条保持一致的，一方面可以减轻人工智能使用者受到损害时的举证责任，另一方面可以提示人工智能研发者和提供者对其产品尽到更高的审查义务，也不会阻碍人工智能技术的创新和发展。

二　损害赔偿的范围

本条第二款规定的损害赔偿责任的范围，首先按照使用者或受影响的个人、组织因此受到的损失或者研发者、提供者因此获得的利益确定，这一点与《民法典》侵权责任编第一千一百八十二条、《个人信息保护》第六十条保持一致，也是填平原则的体现。本条作为《示范法》中有关民事责任的一条，应当对损害作广义解释，包含人身损害和财产损害。财产损害确定赔偿范围相对容易，但是人身损害赔偿范围则欠缺明确标准，因此在裁判实践中很早就采取以侵权人所获财产利益作为被侵权人所受财产损失的办法。[②] 同时，被侵权人主张按照其所受损失来

---

① 周学峰：《生成式人工智能侵权责任探析》，《比较法研究》2023 年第 4 期。

② 参见梁慧星《中国侵权责任法解说》，《北方法学》2011 年第 1 期。

进行赔偿时，应当举证证明自己因为人工智能侵权而遭受的损失，提供相应的证据。在更多情况下，被侵权人所遭受的损失难以确定，确定这一损失缺乏明确的参考标准。从因果关系上看，侵权人的获益其实就是被侵权人遭受损失的结果，因此规定赔偿范围是人工智能研发者、提供者因此获得的利益，也是不当得利返还的应有之义。

当损失与获利皆难以确定时，本条规定损害赔偿的范围按照实际情况确定。关于对该款的理解，实际上人民法院在受理相关争议时，首先应当就被侵权人所受损失以及侵权人所获利益的情况进行查明，在双方提交证据的基础上确定案件的实际情况。之后，“为了进一步提高损害赔偿数额计算的合理性，在确定实际损失或侵权所得的赔偿数额时，法官可以在一定事实和数据的基础上，根据案情运用裁量权确定计算赔偿数额所需的其他数据，确定公平合理的赔偿数额”。① 例如，法官可以考量侵权行为的性质、案涉人工智能侵权产品的价值和侵权获利情况、侵权人的主观故意或侵权情节、权利人在关联案件中的整体获赔数额和合理维权开支情况，以及侵权人所处区域的经济发展情况、侵权人自身的经营状况等等。

三　知识产权侵权责任的有条件豁免：新“避风港规则”

第三款在参照《民法典》《电子商务法》等现行法为网络服务提供者设计的“避风港”规则基础上，在知识产权侵权方面制定适应人工智能环境，符合提供者特点的新“避风港”规则。

第三款首先参照《民法典》第一千一百九十七条设计了“知道”规则，作为提供者承担连带责任的条款。同时，在“知道”规则的基础上，为提供者设立了有条件的免责规则，使其在采取保护他人知识产权的措施后，可以适用“避风港”规则，豁免连带责任。需要指出的

① 岳利浩、王慧若：《侵权所得利益为酌定赔偿数额应考虑之因素》，《人民司法》2021年第8期。

是，豁免的连带责任是一种赔偿责任，但是并不豁免停止侵权的责任。现有针对网络服务提供者的规则同样只豁免赔偿责任。

具体而言，要求提供者采取的措施包括“标识”、提示用户风险、建立知识产权保护规则以及建立知识产权投诉机制。提供者通过采取这四个措施来换取连带责任的免除。这四个措施是并列关系，提供者需要全部采取。这些措施也可以理解为注意义务，提供者尽到这些注意义务可以免责，而没有尽到这些注意义务，则视为有过错，在通常情况下，需要承担连带责任。

从规则设计的参照而言，“标识”义务是《生成式人工智能服务管理暂行办法》《互联网信息服务深度合成管理规定》明确规定的，也是国际上公认的规制人工智能生成内容的基本方法。对人工智能生成内容进行标识，不仅在国家安全、公共安全上有重要的意义，① 对于保护知识产权权利人的利益也同样重要。日本内阁府知识产权战略推进局在相关讨论中也指出，采取水印等措施对人工智能生成内容进行标识，是防范生成式人工智能生成行为侵害知识产权的重要技术性手段。② 提示风险义务和建立知识产权投诉机制的义务在《生成式人工智能服务安全基本要求》中有明确的规定。上述三个义务在广州互联网法院所判决的“新创华诉某科技公司案”（首例生成式人工智能服务侵害他人著作权的生效判决）中有明确的规定。③ 建立知识产权保护规则，对侵害他人知识产权的使用者采取处置的规定参照了《电子商务法》第四十五条和《生成式人工智能服务管理暂行办法》第十四条第二款相关规定。

需要指出的是，建立知识产权投诉机制，是设计一个“投诉—必要措施”机制。这个机制与既有的针对网络服务提供者的“通知—删除”

① 参见姚志伟、李卓霖《生成式人工智能内容风险的法律规制》，《西安交通大学学报（社会科学版）》2023 年第 5 期。

② 参见『第 1 回　AI 時代の知的財産権検討会参考資料 4』，内閣府知的財産戦略推進事務局：https：//www. bunka. go. jp/seisaku/bunkashingikai/chosakuken/hoseido/r05 _ 03/pdf/93954701_09. pdf，最后访问时间：2024 年 5 月 23 日。

③ 参见广州互联网法院（2024）粤 0192 民初 113 号民事判决书。

机制有一定相似性，但并不相同。因为在人工智能生成的情况下，无法通过通知去精准定位侵权内容（如通过网络链接等），也很难删除侵权内容。因此，这个“投诉—必要措施”需要根据人工智能生成的特点进行精心设计。

总之，本款是在参照现行立法和司法经验的基础上，进行以注意义务为中心的条件式豁免机制设计，有效激励提供者以加强对他人知识产权的保护换取连带责任的免除。这种设计考虑到了人工智能行业的特点，有利于实现兼顾权利保护和产业发展的立法目的。此外，需要说明的是，第三款仅适用于知识产权侵权的情况。为何只对知识产权进行设计呢？这是考虑到：其一，针对人工智能生成的特点设计新“避风港”规则是较难的。现阶段，对于知识产权方面已经有一定的立法和司法经验可以参考，因此可以进行设计。其二，针对网络服务提供者的“避风港规则”最初也是来自知识产权领域，后续再扩展到其他民事权利领域。

【域外比较】

欧洲议会于2017年通过《机器人民事法律规则的决议》，明确了在保证不阻碍创新的前提下采取渐进主义的务实态度的基本策略，以保护受害人的合法权益得到充分救济为原则，并要求采取智能机器人损害风险的预防措施，尽可能实现最大收益和最小损害。① 不过，关于人工智能的民事责任承担问题，直到2022年9月28日，欧盟委员会才提出了《人工智能责任指令》，旨在解决人工智能侵权时的民事责任判定问题，并于2023年10月得到欧盟数据保护监督机构的认可。关于该提案的谈判仍在进行中，2024年将会出现更多进展。该指令引入了因果关系推定和证据披露机制，能够较好地减轻受害者的举证责任。但是，该指令仍然坚持了过错责任原则，尽管欧盟委员会考虑过过错推定原则，但由

① 参见高完成、宁卓名《人工智能产品致害风险及其侵权责任规制》，《河南社会科学》2021年第4期。

于许多科技公司的反对，《人工智能责任指令》没有采纳该方案。同时，欧盟的《产品责任指令》（*Product Liability Directive*）经修订，亦有解决人工智能系统缺陷法律纠纷的一定空间。但是，《产品责任指令》适用无过错责任，因此只有在发生实质性损害的情况下才可以寻求赔偿，而不能仅仅因为产品缺陷而请求赔偿。对此，欧洲消费者组织认为这使得证明人工智能系统故障非常困难。

第七十一条　开源人工智能的法律责任减免　以免费且开源的方式提供人工智能研发所需的部分代码模块，同时以清晰的方式公开说明其功能及安全风险的，不承担法律责任。

免费且开源提供人工智能的个人、组织能够证明已经建立符合国家标准的人工智能合规治理体系，并采取相应安全治理措施的，可以减轻或免于承担法律责任。

【起草参考】

无

【相关规定】

无

【条文释义】

《示范法》第七十一条规定了开源人工智能的法律责任减免，分别是以披露为条件的研发活动责任减免和以尽职为条件的提供活动责任减免。开源人工智能通常由技术素养比较成熟的社区研发，通常由具备技术素养和治理资源的基金会治理和监督，通常没有向一般公众提供的意图，因提供活动而发生风险的概率和严重程度相对较小。加之，开源人工智能的公益性较强，以中小型开发者为主的开源贡献者承担风险的能力相对有限。综合来说，应对开源人工智能规定符合比例原则的，相应程度的责任减免。对于提供部分代码模块的开源研发活动，其风险相对来说比较微弱，公益性相对更强，在以清晰方式公开说明功能和安全风险之后，不承担法律责任。对于提供人工智能的开源提供活动，其风险概率和严重程度相对更大，商业性相对更强，有必要对责任减免的条件做出一定限制。由此，开源提供人工智能的个人、组织需要证明已经建立符合国家标准的人工智能合规治理体系，并且采取相应安全治理措施。如果能够证明已经建立合规体系、并且已经采取相应措施，余量风险很可能是现有技术发展与合规治理很难预料到的风险。此时，可以减轻或者免于承担法律责任。

【域外比较】

欧盟《人工智能法》第 2 条第 12 款明确规定："本条例规定的义务不适用于根据免费且开源许可发布的人工智能系统，除非这些系统作为高风险人工智能系统或属于第二编和第四编的人工智能系统投放市场或投入使用。"其第 53 条第 2 款明确规定如果通用目的人工智能模型系以免费且开源方式提供，则可免于承担此类模型本应承担的绝大部分义务。其"鉴于部分"第 102 条进一步明确："包括模型在内的软件和数据在免费且开源许可下发布，允许公开共享，用户可以自由访问、使用、修改和重新发布这些软件和数据或其修改版本，可以促进市场研究和创新，并为联盟经济提供重要的增长机会。在免费且开源许可下发布的通用人工智能模型，如果其参数，包括权重、模型架构信息和模型使用信息是公开的，则应视为确保了高水平的透明度和开放性。如果许可允许用户运行、复制、分发、研究、更改和改进软件和数据，包括模型，但必须注明模型的原始提供者，并遵守相同或类似的分发条款，那么相应许可也应被视为免费且开源的。"与此同时，欧盟《产品责任指令》提案第 2 条第 1a 款明确规定："1a. 本指令不适用于在商业活动的过程之外开发或提供的免费且开源的软件。"其"鉴于部分"第 13 条进一步明确：免费且开源软件，即公开共享源代码，且用户可以自由访问、使用、修改和再分发软件或其修改版本，可以促进市场上的研究和创新。这类软件受到许可的约束，允许任何人自由运行、复制、分发、研究、更改和改进软件。为了不妨碍创新或研究，本指令不应适用于在商业活动之外开发或提供的免费且开源软件，因为从定义来说，如此开发或提供的产品并未投放市场。开发或提供此类软件不应理解为将其投放市场。在开源仓库中提供此类软件不应视为在市场上提供，除非是在商业活动的过程中提供。原则上，非营利组织提供免费且开源软件不应视为在商业场景中开展，除非是在商业活动的过程中提供。然而，如果提供软件是为了换取对价，或者不完全是出于提高软件安全性、兼容性或互操作性的目的而使用个人数据，因此构成在商业活动的过程中提供，则应适用该指令。综之，欧盟人工智能立法不仅为开源人工智能提供了责任减免，还对何谓“免费且开源提供”做出了相当详细的解释，对其适用有一定参考意义。

第七十二条　法律救济　公民、法人或者其他组织对人工智能主管机关作出的行政行为不服的，可以依法申请行政复议或者向人民法院提起行政诉讼。

【相关规定】

《行政复议法》第二十三条、第二十四条、第二十五条、第二十六条；《行政诉讼法》第十五条、第二十六条；《行政许可法》第五十三条

【条文释义】

根据《示范法》的规定，人工智能主管机关是依法履行人工智能

监管职责的国家机关，包括国家人工智能主管机关和地方各级人工智能主管机关。人工智能主管机关作为行政主体，有权依据《示范法》规定的法定职责，对人工智能产品和服务的研发者、提供者、使用者做出行政许可、行政处罚等具体行政行为，可能对相关行政相对人的权利义务造成影响。为防止人工智能主管机关实施的具体行政行为不当损害相关行政相对人的合法权益，根据有权利必有救济的法治原则，本条为相关行政相对人提供了行政救济手段。

《示范法》规定的可提起行政复议或行政诉讼的具体行政行为包括：（1）行政许可。《示范法》第二十六条规定，开展人工智能负面清单内产品、服务的研发、提供活动前，应当取得国家人工智能主管机关的行政许可。因此，对于国家人工智能主管机关就许可证的颁发、撤销作出的行政决定，相关人工智能研发者、提供者可根据《行政许可法》《行政复议法》《行政诉讼法》申请行政复议或向人民法院提起行政诉讼。（2）行政处罚。《示范法》第六十六条规定，违反本法规定开展研发、提供活动，国家人工智能主管机关有权对行为人作出罚款，没收违法所得、责令暂停、终止相关业务或停业整顿，吊销相关业务许可或营业执照等行政处罚决定，认为这些行政处罚决定侵犯其合法权益的，作为行政相对人的人工智能研发者和提供者，可依法提起行政复议或行政诉讼。

违反《示范法》规定开展研发、提供活动的行为包括：未经许可或超越许可范围开展负面清单内人工智能研发、提供活动；应备案而未履行备案义务，或通过隐瞒有关情况、提供虚假材料等不正当手段取得备案的；违反示范法规定的人工智能研发者、提供者的一般性义务，包括安全性义务、安全漏洞管理义务、审计义务、补救和通知义务、公开透明性义务、可解释义务、公平性义务、伦理审查义务；负面清单内人工智能研发者违反增强义务；基础模型研发者违反特殊义务；人工智能提供者违反备案义务、采取法定管理制度义务、建立产品服务终止机制义务、许可注销义务；负面清单内人工智能提供者违反增强义务；网络平台经营者知道或应当知道平台内产品或者服务提供者通过平台从事人工智能提供活动的，未依法制定或修改其平台服务协议和交易规则，明确平台内产品或者服务提供者提供人工智能的规范和应履行的义务；在国家人工智能主管机关和地方各级人工智能主管机关进行行政约谈后，未采取限期整改合规措施，存在较大风险或发生安全事件的。

涉及人工智能研发、提供活动的行政复议和行政诉讼的管辖范围。鉴于人工智能研发、提供活动对本地区经济发展水平和科技发达程度均有较高的要求，《示范法》规定的地方各级人工智能主管机关，应为设区的市以上的地方人工智能主管机关。市级以上地方人工智能主管机关属于本级人民政府工作部门，因此，针对其做出的涉及人工智能研发、提供活动的行政决定，根据《行政复议法》第二十四条的规定，可提请本级人民政府进行行政复议；仍然不服的，可向上一级人民政府再次申请行政复议。对省、自治区、直辖市人民政府作出的行政复议决定不服的，可以根据《行政复议法》第二十六条，向人民法院提起行政诉讼；也可以向国务院申请最终裁决。国家人工智能主管机关属于国务院部门，对于其做出的行政决定，可依据《行政复议法》第二十五条的规定，向国家人工智能主管机关申请行政复议，仍然不服的，可依据《行政复议法》第二十六条的规定向人民法院提起行政诉讼；也可以向国务院申请最终裁决。同时，由于涉及人工智能研发、提供活动的行政行为由设区的市以上的地方人工智能主管机关做出，依据《行政诉讼法》第十五条规定，由中级人民法院管辖第一审行政案件。

涉及人工智能研发、提供活动的行政复议和行政诉讼的衔接。根据《行政诉讼法》第二十六条和《行政复议法》第十条的规定，对行政机关做出的行政行为不服的，可提起行政复议，也可直接向人民法院提起行政诉讼。但是《行政复议法》第二十三条规定在特殊情形下，必须先提起行政复议，在对行政复议决定不服的，才可以依法向人民法院提起行政诉讼。从这些特殊情形看，并没有哪一款规定可以适用于涉及人工智能研发、提供活动的行政行为。但是鉴于人工智能产品、服务具有很高的科技含量，对相关行政行为的审查涉及数据、模型、算法、算力等人工智能专业技术知识，针对人工智能研发者、提供者做出的行政行为，更适宜由具备相关专业知识技能的行政复议机关先进行行政复议，如对行政复议决定仍不服的，再进入行政诉讼程序。

【域外比较】

从各国立法看，目前只有欧盟《人工智能法》规定设立促进人工智能立法实施的专门机构。欧盟在联盟层面设立了欧盟人工智能委员会，由成员国代表组成，负责就与该法有关的执行事项、技术规范或现行标准，发表意见、建议、咨询或提供指导，并就与人工智能有关的具体问题向欧盟委员会和成员国及其国家主管机关提供咨询。同时，欧盟委员会内部成立人工智能办公室，其任务是发展联盟在人工智能领域的专业知识和能力，并促进联盟人工智能立法的实施。人工智能办公室作为欧盟委员会内部机构，其为实施该法做出的监测、监督和调查等决定，应视为欧盟委员会做出的决定。根据该法“鉴于部分”第169条，欧盟委员会根据该法做出的所有决定都将根据《欧盟运作条约》接受欧盟法院的审查。

第七十三条　公益诉讼　违反本法规定提供人工智能，侵害众多个人的权益的，人民检察院、法律规定的消费者组织和由国家人工智能主管部门确定的组织可以依法向人民法院提起诉讼。

【起草参考】

《个人信息保护法》第七十条

【相关规定】

《消费者权益保护法》第四十七条；《民事诉讼法》第五十五条、第五十八条

【条文释义】

本条是关于人工智能产品、服务的提供活动引发的民事公益诉讼的规定。

一 人工智能产品、服务公益诉讼的适格被告

《示范法》根据人工智能产业链特点，设计了“研发者—提供者—使用者”的三层主体结构，但在人工智能产品和服务多样化的应用场景中，不同主体身份常常交叉重合，因此在确定主体责任义务时，《示范法》并不以主体身份为依据，而是根据相关主体实际从事的研发、提供和使用活动来规定相关责任义务。据此，本条规定的人工智能公益诉讼的适格被告应是人工智能产品、服务提供活动行为人，而不仅仅是人工智能产品、服务提供者。虽然大部分情况下，面向人工智能使用者提供产品、服务的是人工智能提供者，但是也有部分研发者在研发出人工智能产品后，直接面向公众提供该产品或相关服务，从而成为人工智能提供者。例如，Open AI 既是 ChatGPT 的研发者，也出于商业目的，直接应用 ChatGPT 为广大用户提供服务；国内大模型“文心一言”由百度公司研发，也作为生成式人工智能产品直接向公众提供语义文本生成服务。总之，只要从事了人工智能产品、服务的提供活动，都是人工智能提供者，都可以成为人工智能公益诉讼的适格被告。

二 人工智能公益诉讼适格的起诉主体

本条规定了人工智能公益诉讼中具有起诉资格的主体包括三类：人民检察院、法律规定的消费者组织和由国家人工智能主管部门确定的组织。这种起诉主体的分类还属于概括性和指引性的规定，需要参考个人

信息保护公益诉讼的司法实务并结合人工智能产业特点进一步加以明确。

1. 人民检察院。从比较法的角度看，许多国家将检察机关列为提起公益诉讼的主要主体，如德国、法国。从国内立法看，在环境保护、反垄断民事公益诉讼等各类公益诉讼中，检察机关都被赋予了提起公益诉讼的职能。从本条参考的个人信息保护公益诉讼制度看，有学者研究表明，在《个人信息保护法》正式颁布前，人民检察院就已经成为个人信息保护民事公益诉讼的主要起诉主体，并取得良好的司法实施效果。[①] 有学者统计，《个人信息保护法》实施后至 2022 年 11 月，检察机关提起的个人信息保护公益诉讼案件已达 263 件。[②] 可见，检察机关作为公共利益代表提起公益诉讼具有立法、司法上的正当性和合理性，其理应也成为人工智能公益诉讼的适格起诉主体。

2. 法律规定的消费者组织。结合《消费者权益保护法》第四十七条的规定，有权提起个人信息保护公益诉讼的消费者保护组织是指"中国消费者协会以及在省、自治区、直辖市设立的消费者协会"。因此，有权提起人工智能公益诉讼的消费者组织也应是中国消费者协会以及在省、自治区、直辖市设立的消费者协会。

3. 由国家人工智能主管部门确定的组织。社会组织在提起公益诉讼方面具有独特优势，具有价值中立立场，既能作为公力救济的有益补充，又能弥补个体私力救济不够集中有力的不足。为充分激发社会组织维护遭受人工智能不法侵害的用户群体的集体权益，有必要对具有人工智能公益诉讼起诉资格的社会组织的认定标准和具体范围进行明确界定。在个人信息保护公益诉讼中，对于公益诉讼起诉主体之一的"由国家网信部门确定的组织"的范围和标准，学界虽展开一定讨论，但未取

---

① 张新宝、赖成宇：《个人信息保护公益诉讼制度的理解与适用》，《国家检察官学院学报》2021 年第 5 期。

② 许身健、张涛：《个人信息保护检察公益诉讼的法理基础与制度完善》，《法学论坛》2023 年第 1 期。

得共识。由于人工智能产品服务具有训练数据规模巨大、技术参数庞杂、算法有不可解释性和不透明性、输出结果存在不确定性等特点，加上人工智能产业链复杂、参与主体众多且责任难以厘清，人工智能公益诉讼相对个人信息保护公益诉讼，更需要精通人工智能技术原理、了解人工智能产业链运行规律和相关法律法规政策的专业性组织和学术研究机构。对于这些社会组织的认定标准，不应囿于《环境保护法》对符合环境保护公益诉讼条件的社会组织作出的以登记机关级别、成立年限为标准的认定方式，应由国家人工智能主管机关综合考量人工智能理论和实践研究水平、技术人员配备、人工智能审计测试技术和设备支撑等多种因素，明确列举可代表人工智能众多用户提起公益诉讼的社会组织名单，及时向社会公众公开并定期更新。

对于个人信息保护公益诉讼三类起诉主体的起诉顺位，学界展开了热烈讨论，莫衷一是。《民事诉讼法》第五十八条第二款规定，人民检察院在没有前款规定的机关和组织或者前款规定的机关和组织不提起公益诉讼的情况下，可以向人民法院提起公益诉讼。也就是说，涉及生态环境和资源保护、食品药品安全领域的公益诉讼中，检察机关相对于社会组织，处于第二位的起诉顺位。而《个人信息保护法》第七十条在列举公益诉讼起诉主体时，将人民检察院放在社会组织之前。

对于这一立法差异，学者们有多种看法。有的学者认为，既然《民事诉讼法》第五十八条第二款已经对“法律规定的机关和有关组织”与人民检察院的诉权顺位作了规定，就应当以此为根据，将《民事诉讼法》第五十八条第二款规定的诉权顺位落实到个人信息保护民事公益诉讼之中。[①] 有学者也认为，考虑到个人信息侵权的隐蔽化、技术化等特殊属性，应在赋予行政机关民事公益诉权之后，遵循行政部门/法定组

① 杨雅妮：《论个人信息保护民事公益诉讼起诉主体的范围与顺位》，《中州学刊》2024年第1期。

织—检察机关的起诉顺位。[①] 还有学者提出，检察院起兜底公益诉讼的职能，消费者组织和网信办确定的组织的起诉顺位取决于个人信息是否具有消费属性。[②] 但多位学者认为，检察机关应在于个人信息保护公益诉讼主体中处于第一顺位。有学者认为，检察机关在人力物力保障、处理公益诉讼的经验以及在案源发现的渠道上具有较大优势。因此检察机关在个人信息保护公益诉讼上发挥引领带头作用实属必要。[③] 有学者提出，由消费者团体与网信办划定的社会组织作为公益诉讼的起诉主体，尽管其诉权主体按照《个人信息保护法》第七十条规定顺位在检察机关之后，这样的规定仍有其现实意义，毕竟现阶段消费者组织缺乏相应的财力人力支持，难以开展个人信息公益诉讼，而网信部门确定的组织要确定并发展出成熟机制也需假以时日。[④] 另有学者提出，社会组织参与个人信息保护并非只有诉讼一种方式，在公益诉讼重心极大向诉前阶段转移的情况下，社会组织可受邀参加诉前治理，通过检察机关采取的磋商、听证、圆桌会议、诉前检察建议等办案手段，共同商定个人信息保护责任的确立和分配问题。学术界对这一问题的细致、深入研究，加上个人信息保护公益诉讼在司法实践中的纵深发展，将为相关司法解释进一步细化个人信息保护公益诉讼主体的规定提供学理和实践支撑，从而也为人工智能公益诉讼提供明确的参考。

三　提起人工智能公益诉讼的条件

根据本条规定，可提起人工智能公益诉讼的人工智能违法行为须同时具备两个条件：违反本法规定提供人工智能；侵害众多个人的权益。

---

① 薛天涵：《个人信息保护公益诉讼制度的法理展开》，《法律适用》2021年第8期。

② 黄照钦：《个人信息保护公益诉讼主体职能行使的障碍与纾困》，《江南论坛》2023年第11期。

③ 参见许身健、张涛《个人信息保护检察公益诉讼的法理基础与制度完善》，《法学论坛》2023年第1期；汤维建、徐枭雄：《个人信息保护公益诉讼制度研究》，《人民检察》2023年第5期。

④ 吴文芳：《个人信息保护法的社会法属性及其法律》，《法治研究》2022年第5期。

1. 违反本法规定提供人工智能。根据示范法规定，违法提供人工智能的行为包括：（1）违反《示范法》第四章第一节规定的关于人工智能提供者的一般性义务，包括安全性义务、安全漏洞管理义务、审计义务、补救和通知义务、公开透明性义务、可解释义务、公平性义务、伦理审查义务。（2）违反《示范法》第四章第三节规定的关于人工智能提供者的特殊义务，包括备案义务、采取法定管理制度义务、建立产品服务终止机制义务、许可注销义务。（3）违反负面清单人工智能提供者增强义务。

2. 侵害众多个人的权益。这是人工智能公益诉讼制度设计的重要起点。满足此项条件的关键是确定“众多”的衡量标准。对于“众多”的含义，作为公益诉讼一般立法的《民事诉讼法》第五十五条未作细化规定，此后的司法解释也未涉及这一问题。作为本条重要参考的《个人信息保护法》第七十条，也未作明确规定。从学界的讨论情况看，分为“具体标准”和“抽象标准”两种观点。[①]“具体标准”观点认为需要一个具体明确的标准细化“众多”的概念，否则会因理解不当而导致实践适用的困境。[②]“抽象标准”观点认为要回归到公益诉讼的立法本意，从损害公共利益的角度考量“众多”的含义，不能局限于简单的数量化标准。[③] 目前后一种观点占主流。在人工智能公益诉讼中，受害方也具有高度分散特点，且因信息、技术的严重不对称性而处于显著弱势地位，因此提起公益诉讼的条件不应拘泥于具体的受害者人数，可参考最高人民检察院于2021年8月颁布的《关于贯彻执行个人信息保护法推进个人信息保护公益诉讼检察工作的通知》，对于敏感的、重点领域的、涉及特殊群体的、注册用户达到100万人以上大规模的人工智

---

① 张新宝、赖成宇：《个人信息保护公益诉讼制度的理解与适用》，《国家检察官学院学报》2021年第5期。

② 张玮琛：《论公益诉讼在个人信息数据保护中的适用与优化路径》，《电子知识产权》2023年第9期。

③ 参见吴文芳《个人信息保护法的社会法属性及其法律意义》，《法治研究》2022年第5期；郭小伟、高珺：《个人信息保护公益诉讼条款的理解与适用》，《中国检察官》2022年第15期。

能产品、服务，应视为符合提起人工智能公益诉讼的条件。

第七十四条　治安管理处罚和刑事责任的衔接　违反本法规定，构成违反治安管理行为的，依法给予治安处罚；构成犯罪的，依法追究刑事责任。

【起草参考】

《个人信息保护法》第七十一条

【相关规定】

《治安管理处罚法》第二条、第二十九条、第四十七条、第六十八条；《刑法》第二百五十三条之一、第二百六十四条、第二百六十六条、第二百八十五条、第二百八十六条、第二百八十七条之一、第三百六十四条

【条文释义】

本条是对违反本法行为的治安管理处罚和刑事责任的规定。

一　治安管理处罚

本条治安管理处罚的法律依据是《治安管理处罚法》第二条、第二十九条、第四十七条和第六十八条。根据该法第二条“扰乱公共秩序，妨害公共安全，侵犯人身权利、财产权利，妨害社会管理，具有社会危害性，依照《中华人民共和国刑法》的规定构成犯罪的，依法追究刑事责任；尚不够刑事处罚的，由公安机关依照本法给予治安管理处罚。”由于《治安管理处罚法》中没有专门针对研发、提供和使用人工智能产品和服务的行为侵害公民合法权益的规定，因此只能根据个案情节选择适用相应的情节。如果研发、提供和使用人工智能技术的过程中，出现故意制作、传播计算机病毒等破坏性程序，影响计算机信息系

统正常运行，在出版物、计算机信息网络中刊载民族歧视、侮辱内容、利用计算机信息网络、电话以及其他通讯工具传播淫秽信息的，可能构成《治安管理处罚法》第二十九条、第四十七条和第六十八条中的违法行为。

二　刑事处罚

违反本法规定的行为，还可能触犯《刑法》规定的多个条文，构成犯罪。主要涉及以下几个罪名：

（一）盗窃罪和诈骗罪（《刑法》第二百六十四条、第二百六十六条）

实践中，一些行为人利用信息网络、人工智能技术等，诱骗他人点击虚假链接而实际通过预先植入的计算机程序窃取财物构成犯罪的，以盗窃罪定罪处罚；虚构可供交易的商品或者服务，欺骗他人点击付款链接而骗取财物构成犯罪的，以诈骗罪定罪处罚。[①] 根据《刑法》第二百六十四条，“盗窃公私财物，数额较大的，或者多次盗窃、入户盗窃、携带凶器盗窃、扒窃的，处三年以下有期徒刑、拘役或者管制，并处或者单处罚金；数额巨大或者有其他严重情节的，处三年以上十年以下有期徒刑，并处罚金；数额特别巨大或者有其他特别严重情节的，处十年以上有期徒刑或者无期徒刑，并处罚金或者没收财产”。根据《刑法》第二百六十六条，“诈骗公私财物，数额较大的，处三年以下有期徒刑、拘役或者管制，并处或者单处罚金；数额巨大或者有其他严重情节的，处三年以上十年以下有期徒刑，并处罚金；数额特别巨大或者有其他特别严重情节的，处十年以上有期徒刑或者无期徒刑，并处罚金或者没收财产。本法另有规定的，依照规定”。

（二）计算机类犯罪（《刑法》第二百八十五条、第二百八十六条）

根据《刑法》第二百八十五条，违反国家规定，侵入国家事务、

① 最高人民法院指导案例27号：臧进泉等盗窃、诈骗案。

国防建设、尖端科学技术领域的计算机信息系统的；侵入前款规定以外的计算机信息系统或者采用其他技术手段，获取该计算机信息系统中存储、处理或者传输的数据，或者对该计算机信息系统实施非法控制，情节严重的；提供专门用于侵入、非法控制计算机信息系统的程序、工具，或者明知他人实施侵入、非法控制计算机信息系统的违法犯罪行为而为其提供程序、工具，情节严重的；以及根据《刑法》第二百八十六条，对计算机信息系统功能进行删除、修改、增加、干扰，造成计算机信息系统不能正常运行，后果严重的；故意制作、传播计算机病毒等破坏性程序，影响计算机系统正常运行，后果严重的，将分别被处以非法侵入计算机信息系统罪、非法获取计算机信息系统数据、非法控制计算机信息系统罪、提供侵入、非法控制计算机信息系统程序、工具罪和破坏计算机信息系统罪。

实践中，随着ChatGPT火爆全球，随之而来的山寨版ChatGPT引发许多恶意生成虚假链接，引诱使用者点击，做出恶意攻击电脑设备、侵入特定领域的计算机信息系统、非法获取相关数据等行为，或恶意入侵生成式人工智能类应用后台，篡改信息生成算法和检索内容，定向修改某类检索内容结果，破坏网络公共秩序的行为，均有可能触犯以上罪名。

（三）侵犯公民个人信息罪（《刑法》第二百五十三条之一）

实践中，生成式人工智能类应用对海量信息和数据进行加工整合，信息真伪无法判断、行为道德边界模糊。大量未经证实、涉及个人隐私的信息成为生成类人工智能应用的数据资源，可能触犯侵犯公民个人信息罪。根据《刑法》第二百五十三条之一，研发和提供人工智能产品和服务过程中，非法向他人提供、公开个人信息，或非法收集他人个人信息的侵犯公民个人信息的行为，情节严重的，构成侵犯公民个人信息罪。根据《最高人民法院、最高人民检察院关于办理侵犯公民个人信息刑事案件适用法律若干问题的解释》第五条规定，非法获取、出售或者提供公民个人信息，具有下列情形之一的，应当认定为刑法第二百五十三条之一规定的“情节严重”：（一）出售或者提供行踪轨迹信息，被他人用于犯罪的；（二）知道或者应当知道他人利用公民个人信息实施犯罪，向其出售或者提供的；（三）非法获取、出售或者提供行踪轨迹信息、通信内容、征信信息、财产信息五十条以上的；（四）非法获取、出售或者提供住宿信息、通信记录、健康生理信息、交易信息等其他可能影响人身、财产安全的公民个人信息五百条以上的；（五）非法获取、出售或者提供第三项、第四项规定以外的公民个人信息五千条以上的；（六）数量未达到第三项至第五项规定标准，但是按相应比例合计达到有关数量标准的；（七）违法所得五千元以上的；（八）将在履行职责或者提供服务过程中获得的公民个人信息出售或者提供给他人，数量或者数额达到第三项至第七项规定标准一半以上的；（九）曾因侵犯公民个人信息受过刑事处罚或者二年内受过行政处罚，又非法获取、出售或者提供公民个人信息的；（十）其他情节严重的情形。

（四）其他罪名

除此之外，《刑法》还有一些规定涉及人工智能的研发和使用行为。如研发和使用人工智能技术传播淫秽的书刊、影片、音像、图片或者其他淫秽物品，可能构成《刑法》第三百六十四条规定的传播淫秽物品罪；人工智能产品和服务中设立用于传播犯罪方法的网站、提供相关内容的，可能构成《刑法》第二百八十七条之一规定的非法利用信息网络罪、第二百九十五条规定的传授犯罪方法罪。

第七十五条　不予行政处罚　人工智能研发者、提供者违法行为轻微并及时改正，没有造成危害后果的，不予行政处罚。初次违法且危害后果轻微并及时改正的，可以不予行政处罚。

【起草参考】

《关于规范市场监督管理行政处罚裁量权的指导意见》第十二条

【相关规定】

《行政处罚法》第三十三条；

【条文释义】

本条规定了人工智能研发者、提供者依法不予行政处罚的情形。

本条参考《行政处罚法》第三十三条，参考《关于规范市场监督管理行政处罚裁量权的指导意见》第十二条第一款，初次违法且危害后果轻微并及时改正的，可以不予行政处罚；明确了“不予行政处罚”制度。

不予行政处罚是指某个行为具备行政违法行为的绝大部分外观形式，只是由于主体、主观、情节或社会危害性上的特殊性，而被法律免除了该行为的违法性，在法律上不认为是违法，因而不给予行政处罚。①

2021年修订后的《行政处罚法》第三十三条规定：“违法行为轻微并及时改正，没有造成危害后果的，不予行政处罚。初次违法且危害后果轻微并及时改正的，可以不予行政处罚。当事人有证据足以证明没有主观过错的，不予行政处罚。法律、行政法规另有规定的，从其规定。对当事人的违法行为依法不予行政处罚的，行政机关应当对当事人进行教育。”为了体现“宽严相济”的治理理念，建议引入这一立法创新，在人工智能监管方面，确立不予行政处罚的制度。

是否应当不予行政处罚，需要考虑人工智能研发者和提供者违法行为的情节、过错、后果等因素。第一，人工智能研发者、提供者违法行为轻微并及时改正，没有造成危害后果的，应当不予行政处罚。第二，

① 曹康泰主编：《行政处罚法教程》，中国法制出版社2021年版，第98页。

人工智能研发者、提供者初次违法，虽然造成危害后果，但程度轻微并及时改正的，处罚主体可以综合个案的不同情况，酌定是否不予行政处罚。《示范法》对行政责任秉持客观归责原则，这属于《行政处罚法》第三十三条规定的其他“法律、行政法规另有规定的”情形。因此，《示范法》未规定人工智能研发者、提供者无主观过错而免于行政处罚的机制。

为了增强不予行政处罚的合规预期，规范行政执法的裁量，人工智能主管机关应当依照有关规定制定轻微违法行为依法不予处罚清单并进行动态调整。

第七十六条　国家机关不履职的责任　国家机关开展人工智能研发、提供、使用活动，不履行本法规定的义务的，由其上级机关或者国家人工智能主管部门责令改正；对直接负责的主管人员和其他直接责任人员依法给予处分。

国家机关工作人员玩忽职守、滥用职权、徇私舞弊，尚不构成犯罪的，依法给予处分。依法不构成行政执法过错的情形，不追究有关工作人员的行政执法责任。

【起草参考】

《个人信息保护法》第六十八条

【相关规定】

《公务员法》第六十二条；《刑法》第三百九十七条；《市场监督管理行政执法责任制规定》第十一条、第十二条

【条文释义】

本条规定了对国家机关不履行本法规定的义务和国家机关工作人员渎职的行政责任。

一　国家机关应发挥示范作用

当国家机关开展人工智能研发、提供和使用活动时，应主动、带头遵守本法规定的义务。一方面，积极发挥示范模范作用，引导其他人工智能研发者、提供者和使用者依法履行相关义务，维护政府权威。另一方面，如果国家机关违法研发、提供和使用人工智能技术，将会对个人人身财产权益等造成严重的损害和威胁，对公共利益、国家安全也可能造成更严重的后果。

二　国家机关不履行人工智能研发者、提供者义务的处罚

随着政务服务智能化程度不断提高，数字政府建设也将从政务云向智能政务云转变，国家机关在履行提供公共服务、管理社会事务等职责的过程中，将更多地应用人工智能等新兴技术。本法将国家机关研发、提供和使用人工智能的行为纳入本法的调整范围，要求其同样应当遵守本法规定的研发、提供和使用人工智能的基本原则和相应义务。

国家机关是指从事国家管理和行使国家权力的机关，包括立法机关、行政机关、审判机关、检察机关等。作为一类特殊的人工智能研发者、提供者和使用者，在研发、提供和使用活动中违反本法相关规定需要承担双重责任，第一，国家机关作为责任主体承担法律责任，第二，机关内的主管人员和其他直接责任人员也要承担相应的法律责任。但由于国家机关的运行基金来源于财政，因此本条并未对国家有关机关规定罚款处罚，而是由其上级机关或者国家人工智能主管部门责令改正，对直接负责的主管人员和其他直接责任人员依法给予处分。根据《公务员法》第六十二条，处分包括给予警告、记过、记大

过、降级、撤职和开除。

三 国家机关工作人员渎职行为的处罚

本条规定了主管部门工作人员不正确履行职责的行政责任，具体包括玩忽职守、滥用职权和徇私舞弊三种情形。玩忽职守是指职责部门工作人员严重不负责任，不履行或不正确履行自己的工作职责的行为。滥用职权是指职责部门工作人员故意逾越职权，违反法律决定、处理其无权决定、处理的事项，或者违反规定处理公务的行为。徇私舞弊是指部门工作人员徇个人私情、私利，弄虚作假、玩弄职权的行为。国家机关工作人员玩忽职守、滥用职权、徇私舞弊，应当依据《公务员法》第六十二条予以警告、记过、记大过、降级、撤职和开除的处分。同时，玩忽职守、滥用职权、徇私舞弊，情节严重构成犯罪的，可依照《刑法》第三百九十七条追究其刑事责任。根据《刑法》第三百九十七条规定，国家机关工作人员滥用职权或者玩忽职守，致使公共财产、国家和人民利益遭受重大损失的，处三年以下有期徒刑或者拘役；情节特别严重的，处三年以上七年以下有期徒刑。本法另有规定的，依照规定。国家机关工作人员徇私舞弊，犯前款罪的，处五年以下有期徒刑或者拘役；情节特别严重的，处五年以上十年以下有期徒刑。本法另有规定的，依照规定。

本条还规定了尽职免责条款，作为责任追究规定的重要补充。根据《市场监督管理行政执法责任制规定》第十一条和第十二条，分别规定了两类尽职免责情形，分别是 13 项不应追究行政执法责任的情形和 1 项改革创新中的容错情形，并严格限定了免责的具体情形和适用条件，鼓励和保障市场监管执法人员积极担当作为。国家机关工作人员因两类尽职免责情形依法不构成行政执法过错的，不追究有关工作人员的行政执法责任。

第七章　附则

第七十七条　军事人工智能　中国人民解放军、中国人民武装警察部队的人工智能的研发、提供和使用活动的规范，由中央军事委员会依照本法规定的原则另行规定。

【起草参考】

《数据安全法》第五十四条；《网络安全法》第七十八条

【相关规定】

无

【条文释义】

第七十七条规定《示范法》对军事人工智能的适用。既有网络与信息立法中调整军事网络、军事数据的部分多由中央军事委员会另行规定，《示范法》沿袭这一惯例。值得指出的是，军民两用人工智能是否属于军事人工智能，未来可能导致疑难且重要的规范选择问题。由于人工智能技术还在迅速发展，其军民两用的潜力、限度、普遍程度和深入程度还不完全清楚，这一点有待根据实践进展的情况再行完善。国际战争法领域的学理和实务进展，包括各版《塔林手册》等文件的相关规则也有一定参考意义。[①] 人工智能行为，即其研发、提供和使用是否出

---

① 例如，参见［美］迈克尔·施密特（Michael N. Schmitt）、［爱沙尼亚］丽斯·维芙尔（Liis Vihul）：《网络行动国际法塔林手册2.0版》，黄志雄译，社会科学文献出版社2017年版。

于军事目的，可以作为判断军民两用人工智能的参考因素之一。

【域外比较】

欧盟《人工智能法》第2条第3款规定："本条例不适用于专门为军事、国防或国家安全目的而投放市场、投入使用或经修改或不经修改而使用的人工智能系统，无论从事这些活动的实体属于何种类型。本条例不适用于未在欧盟投放市场或投入使用的人工智能系统，如果其产出在欧盟仅用于军事、国防或国家安全目的，无论开展这些活动的实体属于何种类型。"简言之，将军事人工智能的调整留给其他适格欧盟法律或者成员国国内法律去规定。其"鉴于部分"第24条："如果为军事、国防或国家安全目的而开发、投放市场、投入使用或使用的人工智能系统在这些目的之外临时或永久地用于其他目的（例如民用或人道主义目的、执法或公共安全目的），这样的系统将属于本条例的范围。"也就是说，适用于出于军事目的之外的人工智能行为。

第七十八条　定义　本法下列用语的含义：

（一）人工智能，是指以一定自主程度运行，服务于特定或通用的目标，能够通过预测、推荐或决策等方式影响物理或虚拟环境的自动化系统，包括数据、特征、模型、服务提供接口和所嵌入的终端设备等。

（二）人工智能研发者，是指仅从事算法设计、训练数据标注、特征提取、模型训练和优化、测试部署、免费且开源提供等人工智能研究和开发活动的个人、组织。

（三）人工智能提供者，是指出于商业目的提供人工智能或者为其提供相关技术支持的个人、组织，或者无论是否出于商业目的，面向公众提供人工智能或者为其提供相关技术支持的个人、组织，但仅免费且开源提供人工智能的个人、组织除外。

（四）人工智能使用者，是指依照人工智能的性能和用途对其加以利用的个人、组织。

（五）基础模型是指累计投入一定规模以上算力进行训练，服务于通用的目的，能够为广泛的下游服务提供技术支持的人工智能模型。基础模型认定的浮点运算（FLOPs）及其他算力标准由国家人工智能主管机关组织制定、公开发布并定期更新。

【起草参考】

《生成式人工智能服务管理暂行办法》第二十二条；《互联网信息服务深度合成管理规定》第二十三条

【相关规定】

《生成式人工智能服务管理暂行办法》第二十二条；《互联网信息服务深度合成管理规定》第二十三条

【条文释义】

第七十八条规定了《示范法》的核心定义，共五项，分别为：人工智能、人工智能研发者、人工智能提供者、人工智能使用者和基础模型。

首先，解释人工智能。这一定义可进一步展开为四个方面。首先，人工智能的内涵是具备一定特征，由相应组件构成的自动化系统。学界已就这一“本体论”层面的认识取得一定的共识。[①] 其次，人工智能的认定有四点构成要件。一是具备一定的自主程度。如果仅仅是简单、确定的专家规则，通常不能认定构成人工智能。二是服务于一定的目标，无论是确切的目标还是通用的目标。如果其并不具备目标性，则难以认定为构成人工智能。三是能够通过预测、推荐、决策等方式影响外部环境。如果完全不能影响外部环境，不产生、变更或者消灭社会关系，则没有必要纳入法律规制的范围。四是自动化系统。如果不是通过自动化

① 例如，参见陈亮、张翔《人工智能立法背景下人工智能的法律定义》，《云南社会科学》2023年第5期。

的方式，而是通过人工操作等其他方式实现，同样不能称为人工智能。再次是人工智能系由多项组件构成，通常包括数据、特征、模型、服务提供接口和所嵌入的终端设备。这些组件无论是共同作为一个整体系统加以考量，还是单独加以考量，都要适用《示范法》的相应条款。最后，人工智能组件列举中的“等”应理解为等外等，因为技术发展具备一定的灵活性。

其次，解释人工智能研发者。这一定义包含三项构成要件。一是仅从事研发活动，故而认定构成研发者之前，需要排除构成提供者或使用者的情形。二是从事包括免费且开源研发或提供等一般意义上的研发活动。此处的“等”同样应当理解为等外等。三是个人和组织都有可能构成研发者。研发者通常承担较轻的义务和责任，体现了《示范法》统筹发展和治理、强调包容审慎治理的原则。

其三，解释人工智能提供者。这一定义包含四项构成要件。一是出于商业目的从事提供活动。是否出于商业目的，通常需要考量客观因素，不能仅根据其主观表示而确定。二是面向不特定的多数公众从事提供活动。也就是说，不特定的多数公众均可在合理条件下使用其所提供的人工智能。无论是出于商业目的从事提供活动，还是面向不特定多数公众从事提供活动，只要满足其一，就符合提供者的构成要件。三是个人和组织都有可能构成提供者。四是基于开源例外的但书。免费且开源提供不构成提供活动，而构成研发活动。故而，如果相应主体没有因为从事其他活动构成提供者或使用者，则应认定为研发者。

其四，解释人工智能使用者。这一定义包含三项构成要件。一是出于人工智能的性能、任务或者用途、目的加以利用。如果只能无意与之互动，例如与其性能、任务、用途、目的无关的玩耍，一般不宜认定为使用者。二是需要切实加以利用。三是个人和组织都有可能构成使用者。同理，适用当中需要考虑其与研发者、提供者的交叉。

最后，解释基础模型。这一定义包含四项构成要件。一是训练过程中消耗的算力数量，特别是累计的浮点运算数量达到一定规模。这一点通常意味着模型是在最先进的算力集群之上，运用庞大的训练数据集开展预训练。目前，除了由极少数大型互联网平台和人工智能初创企业或实验室训练的前沿模型，几乎没有模型能够接近这样的规模。这一要件同样体现了《示范法》平衡发展和治理、秉持包容审慎监管的原则。二是模型服务于通用的目的，而不是只能用于特定目的。一些只能用于特定目的的大模型，而一般不构成本条所述的基础模型。三是能够为广泛的下游任务提供支持，而不是只能支持特定领域、场景或者行业的纯粹垂类的模型。四是基础模型作为模型，是构成人工智能系统的关键组件之一。

【域外比较】

第七十八条的核心定义的规定都有其对应的比较和参考来源。其中，欧盟《人工智能法》对人工智能、人工智能提供者和人工智能使用者都有可资比较的定义。第 3 条第 1 项定义“人工智能系统”为“是一种基于机器的系统，设计为以不同程度的自主性运行，在部署后可能表现出适应性，并且为了明确或隐含的目标，从其接收的输入中推断如何生成可影响物理或虚拟环境的输出，如预测、内容、建议或决定”。第 3 条第 3 项定义“提供者”为“是指开发人工智能系统或通用人工智能模型，或已开发人工智能系统或通用人工智能模型，并将其投放市场或以自己的名义或商标提供服务的自然人或法人、公共机关、机构或其他团体，无论有偿还是无偿。”第 3 条第 4 项定义可在一定程度上与使用者比较的“部署者”为“在其授权下使用人工智能系统的任何自然人或法人、公共机关、机构或其他团体，但在个人非职业活动中使用人工智能系统的情况除外”。欧盟《人工智能法》之所以没有界定人工智能研发者，是因为其中第 2 条第 6 款和第 12 款分别规定：“本条例不适用于专为科学研究和开发目的而开发和提供服务的人工智能系统和模型，包括其输出”，“本条例规定的义务不适用于根据免费且开源许可发布的人工智能系统，除非这些系统作为高风险人工智能系统或者属于第 5 条和第 50 条的人工智能系统投放市场或提供服务。”基础模型这一概念最早由里希·博马萨尼（Rishi Bommasani）等学者提出，系指在大量数据上训练、可以适配广泛下游任务的模型。[①] 欧盟《人工智能法》第 3 条第 63 项包含可资比较的“通用人工智能模型”定义：“是指这样一个人工智能模型，包括在使用大量数据进行大规模自我监督训练时，无论该模型以何种方式投放市场，都显示出显著的通用性，能够胜任各种不同的任务，并可集成到各种下游系统或应用中。这不包括在投放市场前用于研究、开发和原型设计活动的人工智能模型。”美国《关于安全、可靠、可信赖地开发和使用人工智能的行政命令》第 3 节第 k 项同样包含可资比较的“两用基础模型”定义：“两用基础模型”一词系指根据广泛数据训练的人工智能模型；一般采用自我监督；包含至少数百亿个参数；适用于广泛的环境；在对安全、国家经济安全、国家公共卫生或安全构成严重风险的任务中表现出或可以很容易地进行修改以表现出高水平的表现，或这些事项的任何组合，例如：（i）大幅降低非专家设计、合成、获取或使用化学、生物、放射性或核武器的准入门槛；（ii）通过自动发现和利用漏洞，针对广泛的潜在的网络攻击目标，实现强大的进攻性网络行动；或者，（iii）允许通过欺骗或混淆手段逃避人为控制或监督。应当指出，欧盟和美国对基础模型监管的阈值设定主要都是服务于各自的国家利益，特别是促进前沿模型发展的国家利益。

第七十九条　施行日期　本法自　年　月　日起施行。

【起草参考】

无

---

① See Bommasani, Rishi, et al., “On the opportunities and risks of foundation models.” arXiv preprint arXiv: 2108.07258 (2021).

【相关规定】

无

【条文释义】

本条规定了《示范法》的施行日期。对人工智能这一快速发展的新兴技术来说，施行日期在年份甚至月份上的差别，都会对发展和安全的相对平衡有所影响。《示范法》对此保持审慎，暂未设定具体的规则。尽管如此，出于更好平衡发展与安全的考虑，《示范法》在施行日期和负面清单发布日期之间设定了关联，确保人工智能研发者、提供者和使用者具备充分的学习法律、部署合规的时间。

【域外比较】

欧盟《人工智能法》第111条设置了有所区分的施行时间。其整体在生效后24个月开始适用。对风险相对突出的通用目的人工智能，需要提前至生效后9个月即完成行为守则编制；对历史负担较重的存量大型信息技术系统中的人工智能组件，遵从相应规定的时间最晚可以延迟到2030年。是否通过设置有所区分的施行时间，在保持规范秩序相对稳定统一的前提下更加精细地调节发展与安全的平衡，值得持续探讨。

第八十条　负面清单公开制度　国家人工智能主管机关应当不晚于本法实施之日前六个月发布人工智能负面清单，并在定期更新后及时公开。

【起草参考】

无

【相关规定】

《生成式人工智能服务管理暂行办法》第十六条

【条文释义】

第八十条规定了《示范法》的负面清单公开制度，并从五个方面加以明确。首先，负面清单的制定主体是国家人工智能主管机关。其次，负面清单应当在《示范法》施行之前制定并发布。由此在最大程度上提供法律确定性，促进人工智能健康发展。其三，负面清单本身就是法无限制即可为的法治原则的展现，同样具备提供法律确定性、促进人工智能发展的效果。其四，国家人工智能主管机关定期更新负面清单，反映人工智能技术和治理的新进展。最后，负面清单的更新同样需要及时公开。

【域外比较】

欧盟《人工智能法》对禁止的人工智能和高风险人工智能采取相对严格的监管措施。其中，第 5 条第 1 款列举了禁止的人工智能，第 6 条第 1 款和附件三分别以概括和列举方式明确了高风险人工智能，第 7 条第 1 款和第 2 款明确了增列高风险人工智能时需要考量的因素。这些规则共同构成了欧盟《人工智能法》意义上的负面清单。其第 7 条第 1 款、第 7 条第 2a 款和第 73 条共同规定欧盟委员会有权根据第 73 条通过授权法案，对附件三进行修正，增加、修改或者删除符合相应条件的高风险人工智能系统的用例。授权法案的立法程序可以视为及时公开的负面清单更新流程。

后　　记

当前，人工智能技术作为发展新质生产力的重要引擎和关键驱动力，深刻改变了人们生产生活方式、重构社会经济结构、重塑全球治理格局，其在赋能各行各业、造福人类的同时，也带来诸多风险和挑战。《人工智能示范法》及其《释义》是起草团队回应人工智能技术发展与安全的“科林格里奇困境”，持续追踪、思考、研究人工智能立法理念、原则、制度架构和责任体系的最新阶段性成果。我们的起草团队由法律学者、行业专业人士、媒体智库研究员、国际标准化组织（ISO）等国际组织人员和政府研究机构组成，力求以人工智能示范法的起草为契机，搭建人工智能发展与治理的跨学科、跨行业交流平台，凝练国内外人工智能治理和监管有益经验、反映人工智能产业发展实际、回应人工智能行业诉求，为人工智能产业的可持续发展提供坚实的法律基础，也为全球人工智能治理贡献中国智慧和中国方案。

在2023年8月15日发布国内首部人工智能立法专家建议稿《人工智能示范法（1.0）》后，起草团队不同成员在国内外多场学术研讨和实践调研基础上，持续对示范法进行迭代更新。例如，2023年9月11日，在美国耶鲁大学法学院举办的“中美人工智能治理与规制二轨对话”发布和讨论了《人工智能示范法（1.1）》；2023年12月18日，中国社会科学院法学研究所在京举办“人工智能安全风险和法律规制研讨会”；2024年1月13日，广东财经大学法学院等主办“人工智能法：域外比较与中国实践学术研讨会”；2024年1月15日，起草团队负责人受邀到全国人大常委会法工委交流“美欧人工智能立法与人工智能示范法”；2024 年 1 月 20 日，在清华大学公共管理学院举办“人工智能立法之开源发展与法律规制”学术交流会；2024 年 1 月 28 日，中国社会科学院“人工智能安全治理研究”实验室孵化研讨会举办；2024 年 3 月 18 日，在上海交通大学凯原法学院主讲“人工智能的立法进路和合规体系”；2024 年 4 月 1 日，在广东财经大学法学院举办“生成式人工智能与著作权合规研讨会——域外比较与中国实践”；2024 年 4 月 14 日，参加同济大学第三届人工智能与法律学术研讨会——中国和欧盟的人工智能立法；2024 年 4 月 16 日，中国社会科学院法学研究所与中国互联网协会互联网法治工作委员会共同举办“人工智能治理创新论坛”，起草团队负责人应邀参加美国斯坦福大学“以人为本”人工智能研究院“人工智能政策全球盘点”研讨会，发布《人工智能示范法（2.0）》；2024 年 5 月，起草团队负责人访美，同美国耶鲁大学、哥伦比亚大学等机构的专家学者交流《人工智能示范法（2.0）》；2024 年 7 月 1 日，武汉大学法学院等组织“人工智能治理青年论坛：人工智能立法的全球实践与中国选择”；2024 年 7 月 6 日，上海交通大学中国法与社会研究院等主办“人工智能伦理治理的国际比较”研讨会。此外，起草团队负责人还先后向到访中国社会科学院法学所的英国科学、创新和技术部代表团、澳大利亚驻华大使馆客人介绍了《示范法》的研究起草情况。

在持续跟踪人工智能技术发展前沿和国内外最新立法动态、广泛吸取国内外人工智能治理最新研究成果、多方征求从业人员与监管机构的意见的基础上，《示范法》已迭代到 2.0 版本，其在人工智能伦理审查、促进人工智能开源发展和构建人工智能知识产权规则等方面做了创新性的规定，为未来我国人工智能产业发展和治理实践提供了宝贵的立法参考经验。

在法治的框架下寻求人工智能发展与安全的保险阀，促进人工智能产业在合法、安全、可信、负责任的轨道上健康快速发展，任重而道远。虽然起草团队在编写《释义》过程中还在持续对《示范法》进行技术调整和立法更新，希望不断增加其立法预见性和前瞻性，但面对人工智能技术呈指数级的迭代速度，《示范法》的修改完善难有止境。例如，人工智能技术不断“出圈”“破圈”，人工智能的概念如何适应人工智能技术的动态性、不确定性、跨学科性和千差万别的应用场景？又如，人工智能基础性立法和细分领域立法如何相互协调、无缝对接？再如，坚持立法先行的《示范法》起草原则如何与鲜活的人工智能司法实践实现良性互动？如何既以软法形式为司法判决提供裁判思路，又及时将司法实践中折射出的立法需求体现在《示范法》法律文本中？等等，这些需要进一步探究的问题为《示范法》的完善留下了广阔的空间。

不积小流，无以成江海。《示范法》的起草和《释义》的出版，除了得益于起草团队的精诚团结合作外，还有赖于各方的大力支持。中国社科院国情调研重大项目《我国人工智能伦理审查和监管制度建设现状调研》提供了经费支持，课题所在单位中国社会科学院法学研究所给予了大量指导，中国社会科学出版社长期关注支持人工智能研究成果出版，还有起草团队之外的许多专家学者在《示范法》的起草过程中贡献了诸多真知灼见，不一而足。

谷歌秘密实验室 Google X 的创始人、斯坦福大学教授塞巴斯蒂安·特隆认为，人工智能几乎是一门人文学科，是理解人类智能和人类认知的一次尝试。《示范法》的起草和《释义》的出版，也是运用法学这门人文学科理解、引导、促进和规范人工智能的一次尝试，希望通过不断地尝试和修正，最终以人工智能领域的良法善治推动人工智能实现“善智”。

李延枫

2024 年 8 月 29 日

附　　录

附录一　相关规定

《中华人民共和国个人信息保护法》

《中华人民共和国数据安全法》

《中华人民共和国网络安全法》

《中华人民共和国宪法》第三十三条

《生成式人工智能服务管理暂行办法》

《互联网信息服务深度合成管理规定》

《互联网信息服务算法推荐管理规定》

《阻断外国法律与措施不当域外适用办法》

《全球人工智能治理倡议》

《网络数据安全管理条例（征求意见稿）》

《中华人民共和国无障碍环境建设法》第四条、第五十四条

《中华人民共和国劳动法》第十二条

《中华人民共和国教育法》第九条

《中华人民共和国民法典》第九条、第一千一百六十五条、第一千一百七十九条、第一千一百八十二条、第一千一百九十四条；第一千一百九十五条；第一千一百九十七条

《中华人民共和国审计法》第七条

《上海市促进人工智能产业发展条例》

《深圳经济特区人工智能产业促进条例》

《中华人民共和国预算法》第三条、第九条、第三十二条

《新一代人工智能发展规划》

《中华人民共和国民办教育促进法》第四十五条

《中华人民共和国乡村振兴促进法》第六十二条

《中华人民共和国企业所得税法》第二十八条第二款

《中华人民共和国立法法》第一百零一条、第一百零九条第（五）项

《中华人民共和国行政许可法》

《互联网新闻信息服务管理规定》第六条、第十条

《互联网新闻信息服务许可管理实施细则》第五条

《科技伦理审查办法（试行）》

《市场监督管理行政许可程序暂行规定》第十五条、第二十四条

《网络产品安全漏洞管理规定》第六条、第七条

《中华人民共和国电子商务法》第十六条、第三十二条

《网络游戏管理办法（草案征求意见稿）》第三十六条

《中华人民共和国节约能源法》第六条

《中华人民共和国国家安全法》第五十九条

《中华人民共和国行政复议法》第二十三条、第二十四条、第二十五条、第二十六条、第三十二条

《中华人民共和国行政处罚法》第四条、第十八条、第三十二条、第三十三条、第五十一条

《中华人民共和国治安管理处罚法》第二条、第十九条、第二十条、第二十九条、第四十七条、第六十八条

《中华人民共和国反电信网络诈骗法》第二十七条、第三十二条

《中华人民共和国国务院组织法》第十七条

《政府督查工作条例》第二十二条

《中华人民共和国科学技术进步法》第五条

《中华人民共和国反外国制裁法》第三条、第四条、第十条、第十一条、第十三条、第十五条

《中华人民共和国行政诉讼法》）第十五条、第二十六条；

《中华人民共和国产品质量法》第四十四条

《中华人民共和国消费者权益保护法》第四十条、第四十七条；

《民事诉讼法》第五十五条、第五十八条

《中华人民共和国刑法》（以下简称《刑法》）第二百五十三条之一、第二百六十四条、第二百六十六条、第二百八十五、第二百八十六条、第二百八十七条之一、第三百六十四条、第三百九十七条

《中华人民共和国公务员法》第六十二条

附录二 《人工智能法示范法 1.0（专家建议稿）》发布提出负面管理清单等多项创新措施[①]

人工智能飞速发展，全球人工智能治理也逐渐提上日程。美国、欧盟等纷纷出台相关人工智能治理文件，以应对这一新生事物的机遇和挑战。人工智能飞速发展，如何通过法律的角度，客观、公正地回应人工智能发展过程中提出的新问题？又该如何通过立法构建具有中国特色的人工智能治理路径？

2023 年 8 月 15 日，由中国社会科学院法学研究所主办，中国社会科学院法学研究所网络与信息法研究室、南财合规科技研究院等共同承办的“全球治理话语竞赛下人工智能立法的中国方案”研讨会在北京举行。会上，中国社会科学院国情调研重大项目《我国人工智能伦理审查和监管制度建设状况调研》起草组（以下简称“起草组”）发布了

① 21 世纪经济报道 记者郑雪，2023 年 8 月 15 日 https：//m. 21jingji. com/article/20230815/herald/dbf102e76faa8fab477f7f4f8d7e5aba. html

《人工智能法示范法 1.0（专家建议稿）》（以下简称《示范法》）。

《示范法》有何亮点？如何回应发展和安全的关系？人工智能产业链条各主体责任、义务又该如何分配？起草组负责人相关成员中国社会科学院法学研究所网络与信息法研究室副主任（主持工作）周辉和起草组成员南财合规科技研究院首席研究员王俊、同济大学法学院助理教授朱悦就上述问题接受21世纪经济报道（以下简称“21世纪”）记者专访。

据介绍，《示范法》坚持中国式治理思路，既发展，又坚持安全底线。《示范法》创设性地提出多项措施，如负面清单管理制度，同时又对人工智能产业链各主体的责任、义务划分等难题，做出回应。

坚持中国治理思路 发展与安全并重

《21世纪》：《示范法》是在何种契机、背景下开始制定工作的？

周辉：2022年，生成式AI发展为人工智能发展注入一针强心剂。与此同时，全球都在展开人工智能的发展与规则体系建立的“军备竞赛”。如何通过立法来贡献出具有中国特色的AI治理路径，关系着行业发展、社会进步与公众生活，有必要对行业发展情况以及伴生风险进行广泛的调研、深入的探讨。

2023年上半年以来，在持续、长期追踪研究人工智能发展、监管的基础上，组建了来自学界、智库等专业人士的专家团队，经多次调研、讨论、修改，起草形成《示范法》。《示范法》立足时代前沿，把握人工智能发展规律和全球治理趋势，在为国家相关立法提供参考的同时，也期待通过1.0、2.0及至N.0的迭代讨论，不断适应人工智能发展安全态势，更好推动凝聚依法发展和治理人工智能的共识。

《21世纪》：请对《示范法》的设计思路、原则做一个简要介绍。

周辉：《示范法》分为六章，包括人工智能基本原则，促进发展举措、风险管理制度、主体责任分配、治理机制设计、法律责任，是一部综合性、统辖性的立法示范。坚持中国式治理思路，既发展，又坚持安全底线。

第一章“总则”，阐明人工智能发展的基本原则，包括治理原则、人类自主原则、安全原则、透明可解释、公平原则等。在总则确立的原则基础上，下述各章将围绕总则展开，并与相关条文呼应。

第二章“人工智能发展”，抓住促进发展这一“牛鼻子”，从基础设施、人才培养、技术创新、体制机制支持等维度提出相应制度规范，结合产业发展实际，采取有力措施鼓励人工智能创新。本章还强调以国家机关的先行先试促进人工智能的推广应用。

第三章“人工智能管理制度”采用负面清单管理制度对人工智能进行风险管理，对人工智能技术研发和提供活动作出规定。第四章对人工智能研发者、提供者的义务进行了明确。

第五章规定了人工智能综合治理机制，衔接总则规定，回应了人工智能监管如何设计的问题，本章创设性提出设置国家人工智能主管机关，负责统筹人工智能发展和管理。第六章根据人工智能的风险活动，设计了相应的法律责任。同时，《示范法》坚持发展导向，设计了尽职免责等相应条款，以为人工智能创新活动提供宽松政策环境。

《21世纪》：在您看来，《示范法》有何创新之处？

周辉：《示范法》起草组成员长期研究人工智能发展与治理，根据人工智能的最新动态着手起草工作，起草过程历经数月，充分结合产业发展动态以及国内外人工智能发展最新进展，具有中立性、客观性，创设性提出了诸多制度设计。总体来看，起草说明具有如下创新点：

一是明确人工智能主管机关。《示范法》为避免产生多头监管等问题，创设性提出设置国家人工智能主管机关统筹负责全国范围内人工智能发展与管理工作。

二是划明安全底线。《示范法》明晰不同行为主体的责任，针对人工智能特点及其风险提出规制措施。

三是促进发展有实招。《示范法》坚持发展方向，采取有效措施鼓励生成式人工智能创新发展，在制度设计上留出更多容错空间。

四是科学设计主体架构。《示范法》按“研发者-提供者-使用者”三类主体进行制度设计，跳出具体应用场景，直接穿透底层技术逻辑。

鼓励 AI 发展 设定负面清单管理制度

《21 世纪》：针对人工智能管理制度设计，《示范法》如何落实？针对当前业界关心的人工智能主体责任和义务分配，遵循何种原则？

王俊：近年来风险分类分级管理已成为治理思路，《示范法》一定程度上沿袭了该思路，但起草组认为，人工智能发展日新月异，应在管理制度给予宽松尺度，因此设计了负面清单管理制度，负面清单内的研发、提供活动采取许可机制，实行事前监管；负面清单外的研发、提供活动则采取备案机制，事后监管机制，大幅减轻人工智能研发、提供等活动的审查成本。

在义务分配上，《示范法》将人工智能研发者、提供者义务，分为一般规定、研发者义务、提供者义务，在强调发展的同时，人工智能涉及的相应主体也应承担相应责任，比如公平性义务、可解释性义务、科技伦理审查、安全审查，并且应将安全义务贯穿于人工智能活动整个生命周期，将人工智能治理的基本原则转化为企业可落地、监管可监督的义务类型。

同时基于人工智能产业链的特殊情况，对人工智能研发者、提供者分配了在其活动范围内的义务类型。

最后，结合《示范法》设定的负面清单管理制度，负面清单内的人工智能研发者、提供者以及基础模型研发者进一步规定了相应的义务类型，保障义务与风险一致，坚守安全底线。

朱悦：在基本原则的指导下，《示范法》清晰阐述义务类型，实现了有章可循。一是明确了研发者和提供者需要遵守的一般性义务，将抽象的原则转化为具体行为，比如建立覆盖全生命周期的风险管理制度。二是基于研发者和提供者不同的活动性质，提出了各自的义务，比如研发者更侧重于训练数据处理、模型开发和测试期间的义务，提供者更侧重于向用户提供产品、服务阶段的义务。

《21世纪》：《示范法》促进发展方面，创设性提出负面清单，并提出研发者豁免责任等。请对这两项制度做一个简单介绍。

朱悦：相较于试错成本较大的惩罚性、管制类的立法思路，《示范法》更偏向于容错意味高的促进发展类型。比如负面清单的设计，对于研发者也设计了相应的豁免条款等。

以负面清单为例，负面清单内人工智能研发、提供活动采取许可机制，实行事前监管，控制风险；负面清单外的研发、提供活动则采取备案机制，减轻企业合规负担。负面清单的制订责任应交由监管部门落实。

关于研发者设计的相应豁免条款，比如"人工智能研发者、提供者承诺限期整改合规，且能够有效避免人工智能研发、提供或使用活动造成危害的，可以不暂停相关活动。国家人工智能主管机关认为可能造成危害的，可以责令暂停相关活动。"在相应条款设计上最大限度上给予人工智能研发企业充分的发展空间和试错机会。

回应AI产业链治理难题 划定行为主体并赋相应义务

《21世纪》：可以看到人工智能的负面作用也在显现，如虚假新闻、AI诈骗。考虑到人工智能产业链条上下游较长且涉及主体十分复杂，在不同主体义务设定上，《示范法》是如何划分的？

王俊：《示范法》在强调发展的同时，坚持安全的底线。值得关注的是，当前人工智能的发展仍然制约于用户的信任和基于此的大规模使用，而这一核心要义在于人工智能的研发者、使用者能提供一个安全可控的人工智能。进一步而言，明确清晰的义务也能充分改善人工智能行业的营商环境。基于上述相互作用的市场环境，《示范法》坚守安全的底线，明晰不同行为主体的责任。

一是基于人工智能带来的风险在当前法律体系中增设义务。比如针对人工智能技术和应用提出了安全性义务。比如针对算法黑盒，增设了透明性和可解释性义务。同时，《示范法》明确规定了基础模型的义务类型，保障了可追溯性、技术稳健性等，要求其遵循公开、公平、公正的原则，制定基础模型的使用规则。

二是对人工智能产业链治理难题做出了回应。《示范法》结合了产业发展、风险水平，将行为主体分为负面清单内的人工智能研发者、负面清单外的人工智能研发者、负面清单内的人工智能提供者、负面清单外的人工智能提供者、基础模型研发者，分别赋予对应的义务类型，并且规定了配合其他行为主体履行义务的义务。在义务分配上体现了行业协作特性，坚守安全底线。

《21世纪》：**在人工智能主管机关方面，《示范法》明确国家人工智能办公室作为主管机关，这方面是如何考虑的?**

朱悦：在综合治理机制上，针对此前互联网平台时代治理的九龙治水困境，《示范法》创设性提出设置国家人工智能主管机关，负责统筹人工智能发展和管理。示范法明确了国家人工智能办公室是人工智能发展和管理的主管机关，其职责包括制定人工智能监管规则、指引，组织制定人工智能伦理、安全、管理等方面标准；组织人工智能技术监测、评估、审计工作等。

需要说明的是，《示范法》设计阶段，起草组提出两种思路，一是设置主管机关统筹人工智能发展与管理，二是根据此前各个部门职责，设计人工智能时代相应的管理规章。最终，选择了设置一个单独的主管机关模式，起草组起草团队认为应以更高维度来对待人工智能治理问题。

《21世纪》：当前人工智能发展迅速，《示范法》未来如何适应快速发展变化的人工智能？

周辉：该《示范法》为1.0版本，在充分考量目前人工智能发展现状、技术特点等基础上撰写，但是1.0版本也留出了许多空间，此后将根据人工智能发展情况，持续迭代更新版本。

附录三 专访《人工智能示范法》起草组组长周辉：明晰开源激励、版权风险治理机制，更好护航人工智能安全发展①

日新月异的AI技术正深刻地改变人类生活。在为人类带来生产力变革机遇的同时，人工智能背后也暗藏数据泄露、版权侵权、算法歧视等不可忽视的风险。如何制定有效的治理策略，以应对AI带来的挑战和机遇，成为一个全球性的问题。

2023年8月，南财合规科技研究院参与的中国社会科学院国情调研重大项目《我国人工智能伦理审查和监管制度建设状况调研》，组织课题组起草形成了《人工智能法示范法1.0（专家建议稿）》（以下简称“《示范法》1.0”）发布。

4月16日，由中国社会科学院法学研究所、中国互联网协会互联网法治工作委员会主办，南财合规科技研究院、清华大学科技发展与治理研究中心、同济大学上海市人工智能社会治理协同创新中心等承办的“人工智能治理创新论坛”举行。会上，《人工智能法示范法2.0（专家建议稿）》（以下简称“《示范法》2.0”）发布。

① 21世纪经济报道记者 冯恋阁，2024年4月16日，https：//m.21jingji.com/article/20240416/herald/044a799f3c3173a8686a45004cb57ce9.html。

为什么选择“示范法”模式回应发展过程中提出的新问题？从1.0到2.0，《示范法》的变与不变之处何在？具有中国特色的人工智能治理之路应该怎么走？起草组负责人中国社会科学院法学研究所网络与信息法研究室副主任周辉就上述问题接受21世纪经济报道（以下简称“21世纪”）记者专访。

以示范法为抓手，发挥“软法”功效

21世纪：从1.0到2.0，《示范法》升级迭代工作，是在什么样的背景下展开的?

周辉：2023年8月，在立足我国人工智能治理经验、把握人工智能发展规律和全球治理趋势的基础上，我们起草形成了《示范法》1.0并公开发布，得到了国内外广泛关注。

2023年下半年以来，一批国产人工智能大模型先后向公众开放，各类应用、服务不断与人工智能系统融合，更深刻地改变着人们的生产与生活。同时，国内外人工智能治理探索也在紧锣密鼓开展。我国发布《全球人工智能治理倡议》，就人工智能国际治理规则提出中国方案；联合国人工智能高级别咨询机构发布《为人类治理人工智能》临时报告，系统阐述人工智能治理所要应对的风险和挑战；欧盟《人工智能法案》等域外立法也取得重要进展。

经起草组及社会各界反复研讨、交流，《示范法》在结合我国人工智能产业发展实际和全球人工智能治理经验的基础上不断更新，最终形成《示范法》2.0。

21世纪：为什么选择采用“示范法”这种模式提出治理建议?

周辉：示范法最初是美国用于协调其各州间立法冲突的一种模式，后逐渐为其他国家所引入，亦在国际商事仲裁等领域起着增强国家间法律协调的重要作用，我国学者也曾在个人信息保护等领域以“法律专家建议稿”形式提出立法建议。

采用起草示范法的方式提出我国人工智能立法建议，一是希望为我国人工智能立法工作提供具体的条文、制度参考。实际立法时，可以在示范法条文的基础上进行修改或调整，以提高立法效率。二是以示范法为抓手，可以加强学界、业界和政府部门之间的交流互动，在正式法律法规未出台前发挥“软法”治理的功效。三是通过示范法及其多语种版本的发布，可以促进国际间人工智能治理的研究交流，既向其他国家分享我国治理思路，也可学习、借鉴、吸收其他国家实践经验。

税收抵免、负面清单等举措，护航AI健康发展

21世纪：与之前的《示范法》1.0相比，此次发布的《示范法》2.0有何亮点?

周辉：与《示范法》1.0一致的是，我们坚持明确人工智能主管机关、科学设计法律主体架构、划明人工智能安全底线、提出许可管理负面清单等起草思路。

《示范法》2.0中，我们对已有制度设计作了补充和完善，进一步提出一些人工智能治理的新思路新做法。总体来看，《示范法》2.0具有以下创新：

一是在设置人工智能主管机关基础上，明确由人工智能主管机关成立人工智能伦理专家委员会，更好开展人工智能伦理问题研究、指导伦理审查等工作；

二是在按“研发者-提供者-使用者”三类主体进行制度设计的基础上，针对国家机关、平台经营者等人工智能提供、使用特殊主体设置了专门义务；

三是在明确人工智能安全风险治理措施基础上，提出以税收抵免优惠等措施鼓励人工智能研发者、提供者在人工智能安全保障方面进行投入；

四是将基于负面清单实施的人工智能许可管理制度与负面清单外人

工智能活动的备案制度明确区分，避免过重合规负担影响人工智能产业的经营预期；

五是重视人工智能开源发展，提出促进开源社区建设、制定专门合规指引、明确责任减免规则等支持措施；

六是构建知识产权创新规则，在研发环节对训练用数据、个人信息的使用作出专门安排，并针对人工智能生成物的成果保护与侵权认定进行规定。

21 世纪：你认为，中国的人工智能立法工作应该遵循怎样的原则？

周辉：近年来，我国围绕新技术新应用出台了一系列立法，形成了兼顾发展与安全、坚持问题导向、实施审慎监管、划清信息内容红线底线等一些行之有效的思路和做法。考虑我国人工智能治理需要，未来的人工智能立法工作宜遵循以下原则：

一是要平衡好人工智能发展与安全之间的关系。营造人工智能创新生态，一方面要建立鼓励创新、促进发展的体制机制，破除发展过程中的束缚、障碍，规定技术创新应用的容错机制；另一方面要建立能够满足发展需要的监管框架，提升监管可预期性，创新监管方式，设计科学的责任义务。

二是注重立法前瞻性。人工智能尚在快速发展之中，技术应用更新迭代较快，潜力和风险均不明确。对人工智能带来的新问题新需求，应在充分研究论证的基础上作出必要规定；对目前不便于形成结论的细节性问题，要在指明方向的基础上留出未来完善与制度衔接的空间。

三是保障法律的协调性和可操作性。对于我国现有法律中已经设立的网络数据安全监管、个人信息保护等制度和通过修改相关法律可以解决的问题，不宜重复规定；设计监管制度、合规义务时，应易于相关主体理解和执行，避免成本过高或标准不明，影响制度落地实施。

编写团队简介

主　编

周　辉　中国社会科学院法学研究所网络与信息法研究室副主任（主持工作）、副研究员，中国社会科学院大学法学院副教授、硕士生导师，耶鲁大学法学院访问学者。国家行政学院博士后、北京大学法学博士，公安部网络安全法律咨询委员会委员、中国法学会网络与信息法学研究会常务副秘书长、中国消费者协会专家委员会专家、世界互联网大会人工智能工作组专家。参与《网络安全法》《电子商务法》《数据安全法》《个人信息保护法》等法律起草论证。曾荣获全国法学会系统先进个人、中国社会科学院"优秀对策信息奖"对策研究类一等奖、第六届"董必武青年法学成果奖"二等奖等多项部级荣誉奖励，主持国家社科基金、中国博士后基金、部委课题等项目数十项，在《中外法学》《人民日报》等发表论文、文章数十篇。

研究领域：网络与信息法、人工智能法

代表作：《变革与选择：私权力视角下的网络治理》《算法权力及其规制》《人工智能治理：场景、原则与规则》

李延枫　中国社会科学院信息情报研究院第八编研室副主任（主持工作）、编审，中国法学会网络与信息法学研究会理事，中国社会科学院大学法学博士。出版个人专著1部，在《新闻与传播研究》《求是学刊》《北方法学》《河北法学》《甘肃政法大学学报》等权威或核心期刊发表多篇学术论文，并有论文被《中国社会科学文摘》转载。荣获中国社会科学院“优秀对策信息奖”对策研究类一等奖、二等奖、三等奖，中国社会科学院信息情报院优秀科研成果奖二等奖等多项奖励。主持中国社会科学院国情调研重大项目和中国社会科学院国家高端智库课题若干项。

研究领域：宪法学与行政法学、传媒法、网络与信息法

代表作：《舆论监督与名誉权法律平衡研究——以媒体变革为视角》《网络平台内容治理的公法规制》《网络媒体条件下公共言论的特殊保护：从身份到公共利益》

编写成员

朱　悦　同济大学法学院助理教授，上海市人工智能社会治理协同创新中心研究员。曾在一家大型互联网平台企业从事数据和算法合规工作。在人工智能立法领域出版、发表多本（篇）相关专著、论文、译文和评论。

研究领域：网络与信息法、比较法、法制史

代表作：《欧盟〈人工智能法〉研究——以立法过程为视角》《联邦学习的个人信息保护分析框架》《史学理论与人工智能的双向互动：以大语言模型为例》

朱玲凤　某高科技公司数据合规执行总监，兼任信通院“数据安全推进计划智库专家”、国际隐私专家协会隐私专家认证（CIPP/E）以及认证讲师，华东政法大学“公司法务人才高级研习班”授课导师。曾任字节跳动海外隐私办公室隐私策略负责人、小米集团安全与隐私委员会隐私副主席，熟悉移动应用、操作系统、智能硬件、物联网、网联汽车、XR 等多领域，擅长将隐私合规要求落地于不同行业场景和技术架构。

研究领域：数据隐私、人工智能治理、数据治理

代表作：《数据合规：入门、实战和进阶》

张　龑　中国人民大学法学院教授、副院长、博士生导师，德国法学博士，中国人民大学法律与全球化研究中心主任，在《中国社会科学》《中国法学》《法学研究》等刊物发表论文数十篇。

研究领域：法理学、国家法学、数字法学理论等

代表作：《人民权威与权利》《法治国作为中道》《网络空间安全立法的双重基础》

姚志伟　广东财经大学法学院人工智能法研究中心主任、教授、博士后合作导师，兼任财政部彩票监管咨询和评审专家、中国法学会网络与信息法研究会理事、华东政法大学数字法治研究院兼职研究员。在《法律科学》《人民日报》等刊物和报纸发表了相关学术论文三十多篇。主持国家社科基金、教育部人文社科基金、中国博士后基金等多项国家级、省部级课题。

研究领域：人工智能法、电子商务法

代表作：《人工智能生成物著作权侵权的认定及其防范——以全球首例生成式 AI 服务侵权判决为中心》《大型平台的个人信息“守门人”义务》《技术性审查：网络服务提供者公法审查义务困境之破解》《公法阴影下的避风港——以网络服务提供者的审查义务为中心》《发展中的电商法：原理与实践》

陈天昊　清华大学公共管理学院副教授、政府管理与创新研究所副所长、政府法制研究中心副主任、博士生导师，清华大学仲英青年学者，法国波尔多大学公法学博士，致公党第十六届中央法治建设委员会委员，最高人民法院第四届研修学者。主要论文发表在《法学研究》

《中国法学》《中外法学》及 China Quarterly、American Review of Public Administration、Revue française de droit administratif 等国内外权威期刊，主持国家社会科学基金青年项目等。

研究领域：法治政府、行政协议、数字治理

代表作：《我国知识产权法院的治理实效与制度逻辑》、*The Court as a Policy Information Discoverer: Evidence from China's Emerging Industries*

王　俊　21 世纪经济报道合规新闻部副主任，南财合规科技研究院首席研究员，CCIA 数安委外聘专家、国家人工智能伦理课题组成员。

研究领域：人工智能治理、个人信息保护、数据要素市场建设

代表作：《平台经济发展与个人信息保护：实践反思与制度前瞻》《中国人工智能治理独立思考——生成式人工智能发展与监管白皮书》《个人信息保护法企业合规启示报告》《AI 契约论》《新石油开发记》

苏　宇　中国人民公安大学法学院教授、数据法学研究院院长、博士生导师、数字法学学科带头人。担任中国法学会网络与信息法学研究会等多项理事职务。曾在《中国法学》《法学研究》等高水平学术刊物发表论文 50 余篇，曾获第六届全国教育科学研究优秀成果奖三等奖、第八届“董必武青年法学成果奖”二等奖、全国公安优秀教师、中国人民公安大学科研杰出贡献奖等荣誉。

研究领域：数据安全、算法治理、行政法基础理论

代表作：《算法规制的谱系》《风险预防原则的结构化阐释》《数字时代的技术性正当程序：理论检视与制度构建》《算法解释制度的体系化构建》。

何　波　中国信息通信研究院互联网法律研究中心主任、法学博士、高级工程师，国际电信联盟人工智能全球峰会学者，兼任中国互联

网协会法治工作委员会副秘书长、中国人工智能产业发展联盟安全治理委员会副主任、中国法学会网络与信息法学研究会理事等。深度参与《网络安全法》《电子商务法》《生成式人工智能服务管理暂行办法》等互联网法律法规研究起草和支撑工作，曾获得工信部首届青年干部论文大赛一等奖等多项奖励，在《法律科学》《行政法学研究》《大数据》等核心期刊发表文章数十篇。

研究领域：网络法、数据法、国际数字规则

代表作：《网络空间法治化的全球视野与中国实践》《中国参与数据跨境流动国际规则的挑战与因应》《数据权属界定面临的问题困境与破解思路》

李学尧　上海交通大学凯原法学院长聘教授、博士生导师，兼任上海交通大学凯原法学院法律与认知智能实验室主任，上海交通大学智慧法院研究院研究员，上海交通大学中国城市治理研究院双聘教授。曾入选国家万人计划青年拔尖人才、教育部“新世纪优秀人才”、上海市曙光学者等人才计划。近年来在《中国社会科学》《法学研究》《中国法学》、*Journal of Empirical Legal Studies* 等国内外学术期刊发表过学术论文。

研究领域：法律与认知神经科学、前沿科技监管、法官决策与司法改革、高等教育与学位立法、律师职业伦理和人工智能伦理

代表作：《存在神经权吗？》《法律如何促进科技创新》《数字法学的学科性质》《认知流畅度对司法裁判的影响》《法律职业主义》《法律发展的结构性平衡》等

狄行思　广州大学法学院讲师，香港大学法学博士，国际统一私法协会访问学者，香港大学亚洲国际金融法研究中心研究员，中国社会科学院法学研究所私法研究中心兼职研究员。

研究领域：民商法、互联网法、金融科技监管

代表作：《人工智能算法信任机制的构建与反思》《数字金融平台的数据治理体系构建研究》、*Regulatory leadership in struggling-the US path in robo-advisors governance.*

傅宏宇 阿里研究院数据经济研究中心主任、人工智能治理中心主任，阿里巴巴集团科技伦理委员会研究组负责人，美国宾夕法尼亚州立大学法学博士，兼任电子科技大学公共管理学院协议副教授，清华大学产业发展与环境治理研究中心兼职研究员。曾任北京外国语大学法学院副院长。在核心期刊发表论文数十余篇，出版专著多部。

研究领域：数据治理、人工智能治理、平台治理

代表作：《构建“以人为本”的人工智能治理体系》《人工智能透明度的实现机制及具体内容》《生成式人工智能的治理模式和风险辨析》《应对不确定性挑战：算法敏捷治理的理论界定》

孟兆平 网易集团政策研究室主任，北京大学法学博士，兼任中国法学会网络与信息法学会理事，北京电子商务法学研究会常务理事。

研究领域：电子商务法、知识产权法、网络法

代表作：《网络环境中著作权保护体系的重构》

王　玥 西安交通大学法学院副教授，硕士生导师，英国格拉斯哥大学博士，兼任中国法学会网络与信息法研究会理事、陕西省法学会信息安全法学研究会秘书长、西安交通大学第一附属医院伦理委员会委员、《中国医学伦理学》杂志编委兼主编助理。自2005年以来，主持国家级、省部级课题10项，曾在国内外重要期刊和报纸发表学术论文50余篇，出版英文独著1部，主编和参与编著学术著作与教材8部。

研究领域：网络与信息安全法、科技法律与伦理

代表作：*Human Population Genetic Research in Developing Countries: The Issues of Group Protection*、*Multidisciplinary considerations of fairness in medical AI: A scoping review*、*Ethical and legal challenges of medical AI on informed consent: China as an example*、《医疗AI安全风险的伦理与法律保障机制研究》《试论网络数据本地化立法的正当性》

冯子轩　西南政法大学人工智能法学院教授，数字法治政府研究院执行院长，兼任中国法学会网络与信息法学研究会理事、中国法学会立法学研究会理事、中国法学会行政法学研究会理事、中国法学会行政法学研究会政府规制专委会委员、中国生物医学工程学会医学人工智能分会法律伦理专家组委员、重庆市法学会首席法律咨询专家、“八五”普法川渝讲师团成员等。在各级核心期刊发表40余篇学术论文，主持完成国家社科基金青年项目、司法部项目等省部级以上项目共7项，出版专著、译著3部。

研究领域：行政法学、网络信息法、人工智能法、数字法学、政府监管（规制）

代表作：《人工智能与法律》《智能行政执法的过程机理及其冲突调适》《生成式人工智能的伦理立场与治理之道》《重大行政决策裁量基准的规范构造研究》《人工智能法律指南》《我国政务数据开放的风险及其法律规制》等

徐玖玖　中国社会科学院法学研究所网络与信息法研究室助理研究员，中国社会科学院文化法制研究中心助理研究员，中国社会科学院大学法学院讲师，《网络与信息法学研究》副主编。

研究领域：人工智能、数据治理、个人信息保护

代表作：《人工智能的道德性何以实现？——基于原则导向治理的法治进路》

孙牧原　中国信息通信研究院政策与经济研究所助理工程师

金僖艾　中国社会科学院大学网络与信息法学硕士

朱凌云　中国社会科学院大学网络与信息法学硕士

以下起草组成员对示范法起草也作出了贡献

王　伟　广东财经大学法学院人工智能法研究中心特约研究员，香港大学法律学院博士候选人，巴西瓦加斯里约法学院“网络金砖”非常驻研究员，联合国互联网治理论坛数据和人工智能治理动态联盟创始成员。曾在美国、英国、德国、波兰、新加坡和巴西的大学和研究机构访问或驻院研究。曾受工程和法律的双领域训练，并获世界知识产权组织和澳大利亚昆士兰科技大学联合培养之法学硕士（知识产权）。

研究领域：知识产权、数据保护、算法与人工智能治理、计算法学、法律（与）科技

代表作：《从计算社会科学到计算法学：重新检视因果关系科学之范畴》

王　翔　国际标准化组织行政、商业和行业中的过程、数据元和文档标准化技术委员会（ISO/TC 154）委员

研究领域：国际贸易、国际科技合作、数字政府

代表作：《贸易便利化术语》（中俄英）、《贸易数据元目录》（法英）、《数字政府架构设计参考》

曹艳林　中国医学科学院/北京协和医学院（清华大学医学部）医学信息研究所医疗卫生法制研究室主任、博士、教授，《基本医疗卫生与健康促进法》起草专班专家，中国卫生法学会常务理事、学术委员会

副主任，中国生物医学工程学会医学人工智能分会常委兼法律伦理专家组组长，中国法学会网络信息法学研究会理事，北京卫生法学会大数据与互联网人工智能医疗专委会主任委员，中国医学科学院/北京协和医学院生物医学研究伦理委员会委员。参与《基本医疗卫生与健康促进法》《医师法》《传染病防治法》等法律法规的起草、修订。主编和参编著作10余部。《中国预防医学》《中国医药科学》《中国卫生法制》编委，多个国内外核心期刊审稿专家。

研究领域：医疗健康立法、医疗大数据、人工智能医疗法律规制

代表作：《现代医院合规管理——风险防控与规范指引》《国家治理体系中的传染病防控法治——现状、问题与完善》

袁　康　武汉大学法学院教授，博士生导师，武汉大学网络治理研究院副院长，武汉大学资本市场法治研究中心秘书长。2010年获武汉大学法学学士和经济学学士学位，2015年获武汉大学法学博士学位（加州大学伯克利分校联合培养）。兼任中国法学会商业法研究会理事、中国法学会证券法学研究会理事、湖北省法学会商法研究会副秘书长。担任最高人民检察院民事行政案件咨询专家、武汉市人民检察院企业合规评估专家、武昌区人大常委会咨询专家、黄陂区首席法律咨询专家。曾获得湖北省哲学社会科学优秀成果一等奖，首批“湖北省优秀青年社科人才”、入选首批湖北省青年法学法律人才库和武汉市法学法律人才库。

研究领域：公司法、金融法、证券法、数据治理、数字经济

代表作：《金融公平的法律实现》《互联网时代的证券业务创新与法律监管》《夯实数据要素流通的制度基石》《金融科技的技术风险及其法律治理》

刘灿华　中国社会科学院法学研究所网络与信息法研究室助理研究

员，文化法制研究中心副秘书长，北京大学博士、中国社会科学院法学研究所与中国应用法学研究所博士后，兼任中国法学会案例法学研究会副秘书长、《网络信息法学研究》副主编。在《现代法学》《法制与社会发展》等报刊发表论文十余篇。

研究领域：网络治理、智能化社会治理、刑法、刑事诉讼法代表作：《网络服务提供者刑事责任：理论与实践》

王　磊　北京理工大学智能科技法律研究中心研究员，民盟中央法制委员会委员。兼任中国网络与信息法学会理事、中国证券法学研究会理事、中国商业法学研究会副秘书长、海峡两岸法学交流促进会理事、中国仲裁法学研究会理事、中国广告协会法律工作委员会委员、中国互联网协会法律工作委员会委员、国家市场监督管理总局发展研究中心专委会专家、工业和信息化部智能科技风险法律防控重点实验室研究员、北京创业投资协会顾问等。承担多个部委课题，并作为专家多次参与立法研讨工作，如《电子商务法》《数据安全法》《个人信息保护法》等，参与数据跨境评估、个人信息标准合同等相关规定及文件的撰写工作。

研究领域：知识产权法、网络治理、电子商务法、个人信息保护

代表作：《个人数据商业化利用法律问题研究》

吴　凡　联想集团全球贸易法规合规法务总监。香港中文大学法学硕士，曾任外资律师事务所高级法律顾问及多家世界500强跨国企业国际合规负责人，拥有累计14年的出口管制与制裁、外国投资安全审查、数据跨境等国际合规领域的实操经验，并曾参与包括《数据安全法》《出口管制法》等国家立法调研和释义的撰写工作。曾被ACC评选为中国十佳首席合规官，现为“国际合规智库IC500”专家。

研究领域：贸易管制、数据安全、跨境投资安全审查

代表作：法制出版社《企业合规实务指引》（贸易管制章节）

马　兰　奇安信科技集团股份有限公司法律合规中心负责人，兼任中国法学会网络与信息法学研究会理事、中国通信学会第二届网络空间安全战略与法律委员会委员

研究领域：网络治理、数据隐私、数据安全、人工智能治理

代表作：《大并购（互联网时代资本与战略重构）》《企业合规通识读本》《2023 中国企业国际合规蓝皮书——大企业“走出去”的实战经验》

徐　斌　中国社会科学院法学研究所助理研究员。北京大学法学博士，北京大学政治学博士后。

研究领域：法理学、西方法律思想史、网络法

代表作：《为什么大法官说了算——美国法律思想史中的反多数难题》

王　睿　北京大学出版社第五图书事业部编辑